当代社会思潮
专题研究

魏佳◎编著

中国社会科学出版社

图书在版编目(CIP)数据

当代社会思潮专题研究 / 魏佳编著. -- 北京：中
国社会科学出版社，2025.5. -- ISBN 978-7-5227-4974-
7

Ⅰ. D092.7

中国国家版本馆 CIP 数据核字第 2025SM6092 号

出 版 人	赵剑英
责任编辑	刘 洋
责任校对	李 硕
责任印制	张雪娇

出　　版	中国社会科学出版社
社　　址	北京鼓楼西大街甲 158 号
邮　　编	100720
网　　址	http://www.csspw.cn
发 行 部	010-84083685
门 市 部	010-84029450
经　　销	新华书店及其他书店

印　　刷	北京明恒达印务有限公司
装　　订	廊坊市广阳区广增装订厂
版　　次	2025 年 5 月第 1 版
印　　次	2025 年 5 月第 1 次印刷

开　　本	710×1000　1/16
印　　张	16.25
插　　页	2
字　　数	240 千字
定　　价	98.00 元

目 录
contents

导　论　社会思潮基本理论

　　无论人们在今天如何界定社会思潮，社会思潮作为社会意识的一种表现形式发挥作用的历史，要远远长于它作为思想观念进入研究视域的历史。但是，在人类社会发展的长河中，相较之社会心理与思想理论这两种自人类进入文明社会以来始终存在并发挥作用的社会意识表现形式，社会思潮不是在任何时候都存在或者都凸显出来。实际情况是，有些历史时期，社会思潮表现得异常活跃，但在另一些历史时期，社会思潮却又表现得十分沉寂，甚至让人难以察觉它的存在。如，在文艺复兴时期、春秋战国时期、五四新文化运动时期、我国改革开放以来的历史时期，各种社会思潮非常活跃；在漫长的封建宗法专制时期，无论是欧洲的中世纪还是中国的封建社会，社会思潮都不活跃。但无论如何，随着人在自觉观念支配下创造历史的能力增强，特别是随着当代社会思想文化交流交融速度加快，社会思潮对社会活动的影响力在不断加强。而在我们对社会思潮基本概念和特点认识不清的时候，很容易把社会思潮和社会意识其他形式搞混，导致没有办法有效把握、引领社会思潮。尤其是在当代中国，各种社会思潮围绕当代中国意识形态领域的重大问题和马克思主义产生分歧和争鸣，在政治、经济、文化等领域引起了不可小觑的影响。面对此种情况，本书选取涉及当代中国社会走向、历史走向、思想道德走向等重大理论和现实问题的一些错误社会思潮进行分析研判，澄清青年学生思想上的模糊和错误认识，提升其马克思主义理论素养，进而为巩固马克思主义在意识形态领域的指导地位发挥积极作用。

在对具体社会思潮及其内容进行研究之前，我们有必要首先从社会思潮的基本理论出发，对社会思潮的产生和流行规律，对社会思潮与社会生活的关系，以及对社会思潮的评判标准作出科学回答，以此来明确我们研究社会思潮的基本理论框架。

第一节　社会思潮及其发生、传播和运行

社会思潮，顾名思义，就是思想的潮水。通过这种解释可以抓住社会思潮的两个要点：第一，它是思想的流动和运动引起的，并且具有广泛社会影响的；第二，它的运动像潮水一样，有涨有落，既有可能汹涌澎湃地淹没一切，也有可能悄然退去不见踪影。当然，要想充分掌握社会思潮的本质特征及运动规律，仅靠这两个要点是不能说明问题的。比如，社会思潮是由思想的运动引起的，但并非所有的思想运动都能形成社会思潮，那什么样的思想能够成为社会思潮？再比如，正如前文所说，社会思潮是社会意识的一种表现形式。而社会意识从反映社会存在水平高低的结构层次上看，主要分为社会心理、社会意识形式两个层次，那社会思潮与社会心理、社会意识形式有什么区别和联系？社会思潮在发展、演变的过程中经历了哪些环节？它影响的持久度由哪些因素决定？这些问题是本章所要研究的主要问题。

一　社会思潮的本质和特征

（一）社会思潮的本质

理解社会思潮的本质，核心是要准确对社会思潮进行定义。学界关于社会思潮的研究，几乎都会涉及社会思潮的概念界定。虽然出于研究角度的不同，大家对社会思潮的定义不尽相同。但是，社会思潮是一种思想活动，是社会存在在社会意识中的反映，在这一点上，大家的认知是一致的。分歧的焦点集中在，社会思潮内部的构成要素以

及它在社会意识结构中的地位问题。具体说，是如何解释社会思潮、社会心理和社会意识形态三者的关系。对这一问题的不同看法，构成了界定社会思潮的两种代表性观点，一种是"综合说"，另一种是"中介"说。

"综合说"最典型的表述是《中国大百科全书》哲学卷对"社会思潮"条目的解释，具体表述为："社会思潮有时表现为由一定理论形态的思想作主导，有时又表现为特定环境中人们的社会心理，是社会意识的综合表现形式。"① "综合说"表达了社会思潮的物质的、经济的或经济利益的根源问题，表明了社会思潮意识构成中社会心理和属于社会意识形态的思想理论的综合性、交融性及其不同位次。应该说这一见解很好地把握住了有关社会思潮主要的和基本的东西。对此，梅荣政教授认为值得商榷的是，这种见解缺乏对属于社会意识形态层面的思想理论与社会心理在社会思潮意识结构中的主次作用进行辨析，对两者关系的不明确，就容易导致对社会思潮的标志和核心要素的认识模糊，不利于在复杂的、综合的社会意识表现中区分社会思潮与社会意识其他表现形式。②

"中介说"不同于"综合说"的见解。梅荣政教授对"中介说"进行了概括，指出"中介说"把社会思潮放到整个社会意识系统中进行考察，认为社会思潮是社会意识构成中社会心理与社会意识形态之间的中介。③ 即是说，在社会意识这个包含多层次表现形式的复杂结构中，按照从低级到高级的次序，有三个基本层次：社会心理、社会思潮和属于社会意识形态层面的思想体系。它们之间既有差别又有联系，而社会思潮处于承上启下的地位。其主要依据是，"社会思潮比社会心理有较多的理性因素较少的心理因素，而比思想体系则有较少的理性因素较多的心理因素"，"总之，不能把社会思潮简单地归结为社会心理或思想体系，它本身具有相对独立性，有着比社会心理较多的理论意识而比思想体系较多的日常意识。因而社会思潮是社会意识发展链条中的一个环节，

---

① 《中国大百科全书》（哲学卷Ⅱ），中国大百科全书出版社1987年版，第765页。
② 梅荣政：《用马克思主义引领社会思潮》，武汉大学出版社2008年版，第53页。
③ 梅荣政：《用马克思主义引领社会思潮》，武汉大学出版社2008年版，第53页。

是社会意识系统中的一个认识层次"。① 然而事实却是，现实中的社会思潮既有丰富的理性因素，又有丰富的感性因素，与思想体系、社会心理比较，很难从理论成分和感性成分的多少来加以严格的区分。并且从历史上看，社会思潮作为连接社会心理和思想体系的中介环节并非持续地存在且发挥作用。"中介说"为了说明社会意识结构体系中作为中介层面的意识持续存在，又把社会意识的中介分为"一般中介形式"和"特殊中介形式"。比如，张澍军认为"一般中介形式"是普通意识。由"一般中介形式"在特殊条件下转化而来的"特殊中介形式"是社会思潮。② 那么，问题也随之而来，作为"一般中介形式"的普通意识和社会心理的区别是什么？在这个问题上，马克思恩格斯经常把普通意识等同于人的通常感觉、普通的日常意识、普通人的意识。如马克思在谈到劳动产品变为商品后的特殊性时曾指出："生产者之间的体现他们的劳动的社会性的关系，取得了劳动产品的社会关系的形式。正因为如此，这些产品变成了商品，也就是说，变成了既是可感觉的又是不可感觉的物或社会的物。正如一物在视神经中留下的光的印象，不是表现为视神经本身的主观兴奋，而是表现为眼睛外面的物的可感觉的形式。"③ 这里可以很明显地看出，马克思所使用的"感觉"概念属于普通意识。这种体现人的感性认知的普通意识往往处于社会心理层面。反之，把这种普通意识定位为社会心理与社会意识形态的中介环节，在马克思恩格斯那里却难以找到确凿根据。同时，把社会思潮解读为"一种特殊的普通意识"也排斥了思想理论在社会思潮形成发展中的重要作用，从而很难说明在当代中国传播的社会思潮背后深刻的阶级及其意识形态根源。

我们认为，作为社会思潮的定义，必须包含它区别于其他社会意识所特有的要素。从这个标准出发，有一些学者给出的定义能比较明确地抓住社会思潮的本质。比如，许启贤教授指出社会思潮的定义可以表述为"社会思潮是一定时期内、反映某一阶级或阶层群众利益和要求的、

---

① 肖锦全：《论社会思潮作为社会意识一个层次的构想》，《现代哲学》1997 年第 1 期。
② 张澍军：《社会思潮、普通意识及其相互关系试探》，《哲学研究》1992 年第 3 期。
③ 《马克思恩格斯全集》第 43 卷，人民出版社 2016 年版，第 66 页。

以某种理论学说为主导或依据的思想趋势或倾向"①。这个定义简明扼要
地突出了作为社会思潮经济基础的阶级性，理论导向的思想性，广泛影
响的社会性。但是，该定义不足之处在于没有说明构成社会思潮的思想
理论要素和大众思想趋向要素之间的相互关系。相比之下，我们认为梅
荣政教授给社会思潮下的定义可以作为我们认识社会思潮本质的基础性
概念："某一时期内在某一阶级或阶层中反映当时社会政治情况而有较
大影响的思想潮流，它以一定的社会存在为基础，以特定的思想理论为
理论内核，并与某种社会心理发生互相影响、互相制约、相互渗透的作
用。"② 以这个概念为基础，我们要明确思想理论在社会思潮中居于核心
地位，但我们还需要进一步强调的是，从认识社会思潮形成发展传播的
角度来说，对社会思潮与社会心理所发生的互相影响关系的理解，要侧
重把社会心理作为社会思潮在传播过程中所依赖的社会条件，尤其要注
意不能简单地把社会心理归为社会思潮的组成部分。因此，我们可以给
社会思潮作如下定义：社会思潮是以思想理论为内核，以一定社会心理
为依附条件，经理论创造者和支持者的推动，在大众中广泛传播持久流
行，与时代和社会重大问题相关的较系统、集中的思想观点的运动。

　　从这个定义中我们可以知道，社会思潮其实是社会意识的特殊运动，
它的源头是某些思想家倡导的思想理论，它的条件是特定的社会心理，
它的内容是对时代和社会重大问题的反映，它的影响在空间上是广泛的，
在时间上是持久的。这个定义是为了帮助我们把"社会思潮"放在与之
关系密切、容易混淆的概念中进行比较，并通过比较，更好地分析社会
思潮的本质。

　　第一，社会思潮是社会意识的特殊运动。认识社会意识的特殊运动
首先要从辩证唯物主义认识论出发揭示社会意识的一般运动。马克思主
义在解决了人类社会的物质统一性的同时，也阐明了社会存在和社会意
识、社会的物质过程和精神过程的辩证关系。马克思主义认为，社会存

---

① 许启贤：《社会思潮研究》，《淮南工业学院学报》（社会科学版）1999 年第 1 期。
② 梅荣政：《用马克思主义引领社会思潮》，武汉大学出版社 2008 年版，第 57 页。

在决定社会意识，社会意识是社会存在的反映，并反作用于社会存在。社会意识的一般运动就是在与社会存在的辩证关系中显现出来的双向转化。作为社会存在反映的社会意识，由于反映的内容、反映的方式、同社会经济基础的密切程度等的不同，又使社会意识内部呈现复杂而精微的结构，各层次、各形式彼此之间相互联系又彼此区别。社会思潮作为社会意识的一个组成部分，既有与社会意识的一般运动相一致的地方，又有其独特的方式和规律。即社会思潮有相对集中的主题，有鲜明的广为流传的理论观点，有相对固定的传播渠道和规律，有持久的作用时间和广泛的群众基础，有较明显的兴起和衰落过程。因此社会思潮是社会意识的特殊运动形式。

第二，社会思潮的核心是学术流派的思想理论观点。社会思潮与学术流派有着密切的关系。陈立思认为某种社会思潮往往是以某种学术流派的思想理论观点为内核而形成并命名的。[①] 学术流派的代表性人物是社会思潮的理论代表，其观点也成为社会思潮的代表性观点，通常也是研究社会思潮时的主要考察对象。但社会思潮与学术流派也有很多不同的地方。学术流派活动的参加者往往是参与该学科研究的专业人士，其成员比较"纯"，尽管其内部还有可能包括各式各样互相补充又互相分歧的小流派，但是仍然保持着共同的"范式"，思想理论比较系统严密。而社会思潮的接受者、传播者从专业人员到社会各阶层都有，比较"杂"。他们相互之间的思想观点只是在主要方面相同，对待学术观点的态度则是各取所需的。对比而言，学术流派活动具有鲜明的学理性、研究性特点，以推进相关理论发展为目的；社会思潮则更倾向于把理论性观点做符合大众感性认知的转化，以求获得社会反响。因此，学术流派的影响不如社会思潮广泛，也不具有社会思潮的冲击力和裹挟力。但是，由于学术流派的理论观点是社会思潮的核心，所以我们在对社会思潮做理论分析时，往往转化为对学术流派的观点做分析。这在社会思潮研究中是通行的做法。同时，在对社会思潮的核心思想做理论分析时需要注

---

① 陈立思主编：《社会思潮与青年教育》，北京大学出版社 2011 年版，第 3 页。

意，不能把对思想理论的纯学术研究与社会思潮研究简单画等号。从纯学术的角度探讨社会思潮的思想理论内核也是一段时间以来在社会思潮的学术研究上存在的错误倾向。这在研究中表现为，对社会思潮理论内核持中立化的态度。这看似是对多样多元思想观点的包容，实际是给那些错误社会思潮做了宣传。我们之所以要把社会思潮的研究集中在其理论内核上，并不是因为它是一个围绕理论问题展开的讨论，而是因为任何一种社会思潮的理论内核都不是价值无涉的，都与创造并推动此观点传播的阶级阶层利益有着密切关系。从这一点出发，对社会思潮理论内核的学术研究本身就需要有科学理论来指导，通过批判错误思想理论，借鉴吸收有积极意义的思想理论，促进科学理论的发展壮大。在当代中国，要坚持马克思主义在意识形态领域的指导地位，通过研究分析社会思潮，吸收合理的成分，批驳错误的思想，促进马克思主义理论发展。

　　第三，社会思潮依附的社会条件是特定社会心理。如前所述，社会思潮与学术流派活动的最大区别就是社会思潮把思想理论观点大众化、社会化。社会思潮的这种特点决定了研究社会思潮既要认真分析其理论形态，同时也要分析其社会心理成因。潘春葆认为可以把社会心理理解为是特定社会、特定时代、特定民族和特定阶级、阶层或社会集团的人们当中普遍流行的、没有经过系统加工整理的精神状况的总和，亦即社会人的感觉、情感、情绪、要求、愿望、理想、意志、道德风尚和审美情趣以及风俗习惯，等等。① 社会心理从整体上看虽尚属感性经验认识，但又内在地包含着逻辑思维（如概念、判断、推理等）和理性认识的因素或成分，因而呈现出极其复杂的情形。总体来说，从反映社会存在的水平高低的关系看，社会心理属于较为低级的社会意识，它与社会意识形式共同构成了社会意识从低级到高级有机结构的两个基本层面。社会心理的产生和发展变化受到社会存在和社会意识形式两个方面的影响，同时，社会心理又是构造社会意识形式层面的某种思想理论体系所必需的思想原料。社会心理的发展变化是社会意识形态、思想体系出现的前

---

　　① 潘春葆：《从历史唯物主义看社会心理产生、发展的规律性》，《马克思主义研究》1986年第 1 期。

提，意识形态、思想体系是对社会心理变迁的反映。这是因为，社会心理通过感觉的方式快速感知社会的变化，它也总是先于理论体系提出新的任务和问题，要求思想理论给予相应的回应和解答。同时，通过一定思想理论体系表达的意识形态对社会心理的影响是持久性的。从上述认识出发，某种社会思潮之所以能不断泛起，是和社会生产发展过程中，包括经济、政治等社会结构变化带来的社会心理变化密切相关的。我们要想了解社会思潮发生发展的全貌，并探究其不断泛起的规律，就要对社会历史进程中社会心理的变化进行分析研究。

第四，社会思潮是对社会和时代的重大问题的反映。有人把社会思潮当作社会"热点"，其实，社会思潮与社会"热点"有联系但也有区别。从联系上看，二者都与社会大众关注的问题有关，都是围绕社会生活中的突出矛盾而产生的思想和舆论的反应。从区别上看，"热点"五花八门，有理论热点、社情民意热点，也有新闻热点，追求"新、奇、快"，热得快，冷得也快。不论哪一种"热点"，都会不断转移。思潮虽也潮涨潮落，但变化发展的周期较长，产生的影响也具有持续性。同时，"热点"大多围绕具体问题，而思潮却反映社会和时代的重大问题，并且有较深层次的思想理论。当然，社会思潮可通过和社会"热点"结合获得广泛传播的机会，也可能因为和大众关注的"热点"相悖而走向衰落。20世纪30年代开始，自由主义思潮逐渐式微，蛰伏在学院，就是因为它无法回答和解决社会普遍关注的资本主义自由竞争导致的经济危机以及伴随而来的一系列社会问题。而社会生活中原先就存在的突出矛盾，可以因潜伏的思潮与偶然的突发事件相遇而形成"热点"，或使"热点"再次升温。特别是在网络信息时代，突发事件的影响力随着互联网裂变式的传播速度而不断增强，社会思潮联系突发事件制造热点，输出观点，传播思潮也变得越发便利。

综合上述几个方面的比较分析，我们可以对社会思潮的概念及实质有一个更深入的了解，这便于我们后续对具体社会思潮进行研究时作出更为系统而全面的分析。

（二）社会思潮的特征

任何事物都具有区别于其他事物的具体特征。相较于本质，特征是表面的，但又由深藏其中的本质决定，也反映本质。我们对社会思潮的特征进行描述和分析，也是为了加深对其本质的认识。总体来说，社会思潮有如下特征。

第一，社会性和大众性的统一。"'思想'一旦离开'利益'，就一定会使自己出丑"①。社会思潮是反映特定社会环境中人们某种利益要求并对社会生活有广泛影响的思想趋势或倾向，其根源来自社会，不言而喻，它具有社会性。社会思潮的社会性从根本上说是阶级性，这是因为作为社会思潮内核的思想理论观点属于代表特定阶级利益诉求的社会意识形态范畴。我们在研究社会思潮时，要把其阶级性作为一个鲜明特征进行分析。当然，现在也出现了超越阶级差异的思潮，比如女性主义思潮、环保主义思潮、后现代主义思潮、种族主义思潮等。这些思潮所依托的社会群体，不完全按照阶级来划分。性别、信仰、民族、种族等，都有可能成为划分社会群体的依据。这是现代社会生活复杂化、利益关系多样化、社会结构多元化的结果。但是，这并不排斥把阶级性作为根本性特征来判断社会思潮发动者或利用者的目的和倾向。纵然随着社会的发展，人们的利益关系越来越多样化，阶级阶层也出现新的分化，但是总体上看，社会矛盾仍然集中在直接占有生产资料一方和没有直接占有生产资料一方之间。而且资本的国际化，使得其他种种社会矛盾同阶级矛盾发生有机的联系。社会思潮的大众性是指社会思潮要在大众范围内传播，而且这决定了其内容也属于大众文化。从这一点上来看，社会思潮是把作为其源头的、具有学术性的思想理论观点转化为通俗的、日常的、便于理解和参与的大众化思想运动。社会思潮的社会性和大众性是统一的，没有社会性，社会思潮很难引起大众的共鸣，缺乏大众性的社会思潮也只能在有限范围内产生影响。

第二，事实性和价值性的统一。因为作为社会思潮源头和核心的思

---

① 《马克思恩格斯文集》第 1 卷，人民出版社 2009 年版，第 286 页。

想理论本身就是事实性和价值性的统一，所以由它而来的社会思潮也就兼具这样的特性。结合前边所说，社会思潮从根本上体现着特定阶级、阶层的利益诉求，价值性自然是其内在应有之义。而且，要让一种思想理论观点在社会范围内传播开来，必须对社会发展变化中的新情况、新形势、新问题作出理性分析和判断，即进行事实性研究。在这个过程中，思想理论观点本身也会随着现实情况的变化作出调整和创新，理论传播的方式方法也会随着思维方式、大众媒介的变化而改变。一般而言，某种思想理论之所以成为社会思潮，是因为它既反映了社会大众的利益诉求，又能有效解决现实问题。但事实上，在从思想理论观点向社会思潮转化的过程中，事实性和价值性统一的标准是因传播者和受众的利益差异而有所选择的。比如，某些理论的传播者和支持者，出于自身利益需要，夸大事实甚至罔顾事实地宣扬其思想观点，以达到扰乱社会思想、破坏社会实践的目的。所以我们在评判各种社会思潮时，要注意坚持历史唯物主义、辩证唯物主义认识论，从其所代表的阶级利益角度对其事实性和价值性作出历史的、辩证的分析。只有客观、全面地掌握其事实性和价值性，才能够清醒地认识、有选择地吸收、有效地引领社会思潮。

第三，政治性和宣传性的统一。前边说到社会思潮从根本上反映着特定阶级阶层的利益诉求。由于每个阶级、阶层在社会生活的各领域都会有相应的利益诉求，因此社会思潮也存在于各社会领域之中。我们最常见的是思想文化领域里的文学思潮、哲学思潮，当然，经济领域里会有经济思潮，政治领域里也会有政治思潮。尽管从现象上看，社会思潮存在于多个领域、多个层面，但是从实质上分析，阶级利益最终需要通过夺取和巩固政权得以实现。因此，所有社会思潮从根本上说都具有政治性。即便有些社会思潮在形成的初期会呈现为针对某个领域的学术或思想观点，但是，它在传播过程中如若没有受到遏制，其政治性就会日益显露出来，并以日趋尖锐的形式与既有政权甚至社会制度形成强烈对抗。20世纪80年代以来在我国兴起的资产阶级自由化思潮就是首先通过在思想文化领域传播西方资本主义自由民主理念，淡化乃至否定中国革命历史文化，从而动摇人们的社会主义理想信念并放弃社会主义制度。

社会思潮在传播上日益明显的政治性特点在苏联解体的过程中得以充分表现。"我国著名经济学家吴易风在《从苏联到今日俄罗斯的演变过程》的访问记中讲到，他在访问俄罗斯时，请俄罗斯的一些学者介绍了社会主义苏联是怎样演变成为今天的俄罗斯的。"① 苏联学者就这个问题作了回答，其中从克洛茨沃格研究员的回答中我们可以看到一种错误社会思潮的政治性是怎样逐渐显露并充分展现的。"克洛茨沃格说：社会主义苏联演变成今天的俄罗斯，从意识形态领域开始，然后进入经济领域和政治领域。经历了几个阶段：第一阶段，一些作家、艺术家、新闻记者、报纸、杂志的编辑开始在报刊上攻击苏联的社会主义制度；第二阶段，一些经济学家、政治学家、社会学家、历史学家、哲学家等发表各种言论，主张在苏联实行西方的资本主义经济制度和民主政治制度；第三阶段，苏联共产党的高级官员，利用他们手中的权力，打着经济改革和政治改革的幌子，在经济上建立了私有制，在政治上推翻了苏维埃政权，推翻了共产党，建立起了一个代表新资产阶级的利益和要求的，同人民的利益和要求相对立的政权。"② 因此，我们绝对不能忽视社会思潮的政治性质，尽管有些社会思潮形成的初期其政治属性并不明显，但如果不受到批判，不被遏制，就会越来越强烈地表现出来，甚至造成严重的后果。宣传性，是与政治属性密切相关的社会思潮的另一特性。我们知道，政治性从根本上表现为谋求夺取和巩固政权。要想撼动既有国家政权，摧毁整个国家机器，没有强大的社会动员力量是不可能实现的。因此，某一阶级在夺取和巩固政权实现自身利益的过程中，必然会结合社会心理在社会上广泛宣传自己的思想观点，作为一种思想潮流的社会思潮也就形成了。不停涌动的社会思潮在改变人们思想的同时也会成为改变世界的现实力量。特别是生产力作为社会发展的最终决定力量，在发展到一定阶段出现变革社会经济政治制度需要的时候，作为生产力现实主体的劳动群众会表现为普遍希望社会变革，并期盼出现指导社会变革的思想理论。在这种社会现实和社会心理综合作用下，社会意识层面呈现活

---

① 梅荣政：《用马克思主义引领社会思潮》，武汉大学出版社 2008 年版，第 62 页。

② 梅荣政：《用马克思主义引领社会思潮》，武汉大学出版社 2008 年版，第 63 页。

跃状态，也为特定思想理论的广泛传播做好了思想准备。在这种情况下，思想理论往往通过抓住大众关注的关键词进行宣传，就很容易快速辐射开来。这里，需要明确的是，并不是任何社会思潮都会因其具有宣传属性而不断扩大声势，掌握思想。在思想理论与大众意识相互作用的过程中，宣传的有效性和持久性根本上取决于该思想理论与历史潮流是否相符。从社会思潮发展的历史上看，某种具体社会思潮生长到一定阶段时，由于它不能与历史潮流相符合而从历史舞台中心退出，甚至销声匿迹。总的来说，政治性和宣传性是相辅相成的，从政治属性上看，越代表大多数人利益的思想理论，越具有强大的宣传性。从宣传性说，某种思想理论只有抓住了社会心理，和大众诉求结合在一起，才能在社会上广泛传播形成思想潮流，进而推动社会变革，实现自身的政治目的。

第四，民族性和时代性的统一。纵观多种多样的社会思潮，其思想理论内核有本土的也有外来的，但是无论哪种思想理论观点，想要在社会范围内产生影响，形成思想文化潮流，一定要与特定社会环境中的民族的经济、政治、文化生活发生联系，尤其要与民族的文化传统以及文化心理结构相结合，用本民族的思维方式、概念体系、话语系统进行表达和传播，才能转变成为具有社会影响力的思潮。反之亦然，大众在理解和接纳某种思想理论，特别是外来思想理论的时候，一定会打上本民族的烙印。民族性使得由同一种思想理论观点形成的社会思潮在不同民族国家的表现会有所差异。除此之外，社会思潮还随着历史的发展不断跌宕起伏，社会思潮的这种历史变迁也反映着时代的变化。因此，时代性也是社会思潮的一大特性。尤其是在新旧时代的转型时期，必然出现新旧文化的碰撞，社会思潮就是代表新旧时代的思想文化撞击交锋的产物。比如，从鸦片战争到五四运动，中国社会在向近现代转型的过程中，东西方文化经历了激烈的碰撞。在这一时期，各种社会思潮围绕传统中国如何走向现代化这一核心问题也异常活跃。当时，无论是一开始的"中体西用"，还是后来的"全盘西化"以及"以俄为师"，都体现了时代转化带来的人们关于传统文化与西方现代文明关系的重新思考。这也说明社会思潮都是从民族性的现实出发，探索具有时代性的问题，在力图引起实际变革的过程中体现了民族性和时代性的统一。当然，历史上呈现出的众多社会思潮往往碍于思想理论内核的局限性，都是从某个层面，在某种程度上体现民族性和时代性，难以真正实现民族性和时代性的有机结合。换言之，他们往往是从反映和思考民族所遭遇的时代问题的角度表现出民族性和时代性，而对于如何正确处理时代进程中的各种矛盾关系，特别是具有民族性的历史问题与具有时代性的实践需求之间的辩证统一，则需要我们在研究各种社会思潮的时候，以社会思潮所呈现出的问题为思想材料，自主地运用马克思主义理论做进一步的深入分析。

（三）正确理解社会思潮本质和特征的意义

对事物本质和特征的认识和把握归根结底是为了满足实践的需要。我们对社会思潮下定义，用比较的方法对与之相关的概念进行辨析，又通过阐述它的特征进一步明确社会思潮的实质，都是为了在复杂而尖锐的意识形态斗争中准确把握并有效引领社会思潮。

在中国特色社会主义新时代，要坚持马克思主义在意识形态领域指导地位的根本制度，建设具有强大凝聚力和引领力的社会主义意识形态，巩固全党全国各族人民团结奋斗的共同思想基础，就需要高度重视多样化的社会思潮对主流意识形态的影响，用马克思主义世界观方法论对社会思潮作出科学分析，使新时代的主流思想舆论更有说服力、凝聚力和引领力。在实践中，由于学术流派的思想理论观点是社会思潮的核心，而学术研究又不同于社会思潮研究，因此我们在分析和引领社会思潮时，要关注其与学术流派的联系，但更要注意其与学术流派的思想理论的区别。如果我们不能正确区别社会思潮与学术流派的理论观点，就很容易犯"左"或者右的错误。比如，有些人因害怕被认为是"干涉学术研究""压制思想自由"、怕被戴上"左"的帽子、怕被说与"多元化"时代格格不入，对社会思潮中的某些错误观点，甚至是明显的宣扬敌对意识形态的观点，不敢理直气壮地进行批判、分析，这些人往往会自觉不自觉地和那些积极鼓吹"非意识形态化"、淡化马克思主义与非马克思主义的界限、消弭社会主义与资本主义的原则区别的社会民主党派以及自由派知识分子站在一个阵营，看似以无党派性、中立性自居，实则是犯了右的错误。反之，有些人仅仅因为学术界内部的讨论中出现一些与"主流"观点不一致的意见，或者从学术研究的角度对西方某些思想理论中所包含的解决问题的具体方法进行肯定，就不容争辩地批判打击，这就是"左"的错误。当然，相较之"左"的错误，在当代中国新的社会历史条件下，和平发展成为时代主题，历史朝着开放包容、合作共赢的方向发展，宽松活跃的思想文化环境更容易让右的错误发生，也更容易让错误思想理论不断传播扩散。对待思想文化领域的建设，党和国家一直以来坚持"百花齐放，百家争鸣"的发展方针，强调"学术无禁区，宣传有纪律"。这些方针政策要想得到真正贯彻，就必须区分哪些是学术研究和探讨，哪些是在大众中传播和流行的思想理论。总的来说，学术探讨是本着专业研究的态度，在专业领域内对思想理论学说做出专业的分析论断，属于学术范围的理性研究分析。但是，即便在专业的学术研究领域也要坚持马克思主义的指导。这意味着，学术研究和分析必须建立在历史唯物主义、辩证唯物主义世界观、方法论基础之上，只要以此为前提，就不必对学术探讨设置禁区。不同于学术研究，社会思潮是思想理论已经和社会问题相结合并转化为大众文化层面的思想意识，进而形成具有巨大能量的现实力量。因此，对待社会思潮，仅从科学的世界观方法论出发进行客观分析是不够的，还要加强监测、引导和必要的控制，特别是对错误的社会思潮要进行积极的斗争。

二 社会思潮的发生和传播

社会思潮作为社会意识，虽然从本质上讲仍然是对社会存在的反映，但是这种反映能成为思潮，必定有其特殊的原因和条件。因此，从可能性变成现实性，只有具备必要的主客观条件，社会思潮才有可能发生；从学术性转化为大众性，只有沿着一定的传播路径，社会思潮才能影响社会。

（一）社会思潮发生的历史前提

一般而言，社会思潮的发生有三个历史前提。一是社会意识的客观化，二是精神生产的专门化，三是传播媒介的大众化。社会意识的客观化，是指社会意识由纯粹的精神活动变成一种客观存在。它可以通过语言、符号、文字、图像、书籍、雕塑、器物、电磁材料等物质载体而保存、遗留、传播，成为与物质世界、思想意识相并列的客观精神世界。精神生产的专门化是人类历史经历了几次分工后的产物。虽然关于人类历史上的分工有不同的划分方式，但是总体上都沿着生产的专业化方向发展，在这个过程中，随着物质生产的专业化程度提高，劳动生产率也不断提高，这样就出现一部分人脱离物质生产而专门从事精神生产，如教育、文化艺术创作等。他们只生产精神产品，并且以此来服务于物质的生产和社会生活。传播媒介的大众化，是到了近代在工业化的历史进程中，由科学技术的进步和经济社会新的需要而推动的传播手段、传播机构面向大众传递信息的发展过程。随着大众获取、交流信息的手段和渠道越来越便捷高效，思想观念对社会发展的影响也越来越大。我们可以把这三个历史前提看作是社会思潮得以发生的可能性条件。

（二）社会思潮发生的现实条件

可能性不等于现实性。如前所述，从可能性变成现实性，必须具备必要的主客观条件。

从客观方面看，社会思潮产生的年代，一般是风云变幻、大动荡、大变革的历史时期。当社会酝酿着或实际地经历着深刻的变动时，人心动荡，思想界也会格外活跃。在回答和解决时代重大问题的过程中，各种思想理论相互激荡并在社会上引起反响，社会思潮便会应运而生。我国著名思想家梁启超在其名作《清代学术概论》中对"时代思潮"的解说流传很广。其中说道："凡'思'非皆能'潮'；能成'潮'者，则其'思'必有相当之价值，而又适合于其时代之要求者也。凡'时代'非皆有思潮；有思潮之时代，必文化昂进之时代也。"①

从主观方面看，思潮的发生，离不开精神领袖的作用。黑格尔指出："谁道出了他那个时代的意志，把它告诉他那个时代并使之实现，他就

---

① 梁启超：《清代学术概论》，中华书局 2011 年版，第 1 页。

是那个时代的伟大人物。他所做的是时代的内心东西和本质，他使时代现实化。"① 这个认识是深刻的。人类创造历史的最大自觉，就是通过把握时代精神，实现时代意志的追求，而这离不开历史的伟人。每个时代总有那么一些思想家，他们基于对社会规律的深刻了解，凭着敏锐的洞察力和对人类命运的深切关怀，总能比普通人更早地觉察到时代的脉搏，更加细微地体察到社会的变化。他们从自身的社会背景、阶级立场出发，积极推动理论的创新，尝试回答时代的问题，并对与自身有着利益冲突的思想理论发起批判。他们的思想理论在一定程度上把群众的某些要求以鲜明的观点、口号表达出来，引起群众的共鸣，因此吸引更多的人参与到这种思想的研究和创造中，从而逐渐形成一支队伍、一场运动，在思想文化领域不断地涌动和掀起一阵阵浪潮，并对社会实践产生重大影响。这样的思想家便是社会思潮的"统帅""旗手"。没有他们，便不可能有作为社会思潮内核的思想理论，更不可能有社会思潮。这些思想家的思想在很长一段时间内都会保持影响力，并具有研究价值。

社会思潮能够形成的另一主观条件是群众的参与。群众对某一学术派别思想观点的认同、接受、共鸣，除了需要有一拍即合的内容做基础，还需要有适宜的思想文化氛围来进行心理、情绪方面的强化，而这又离不开大众传媒的传播、渲染。同时，民族的文化传统也给社会大众接受某一特定思想理论提供了文化前提。在风起云涌的时代环境中，群众渴望有一种思想能解释其内心困惑，因此一旦在上述条件的作用下接受了某种思想后，就会积极地参与到这种思想的传播和践行中去，使之更加声势浩大，深刻融入社会生活中，成为真正的社会思潮。

（三）社会思潮的传播路线和方式

一种思想理论成为具有广泛影响力的社会思潮，离不开以传播为中介架起思想理论与大众意识之间的桥梁。正如传播学一般原理所揭示的，传播的路线，是由传播者经传播媒介到达受众的过程。传播的方式，一般是逐级传播，由一级受众传播到次级受众。尽管数字媒体时代，信息

---

① ［德］黑格尔：《法哲学原理》，范扬、张企泰译，商务印书馆 1961 年版，第 334 页。

在互联网上发散式的互动模式使得社会思潮传播路线和方式日益复杂，但是，从根本上说还是遵循传播的基本模式。大致说来，社会思潮会经历三级层面的传播。

第一级是专业学术界。这是社会思潮的源头，也是内核。从这一层次产生的思想观点，是纯学术状态的、基础性的，因此也是深刻稳定的，是社会思潮的思想支柱。一种社会思潮在跌宕起伏中是否能持续存在并发挥影响，根本上取决于其思想理论内核在多大程度上揭示社会发展规律。

第二级是一般的知识界，恩格斯称之为"有教养的阶层"。如知识分子、大学生等。他们接受、消化、吸收第一层次所生产的思想材料，并通过再创造转化为第二级产品，提供给第三级受众，即社会大众。现如今，在网络媒体主导的传播环境中，各种层次和文化水平的人都会因信息的扁平化传播，被压缩在社会大众的范围内。有调查表明，甚至在大学生和研究生中，许多人对某种思想理论的了解，主要也是通过听专家或老师的讲解，或阅读研究性、分析性的辅助材料，甚至是浏览网络上的碎片化、通俗性讲解，而不是直接阅读思想家的原著。第三级受众庞大复杂的特点决定了第二级产品要兼具理论性、通俗性、思想性、情感性才能广泛传播，特别是通过网络媒介对某种思想理论以各种形式进行的创作和再创作是否能引起网络受众的兴趣，成为社会思潮能否形成的重要条件。所以，第二级知识分子的接受和加工是社会思潮形成的关键。如果第一级的思想理论，在第二级都不能引起关注和反响，那么这种思想理论至多也就成为一个学术理论，而不能成为社会思潮。简而言之，第二级的态度和做法决定着学术思想能否成为社会思潮。当然，第二级的创造和传播者的贡献绝不仅限于传播扩散思想理论。他们在学习改造的过程中，通过自己的加工和创造，使特定思想更能反映时代、社会和民众的要求，更加贴近社会现实。不可否认，在这一级中，那些掌握或企图掌握政治权力的人物，他们为了造成支持自己的思想规模和声势，会在各领域极力地推动某种符合自身利益的思想理论的践行，也就对社会思潮的形成和传播起到更大的作用。

第三级是社会大众。在社会思潮的传播中，他们有两重作用。其一是接受者。从接受者的角度来看，大众看似是被汹涌而来的思潮裹挟，是某种思想观点的追随者，但实际上他们对思想观点的接受是有选择的。他们只能接受与自己的原有价值观念相同或相近似的东西。这一点其实也决定了社会思潮在传播过程中要和既有的社会心理、价值理念相结合，逐步渗透。其二是概括者。在社会思潮的传播中，从第一级到第三级，是沿着"通俗化、具体化、感性化"的方向传播。在理论维度逐渐下降的过程中，思想推演论述所依赖的专业性、抽象性学术话语逐渐转变为直观可感、贴近生活的甚至是大众流行的简练易懂的话语。这些话语以高度概括、精练的方式把社会思潮的主题或重点鲜明地凸显出来，很容易让人理解某种社会思潮的思想要点，也更便于我们把握其本质。因此，纵观第三级社会大众在社会思潮传播中的作用，可以发现他们也是一个不可忽视的群体。

三 社会思潮的运行

同一个时代，社会上流行的社会思潮不止一种。不同社会思潮虽然面对同一个社会现实，但是由于文化传统的差异、阶级属性的差异、思维方式的差异、关注重点的差异，因而对现实问题作出的判断和解决方案也就有所不同。有的不同体现为不同的领域，比如哲学思潮、经济思潮、政治思潮、文艺思潮等。有的不同体现为同一领域里并存的不同立场的思潮，如现代西方哲学领域里的科学主义和人文主义两大思潮。还有的不同体现为同一时代里在社会制度选择上的不同价值取向的思潮，如民主社会主义思潮、新自由主义思潮。多种多样的社会思潮在相互碰撞、相互影响中运行。

（一）社会思潮之间相互作用的不同情况

不同社会思潮之间的碰撞和冲击往往能揭示出对方的弱点，比如视角、立论或论证中的不足或错误。社会思潮在碰撞中通过暴露弱点、吸取其他思想理论的"长处"，不断充实和丰富自身的思想内涵和表现方式。从社会思潮的发展历史上看，有的社会思潮通过借鉴吸收其他社会思潮的思想观点，慢慢改变自身，最终与其他社会思潮走向融合。比如功利主义和理性主义、科学主义和人文主义都在发展中逐渐走向融合的趋势。从某一历史时期的社会思潮相互关系上看，在社会上流行的多种社会思潮中，存在以某种社会思潮为主导，其他社会思潮辅助其发挥社会影响的现象。比如，历史虚无主义、"普世价值"这些旨在宣扬西方资产阶级自由民主制度优越性的社会思潮，最终都服务于资产阶级自由化思潮。

就中国社会而言，大多数社会思潮都属于外来文化。外来文化进入中国社会以后，与本土文化在内容和力量上的对比角逐也影响着社会思潮的发展走向。比如，西学东渐以来，西方文化在同中国文化较量中，随着西方文化势力的不断扩大，占据主流的社会思潮也发生着变化。从一开始的师夷长技，到中体西用，再到全盘西化，中国传统思想文化在社会思潮中的影响逐渐式微，相反，殖民文化、虚无主义文化逐渐占据上风。在这种情况下，西方资本主义社会思潮在中国开始广泛传播比如政治领域的君主共和思潮、民主共和思潮、无政府主义思潮，比如经济领域的实业救国思潮，比如教育领域的实用主义思潮、科学主义思潮，等等。相较西方思潮在中国社会的发展壮大，文化复古主义等主张复兴传统文化的社会思潮则成为批判的对象。其实，代表外来文化的社会思潮之所以能在本土得以传播，根本上取决于外来文化反映了本土新兴阶级阶层的发展需要，因此，一种思想理念在某一社会中是否能从众多思想流派脱颖而出，甚至形成对传统文化观念具有打压态势的社会思潮，是由社会发展的现实需要决定的。反之，社会发展如果没有进入适宜某种思想理念的阶段，那么即便这种思想理念输入该社会也很难形成潮流。20世纪80年代在欧美国家兴起的后现代主义几乎同步传入了中国，但是差不多十年后，到了90年代中国才开始出现"后现代主义热"。这就是因为在中国这样一个远未实现现代化的国家，后现代主义并不具备社会基础，而兴起"后现代主义热"也仅仅是因为一些人想拿它来"消解"一元文化。

（二）社会思潮运行特点与思想文化政策

社会思潮虽然纷繁复杂，但是总的来说其运行表现出一些特点，有一定的规律。只有掌握了社会思潮运行的特点和规律，才能制定正确的思想文化政策，有效引领社会思潮，同时促进社会思想活跃。从社会思潮在过去二百年与社会存在发生联系并不断运动变化的历史上看，社会思潮表现出如下运行特点。

第一，"钟摆"现象。马克思主义指出对立统一规律是宇宙的根本规律，矛盾的对立统一推动事物的发展变化，社会基本矛盾是社会发展的根本动力。社会思潮的发生以及运动变化总围绕着以社会基本矛盾为主的人类社会固有的一些矛盾而展开。不同社会思潮常常以矛盾的对立派别方式呈现，围绕一个核心概念各执一端。而人类社会在发展的不同历史阶段有不同的重点任务，对规律的认识也有待不断深化，由此需要从不同角度寻找理论工具。这样就会出现理论选择上的"钟摆"现象，从而使得代表矛盾对立关系双方的社会思潮此消彼长。就本书的主要研究对象——政治领域的错误社会思潮而言，也存在这种运行特点。我们能够正确分析和处理社会矛盾的时期，经济发展，社会稳定，思想团结。这不意味着错误社会思潮就此消失了，而是错误社会思潮蛰伏的时期。随着经济社会的不断发展，某些社会矛盾逐渐暴露并且因我们的忽视或处理不当而日益严重的时期，错误社会思潮就会借机显现，充当解决人们思想困惑的思想理论工具。

第二，"冲突"与"整合"的辩证统一。社会思潮数量众多，交锋较量，实际是文化多样、价值观多元的表现，更是世界观存在缺陷、思维方式片面化的产物。从人类认识发展的规律出发，通过整合多元多样的思想观念，掌握物质世界的统一性、事物发展的规律性，是人类认知的必然趋势。我们看到，一些社会思潮从一开始出现时的片面化思想观点，到综合其他思想理论后形成较为完善的思想理论内核，其对社会现实的解释力、对社会实践的影响力在不断增强。包括我们所研究的政治领域错误社会思潮，也在与主流意识形态的不断碰撞和对抗中吸收新的思想文化成果，以求不断增强与社会发展需要的联系，引起社会各界的关注，并提升其核心理论的说服力。

从社会思潮在运行中表现出的上述特点，我们可以发现，抓住社会发展的主要矛盾，通过与对立面的斗争实现整合，是社会思潮存在并持续活跃的基本规律。实际上，这一规律不仅可以让我们掌握社会思潮的运动变化，同样也有助于我们正确认识思想文化发展的内在要求和总体趋势。社会思潮也好，思想文化也罢，从来都是以"丛生"的方式存在并发展。如果我们为了栽培一棵植物，把它周围的树木都砍光，甚至让它周围寸草不生，那这棵植物也不可能长好，因为它生长所需的生态条件被破坏掉了。从这一点出发，加强马克思主义在意识形态领域的指导地位，需要制定正确的思想文化政策，在社会思想领域保持矛盾、保持平衡。在用马克思主义引领社会思潮的过程中，要让差异、矛盾、斗争保持在适度的范围内，有碰撞、冲击，但也不放任自流，积极利用社会思潮有助于活跃社会思想文化的一面，同时也善于从其背后所反映的利益和意识形态差异，及时发现并正确处理社会问题，加强主流意识形态的建设。因此，社会思想文化政策的制定者、执行者应当对社会思潮进行监测、引导，倡导主流意识形态，也为非主流的社会思潮保留一定的发展空间，促进思想文化的生机勃勃、欣欣向荣。

第二节　社会思潮与社会生活

社会思潮与社会生活符合社会意识与社会存在的一般关系，即社会存在决定社会意识，社会意识是对社会存在的反映，并且社会意识对社会存在有反作用。具体就社会思潮对社会生活的反作用而言，有日常状态和特殊状态两种。而社会生活对社会思潮的影响主要集中体现为生活方式变化，特别是传播媒介的变化对社会思潮传播内容、过程、效果的影响。

一　社会思潮与社会日常生活

如前所述，社会变革是社会思潮发生的客观条件，社会思潮从不同角度反映了人们对社会变革发展的不同认知，代表了不同利益群体在社会变革中的利益诉求。一般而言，社会思潮都是对既定的社会制度、主流思想持批判态度的。只不过，有的批判是有建设性的，有的批判是颠覆性的。不能简单地根据建设性或颠覆性评判社会思潮的对错，而是要从社会制度的阶级属性、主流思想的价值取向入手进行分析。比如，在资本主义社会内部，对建立在生产资料私有制基础之上，以追求利润为目标，实现剩余价值最大化的资本主义制度进行批判，对作为资本主义理论基础的个人主义为前提的自由主义进行批判的社会思潮，虽然对既有的社会制度有破坏性作用，但从社会生产力发展的客观需要和历史发展的必然趋势看，这种社会思潮是有积极意义的。相反，在社会主义国家，对生产资料公有制为基础的社会主义制度进行否定，对作为社会主义理论基础的马克思主义思想理论进行批判的社会思潮，则是站在最广大人民根本利益的对立面，旨在破坏、颠覆代表最广大人民根本利益的政权，逆历史潮流而动的错误思潮。在当代中国，我们关注的主要社会思潮都是对中国特色社会主义发起攻击，反对代表和维护中国最广大人民根本利益的中国共产党的领导，破坏人民当家作主的国家政权，取消无产阶级的思想理论马克思主义的指导地位的错误社会思潮。

（一）社会思潮影响社会生活的途径

在当代中国，正是基于社会思潮的批判性、否定性特点，我们需要了解其影响社会生活的方式，以便采取相应措施有效地对社会思潮进行控制，巩固人民政权。一般而言，社会思潮对社会生活的影响是通过舆论、相关政治决策和社会心理活动等渠道实现的。

首先，舆论和相关政治决策的渠道能够形成是因为社会思潮能够以文化产品、行为特点的方式融入社会生活，成为社会生活中的一种精神氛围。当这种精神文化氛围浓厚到一定程度时，上至国家领导，下至黎民百姓，都会浸润其中。他们会在意识或潜意识中接受社会思潮所宣扬的思想观点、思维方式，把它转化为社会舆论甚至是政治决策。比如，20世纪80年代西方资产阶级自由民主思想，特别是新自由主义思潮从政治、经济、文化多个领域输入苏联，影响了苏联大批学者以及从政者，造成苏联经济政治文化指导思想的极大混乱，并通过制定一系列错误的政治决策最终把苏联社会主义制度葬送掉。

其次，社会心理活动的渠道是建立在社会思潮与社会心理的相互影响的基础上。前边我们已经分析了，特定社会心理是社会思潮所依附的社会条件，同时社会心理的发展变化也会受到以某种思想观点表达的社会意识形态的影响。这其实意味着，一方面，社会心理，尤其是作为潜在社会意识的社会心理要借助社会思潮为突破口才能发泄出来。在这个由"隐"到"显"的过程中，社会心理经历了由感性到理性的提升，从而有目的地、剧烈地冲击现存的意识形态，并为意识形态的变革提供群众基础。另一方面，社会意识形态也需要借助社会思潮融入、沉淀到社会大众的意识或潜意识中，从而转化为人们的内心信念和行为动机，以某种心理定式来支配人们的行动，影响社会生活。

（二）社会思潮与社会"热点"及突发事件

社会思潮活跃的时代是危机、变革、转折发生的时代。时代的这种特性在社会生活中表现为原有的生活方式和节奏被打破，生活环境快速发展变化，社会矛盾频频发生。这给人们带来不稳定、焦虑、紧张、迷茫的感觉，并且大众的情绪很容易失控。在一些"热点事件"或"突发事件"的触发下，大众的某种社会心理会由潜到显，围绕既定"事件"形成社会舆论。社会思潮的传播者往往会搭载着有利于传播自己思想理论的社会舆论事件展开宣传活动，引导大众认识统一到自己的思想观点之下。在互联网媒体时代，信息传播的扁平化、裂变式新特点决定了热点事件、突发事件相较以前爆发得更为频繁，由此社会思潮也更容易涌现和壮大。对于具体社会热点事件与某种社会思潮之间关系的研究，还有待深入，但是可以肯定的是，能够引起社会舆论并被某种思想理论利用的突发事件，本身就是社会矛盾从潜在到展开甚至激化的过程，是矛盾由量的积累到可能发生质变的表现。我们需要在矛盾出现但尚未激化的时候，找到处理矛盾的正确方法，并形成关于矛盾运动变化的规律性认识。掌握了这些规律，就可以帮助我们预测社会矛盾发展的势态，及早干预有可能引发社会舆论的事件。当然，新的时代条件下信息传播的速度之快，也对我们的信息处理能力提出新的挑战和要求。其中包括对那些刻意在网络上传播扩散以便引起社会关注和社会舆论的社会事件，要学会正确引导已经出现的社会舆论，避免大众的思想认识被错误思想观点左右而形成社会思潮。

（三）信息时代互联网媒体对社会思潮传播的影响

随着科学技术的快速发展，信息技术已成为推动社会发展进步的关键，而如前所述，互联网媒体的蓬勃发展，又使信息的传播表现出新的特点。这些新的变化也在影响着社会思潮的传播。

首先，互联网媒体使社会思潮的内容发生改变。前边已经探讨过学术界生产出的作为社会思潮核心内容的思想理论是怎样经过各级传播提供给社会大众的。在整个传播过程中，这些原始的思想观点必须经过补充、丰富和发展才能被社会大众接受和运用，但是这些核心思想所包含的实质性内容基本不发生变化。互联网媒体的出现和发展，其"交互性"的特点使得处于第二级和第三级传播层的人群"再创造"社会思潮的能动性大大增强，最普通的受众也可以成为社会思潮的"加工者"。每一个人通过手中的互联网终端进入互联网媒体平台，参与到平台所呈现的信息的讨论、加工、传播中。这使得社会思潮的内容前所未有地丰富。不断丰富的社会思潮的内容也表现出时代性和模糊性的特点。时代性是指在传播过程中，各级传播者同时也是信息加工者，都对信息进行重新编辑再传播出去。在这个过程中，社会思潮的内容可以及时完善更新，内容的表达方式也可以紧跟社会潮流趋势，从而展现出时代特征。这也便于社会思潮的进一步大众化。模糊性是指参与到社会思潮内容的加工和传递中的社会大众水平不一，理解不同，这就可能导致内容在不断传播的过程中逐渐偏离原本的内涵，甚至有可能出现不能代表社会思潮核心观点的现象，从而使得社会思潮传播中出现观点之间相互打架。当然，相较于因理解差异使得社会思潮核心思想变模糊的做法，在研究社会思潮时更应该关注的是那些故意进行模糊式的表达使人们放松警惕，让人们在不知不觉中接受错误思想的做法。特别是网络媒体上的一些大 V，从事文化创作的自由职业者，往往喜欢用一些隐晦的方式，"软性"地输出错误思想观点。这里所谓"软性"，一般指那些以打擦边球的方式，比如戏谑的方式、半娱乐或娱乐的方式传播错误思想。如果我们缺乏分析和辨别能力就会不自觉地加入帮助他们传播相关思想言论的队伍中。

其次，互联网媒体使社会思潮的传播过程发生改变。即时传播、多向互动、易检索、易复制、多媒体数字化是互联网媒体的重要特征。这些特征反映在社会思潮的传播过程中，表现为社会思潮传播的多样性、快速性、交互性、精准性。人们可以随时随地、零时差地身处于多种表现形式的多样化社会思潮之中，在作出自己的判断和评价后，又可以将自己的看法观点反馈出去，对社会思潮的进一步传播产生影响。传播过程发生的新变化打破了以往以社会思潮的一级和二级传播者为中心的逐级传播的单线格局，新的以受众为中心的多向传播格局正在逐渐建立起来。在这种以互联网为载体的新传播格局中，社会思潮传播从传统媒体环境下的大众化宣传转为"分众化"宣传。特别是现在很多互联网媒体通过大数据分析精准掌握受众喜好需求的技术能力也给社会思潮的客制化和精准推送提供了帮助。社会思潮的传播过程也成为为大众提供个性化信息服务的过程。这样，普通大众既能够以"点餐式"的方式获得自己需要的思想信息，但也很容易被自身选择偏好而形成的信息茧房束缚住自己的视野。由此，要想更好地控制和引领社会思潮，一方面要随着媒体传播方式的变化，更好地利用大数据技术，对零时差、零成本的多元化社会思潮的多样化信息进行数据整理和分析，另一方面要根据大众在网络信息传播中表现出的对不同种类和层次信息的需求，掌握大众思想状况，从而对那些有可能促成社会思潮传播扩散的思想观点提早进行舆论引导。

最后，互联网媒体使社会思潮传播效果发生改变。互联网媒体的蓬勃发展大大改变了社会思潮传播的速度、广度和深度。从传播效果上看，速度越快意味着某种思想理论发挥影响的时效性越强，社会思潮兴起的速度越快。传统媒体时代，可能需要逐步培养起来的某种思想理论受众，在互联网媒体时代信息成功发出就意味着在无数终端被接受。这样，某种思想理论就能更快速地和社会心理相结合形成思想潮流。社会思潮的广度增加意味着一种思想观点能够作用的范围更大。互联网是全球化的信息传播媒介，作为社会思潮核心的思想理论，标志性的观点可以搭载在互联网上传递到世界的任何地方。这也意味着，从人类进入到观念创造历史的时代以来，特定思想理论对社会发展的影响力越来越大。社会思潮的深度增加是指，互联网媒体交互性的特点，给人们围绕某一思想理论展开深入讨论，进而对其再加工和再创作提供了条件。总之，互联网媒体的使用使社会思潮得到最大程度的传播，接收到思潮信息的人数迅速增加，只要该思潮的核心理论观点契合了社会大众的某种心理，满足了社会实践的某种需求，并且以符合文化发展的时代特点的形式展现出来，就很容易在大范围内受到关注和讨论，并形成反映社会问题影响社会发展的社会思潮。当然，在看到社会思潮利用新媒体在更大范围、更深程度提升传播效果的同时，也应该注意到，正是由于互联网媒体传播海量信息，带来了社会大众的无所适从，使得社会思潮的核心观点被准确理解的难度增加。互联网上的碎片化阅读、信息质量的参差不齐，使得社会思潮本身的社会影响力发生新变化。因此，我们对社会思潮进行监管加强引领时也应该对多元多样的社会思潮进行冷静观察、辩证分析，既不能把相关思想理论观点一概而论，也不能放任自流，而是应该认真分析其核心思想内容，从中掌握特定社会思潮的本质，并利用互联网媒体对其错误观点进行针对性的、全面透彻的批驳。通过这种思想观点的碰撞交锋，让广大群众在思想上真正成熟起来。

二 社会思潮与社会运动

社会思潮虽然是一种思想的潮流运动，但从它诞生那一天起就和现实性的社会运动保持着密切的联系。因为某种思想观点的广泛流行和传播必然会对大众心理和认知产生一定影响和冲击，当这种影响或冲击达到一定程度的时候，必然会反应在人们的行动中，当受到这种影响的人的数量达到相当规模的时候，一种社会运动便蓄势待发。从实质上说，社会思潮本身就是以引起社会运动为目的的。在二者之间，一方面，社会思潮是社会运动的思想指导。社会思潮生命力的大小决定社会运动的强弱。一种有力的思想武器能够发起一场强大的社会运动，这是马克思主义关于社会意识对社会存在具有反作用原理的体现。纵观人类历史上的社会运动，特别是近代以来的社会变革，无不伴随着相应的社会思潮。另一方面，社会运动是社会思潮的有形的作用形式，同时也为社会思潮的传播壮大提供了土壤。社会思潮可以传播、流传，当传播范围和深度达到一定程度的时候，便会形成有组织、有规模、有影响力的社会运动。社会运动的参与者来自不同行业或阶层，他们在社会运动中又会对社会思潮的核心思想理论形成新的看法和见解，从而丰富原先社会思潮的内容，也为社会思潮核心思想理论的创作者和传播者提供新的思考空间。在前边我们已经谈到，我们之所以高度关注社会思潮，主要是因为社会思潮从根本上都内含着政治企图，而这种政治性逐渐暴露，最终会表现为针对国家政权的政治运动。因此我们有必要从社会思潮与社会运动发生时间的先后、社会思潮的状态及社会思潮对社会运动的影响途径来探讨社会思潮如何影响社会运动。

（一）社会思潮对社会运动发生作用的时间

从社会思潮作为社会运动的思想指导这层关系来说，在时间顺序上一般呈现为社会思潮的发生先于社会运动。往往是某种思想理论在社会上流行了一段时间，奠定了一定的群众思想基础，而后借助某一事件为导火索形成声势浩大的社会运动。比如21世纪初在苏联和中东北非地区发生的颜色革命，都是西方政治理论、价值观念在这些国家的广泛传播在先，各方势力都借助这些国家内在的经济、政治、文化、社会问题，掀起反对执政者的自由、民主社会思潮，激起社会普遍的愤怒情绪，形成大规模的社会运动。也有一些社会思潮的发生是伴随着社会运动的产生，从社会运动中汲取养料来丰富和发展自己，扩大自身在社会和学界的影响。比如，全球化思潮，仅就"全球化"概念来说，最早是20世纪60年代被正式提出，但是这一思潮则是到20世纪八九十年代随着经济全球化逐渐发展壮大，很多学者从不同领域和层面对全球化的现象和趋势作出分析和评述，引起各领域的广泛讨论才逐渐盛行起来。同样，21世纪以来的很多反全球化思潮也是一些旧有的，甚至是蛰伏的社会思潮在反全球化运动形成声浪的过程中，找到力量借势传播扩散，也为反全球化浪潮的进一步发展提供了思想支撑。

（二）社会思潮的状态因素

大多数社会思潮都是结合那些围绕社会问题而出现的社会心理，形成的带有批判性的思想运动。这种状态决定了社会思潮引发的社会运动以破坏性为主要特点。虽然社会的发展进步需要具有批判的理论，反对的声音，以帮助我们更好地发现并解决社会问题。但事实上，社会思潮往往在带来批判性、破坏性社会运动的时候，对从实际意义上解决问题、改善现状却缺乏系统全面的思考。他们虽然能激起社会大众的不满情绪，但却不能真正满足社会大众的实际需要。特别是一些错误思潮，仅仅是以鼓动群众和政府对抗为目的，为了反对而反对。不可否认，一些作为社会思潮理论内核的思想理论，在长期关注社会问题的过程中也会形成关于解决问题的积极性、建设性观点，我们需要对这部分内容进行科学分析，可以在总体控制的前提下，引导这方面的社会运动向着推动相关领域的建设向着不断完善的方向发展。

（三）社会思潮对社会运动的影响途径

社会思潮对社会运动的影响途径多种多样，这里主要分析社会思潮中的领袖人物、传播媒介和运动过程本身等方面对社会运动的影响。

其一，领袖人物或权威人物是社会思潮对社会运动发生影响的重要途径。思想理论观点作为社会思潮的内核，其创造者一般来说也是该社会思潮的精神领袖。这些具有较高理论水平的思想家、理论家，善于以自己掌握的社会科学领域的理论知识为基础，从社会变化中的现实问题入手洞察时代变化趋势和社会发展规律。虽然这些人并不一定能够提供关于社会问题的科学解决方案，但是他们最早发现问题并发起批判。他们的言论逐级传播到群众，与群众潜在的社会心理结合使群众形成关于相关问题的理性认知。他们也因此被看作是群众心声的代言人。"正是凭借这一点，这些领袖人物能够引起更多群众的共鸣，引起更多的思想家参与，于是便形成了一支队伍、一场运动，无论在思想领域还是在实践领域都能不断鼓涌和掀起一阵一阵的浪潮。"[①] 他们不仅是社会思潮，

---

① 陈立思：《略论社会思潮》，《中国青年研究》1995 年第 3 期。

也是社会运动的统帅人物。随着互联网媒体的不断发展，除了传统意义上作为思想理论创造者的理论家能够成为社会运动的领袖人物，网络上的意见领袖也能够利用其在网络空间广泛的影响力促成社会运动的发生。这些意见领袖往往是利用某些思想理论实现自身目的的社会思潮二级传播者。在前边我们通过分析二级传播者已经了解了他们对形成社会思潮的重要作用。由于这一级传播者的现实目的性更强，所以他们对社会运动的影响也更大。

其二，传播媒介是社会思潮对社会运动产生影响的主要途径。传统媒体，比如书刊、报纸、广播等传播速度较慢，成本较高，所以要想促成社会运动的爆发需要一个较长的传播扩散期。互联网媒体时代的到来，传播速度加快、成本降低，多媒体信息可以整合在一起通过网络高效传播。由此社会思潮形成速度加快，影响程度也加深，促成社会运动的可能性也不断加大。网络的全球性还使得社会运动出现跨国界、跨地区的特点，比如环保主义者、女权主义者等在全球各地发起反石油运动、女权运动等，带来很多国家和地区的社会混乱。再比如，一些境外敌对势力，在互联网上向目标地区和国家输出内涵某种思想理论、价值观念的文化产品，培养网络意见领袖促成社会思潮的产生，并通过互联网远程操控让这些国家或地区发起社会运动。

其三，社会运动过程本身也是社会思潮影响社会运动的主要途径之一。有的社会运动形式、目的、参加者阶层单一，因而社会思潮发挥再影响的机会也就较少，不能够强化思想领域内的影响，使社会运动难以持续发展。有的社会运动形式多样、途径多变，而且参加者来自社会的各个阶层，给社会思潮发挥再影响的机会较多，能够形成反复、循环或跨领域、跨行业的影响，不断提供给社会运动新的动力，推动社会运动持续发展。他们之间存在的这种关系，要求我们在全面监测社会思潮运动过程的同时，提高对多样化社会运动的甄别能力，避免错误思潮形成的社会运动反复发酵影响社会正常活动。

三　社会思潮与青年群体

习近平总书记在庆祝中国共产主义青年团成立 100 周年大会上的重要

讲话中指出："新时代的中国青年，更加自信自强、富于思辨精神，同时也面临各种社会思潮的现实影响，不可避免会在理想和现实、主义和问题、利己和利他、小我和大我、民族和世界等方面遇到思想困惑，更加需要深入细致的教育和引导，用敏锐的眼光观察社会，用清醒的头脑思考人生，用智慧的力量创造未来。"[①] 青年作为思想最活跃、行动力最强的社会群体，永远是各种社会思潮的最先反映者。社会思潮往往能够刺激青年群体的思想，影响他们的行动方向。反之，青年接受社会思潮的影响后产生的反应，又从方方面面扩大该思潮的影响范围，强化它的影响效果。社会思潮的跌宕起伏与青年群体的思想状况交织为一体，二者之间有着循环刺激的关系。社会思潮与青年群体之间的这种密切关系决定了我们在研究社会思潮的过程中，需要了解社会思潮对青年群体的影响和由此引发的青年群体行为，并通过积极研判、有效应对社会思潮凝聚青年力量。

（一）社会思潮对青年群体的影响

首先，社会思潮结合青年群体的心理特点对青年产生影响。前边谈到，社会思潮是某种思想理论与特定的社会心理相互作用的结果。从社会心理角度看，其一，青年处于人生发展的过渡时期，由依赖走向独立，个性与社会性、生理发展与心理发展之间具有不平衡性、冲突性，由此体现出群体逆反与社会逆反的心理特征。青年的这种逆反心理就给那些对抗主流价值观的社会思潮在青年中传播留下了空间。当青年试图以自我为中心对抗社会关系对自己的束缚时，一些个人主义、自由主义思想理论为核心的社会思潮就会结合青年的心理需求传播开来。在这种社会思潮的煽动下，青年对抗社会制度、道德规范，很容易出现失范行为。其二，青年的思维能力和思维方式正处于由不成熟、不完善向成熟、完善快速发展的时期，虽具备了一定的理性分析能力，但由于理论素养的欠缺，因此全面、系统、辩证、发展地看待问题的能力仍然不足。这使得他们常常存在感性化、情绪化处理问题的冲动心理。青年的这种冲动心理往往会被一些极端化的思想理论利用并不断放大，对社会形成冲击。

---

① 习近平：《在庆祝中国共产主义青年团成立100周年大会上的讲话》，人民出版社2022年版，第8—9页。

比如极端民粹主义、极端民族主义、"左"倾主义思想，就很容易在青年中形成声势。其三，青年在成长过程中，一方面独立个性和自我意识在不断增强，另一方面由于缺乏社会经验和自我认知的不成熟，他们又很容易表现出模仿某些对象、追随某些潮流的模仿心理、从众心理。在资本主义市场经济主导的经济全球化条件下，青年群体的这种心理就很容易使他们被各种媒体不断制造、流量明星不断宣扬、社会生活中风靡的消费主义、享乐主义、拜金主义思想文化所吸引，被消费欲望左右，用物质证明自己，物化自己的同时让自己的精神变得空虚颓废。

其次，社会思潮结合青年思想状况，抓住青年的思想困惑对青年产生影响。青年群体旺盛的学习能力使他们比一般群众更容易发现新事物、接受新事物。在社会变迁中，新事物与既定社会现实的碰撞常常带来青年思想的不稳定以及各种困惑。社会思潮流变从属于社会变迁，进而依附于现实社会问题对青年的价值观等产生潜移默化的影响。其传播和流行往往会改变青年既有的价值认同，导致价值取向的分化甚至价值标准的模糊。比如，改革开放以来，社会主义市场经济的深入发展对中国特色社会主义民主政治建设也提出新的要求。以"普世价值"为代表的思潮，向青年兜售资本主义的"自由""平等""法治""人权"等价值理念，混淆社会主义核心价值观与资本主义价值观之间的本质区别，分化青年的价值取向和价值认同。西方民粹主义思潮利用一些青年价值认同的裂隙，为其提供文化圈际选择，不断渗透所谓的"平民化""大众化"等民粹思想观念。再比如，在文化领域泛娱乐化的趋势下，围绕娱乐偶像明星形成的"饭圈"文化中，关键意见领袖（KOL）的价值立场，可以说就是"饭圈"青年话语表达与价值取向的重要风向标。而西方民粹主义常常会在 KOL 中扶植"代言人"，在群体"对战""互撕"中分化青年的思想观念，从而达到分化、弱化青年对主流价值体系认同的目的。除此之外，数字信息时代，青年碎片化的网络阅读导致他们形成一些对历史的碎片认知。这使一些散播歪曲历史的思想言论更容易用一些吸引眼球的标题抓住青年，以期分化青年的历史文化认同。当代青年生活在和平发展年代，没有经历过新民主主义革命和社会主义建设初期的艰辛，再加上个别青年对革命历史与红色文化认知缺失，给历史虚无主义思潮留出渗透空间。历史虚无主义以个别历史细节或情节来演绎整个历史的发展脉络，以娱乐、恶搞等形式丑化历史人物，借"记忆""纪念""重启""评价"之名歪曲某一阶段的历史事实等，其实质就是否定历史、否定社会主义、否定中国共产党，归根结底就是要瓦解青年对党的历史认同，在历史观上搞乱青年的思想。此外，在各类网络媒介中，出现了一些"高级黑""低级红"的现象，为吸引更多青年关注，以"正能量""事实描述"等形式呈现，表面上迎合主流、宣传正能量，实则含沙射影、恶意抨击，其本质上是一种文化虚无主义，旨在分化青年对主流历史文化的认同。①

当然，"社会思潮类别多样，内容繁杂，反映着社会不同利益群体的诉求，在对青年的思想和价值观念产生影响的同时，也在客观上丰富了青年的精神世界。有积极意义的社会思潮还有利于青年建构现代社会所需的辩证理性思维。社会思潮来源于现实生活，一些关注了青年生存发展现实问题的社会思潮用非常贴近青年思维的话语体系表达观点，极易受到青年关注。同时，青年对社会思潮中形形色色的观点也不是不加思考地照单全收，比如面对西方一些社会思潮，不少青年关注不同思潮对社会现实问题的新颖解读，他们在中西方两个世界的社情国情对比中清醒地认识不同思潮具有不同现实基础。可以说，青年在社会思潮嬗变中由盲目到理性的过程是社会思潮为塑造青年价值观带来的积极影响"②。青年群体的思想活力和参与到社会实践中的强烈渴望，使得那些适合青年成长、有益社会发展的社会思潮搭载在这一主体之上迅速活跃起来，推动思想文化领域的创新发展。

（二）积极研判、有效应对社会思潮凝聚青年力量

综合社会思潮对青年产生的上述种种效果，我们需要对社会思潮进行积极研判，科学应对，把握好思想文化领域新动向，牢牢守住主流价

---

① 杨威：《在对社会思潮的引领中凝聚青年》，《人民论坛》2022 年第 16 期。

② 杨增崇、吴晓瑞：《新中国成立以来社会思潮与青年价值观嬗变的关系考察》，《燕山大学学报》（哲学社会科学版）2021 年第 4 期。

值观的指导地位，集合引领丰富多样的社会思潮，发挥其作为文化资源的积极作用，加强青年价值观教育。即便是那些错误社会思潮，坚持辩证唯物主义、历史唯物主义，在思想文化领域积极地与其进行斗争，也能起到很好的教育青年的作用。因为，某种思想理论能够形成社会思潮，一定是契合了某种社会心理，反映了一部分群体的思想意识。让他们表现，同时在他们表现的时候，和他们辩论，用辩证的方法科学地进行分析，也有助于传播正确的思想理论。正如毛泽东指出："正确的东西总是在同错误的东西作斗争的过程中发展起来的。真的、善的、美的东西总是在同假的、恶的、丑的东西相比较而存在，相斗争而发展的。"[①] 相反，"对那些错误思潮的分化效应，若不能及时发现与应对，则有可能导致青年群体的心理极化、思想分化、行为异化，在青年群体中产生离心力，对社会发展产生破坏力。有效应对并消除这些负面效应，需要在思想引领中关注青年心理变化、掌握青年思想动向，通过加强对青年的思想政治引领，增强青年群体的凝聚力，强化青年的社会参与和政治认同，使青年自觉承担实现中华民族伟大复兴的责任和使命"[②]。

第一，在心理疏导中凝聚青年。要消解错误社会思潮对青年心理的分化，抵制错误思潮对青年的心理侵蚀，就需做好青年的心理疏导工作。一要健全面向青年的心理疏导机制，及时疏导青年的逆反心理，增强青年群体的向心力。心理疏导，是疏解青年情绪情感的重要途径，是培育青年积极健康心理的重要方式。随着经济社会的发展，青年的社会压力、心理压力不断加大，成为心理问题高发的社会群体之一，这些问题如果得不到及时有效的疏解，就会被某些社会思潮捕获和利用。这就要求我们不断加强针对青年群体的社会心理服务体系建设，关心青年，关爱青年，加强与青年群体的互动沟通，帮助他们疏解不良的情绪情感。与此同时，也要着力解决青年所面临的各种实际困难与问题，在此基础上加强对青年的集体主义、爱国主义教育，提升青年的社会信任度与向心力。二要培育青年良好的社会心态，警惕社会思潮对青年的心理攻势，疏解

---

① 《毛泽东文集》第 7 卷，人民出版社 1999 年版，第 230 页。
② 杨威：《在对社会思潮的引领中凝聚青年》，《人民论坛》2022 年第 16 期。

青年冲动、攀比心理，引导青年养成自尊自信、理性平和、积极向上的社会心态。良好社会心态的培育，关键在于引导青年建立合理的社会认知，用科学理论与健全理性来观察问题、分析问题、解决问题，能够自觉抵制各种诱惑和诱导。

第二，在思想引导中凝聚青年。破除社会思潮对青年的思想分化，要在尊重差异、包容多样的基础上，引导青年科学鉴别和理性对待社会思潮，强化社会主义核心价值体系对社会思潮的引领力，让青年守住信仰、信念和信心，不断增强青年群体的凝聚力。一要引导青年科学鉴别社会思潮。当前，社会思潮的传播样态与方式发生着复杂的变化，它们花样翻新、相互裹挟、泥沙俱下，使青年眼花缭乱、陷入盲从。这就需要用科学的理论和主流价值体系进行引领，帮助青年确立正确的价值立场和价值标准，提高青年对各种社会思潮的鉴别力。当前，尤其要引导青年理性甄别历史虚无主义和"普世价值"等错误社会思潮，使他们认清这些思潮的错误本质和政治意图。二要在引领中强化青年的理想信念。只有坚定理想信念，才能从根本上抵御错误思潮对青年群体的分化与瓦解，不断巩固和加强青年群体的凝聚力。在处理个人与他人、社会、国家的利益关系时，如果没有正确的价值观念与理想信念作为指导，就会产生各种思想与行为偏差。这就需要加强对青年群体的价值观教育和理想信念教育。当前，尤其要加强针对青年群体的社会主义核心价值观教育，在精准把握青年群体利益矛盾、思想困惑的基础上进行价值引领。

第三，在政治引领中凝聚青年。先进的思想理论体系一旦为青年群体所掌握，就会变成推动社会发展的巨大力量。反之，错误的社会思潮一旦影响青年的思想与行为，就会产生社会离散力与破坏力。因此，我们必须高度重视对青年群体的政治引领，不断强化对青年群体的政治凝聚，并使之转化为推动社会进步的政治力量。一要在政治引领中增强青年的政治认同。当前，某些社会思潮在传播过程中表现出一定的伪装性、隐匿性、迷惑性，但却带有强烈的政治倾向，如历史虚无主义、极端民族主义等思潮。这些思潮往往利用部分青年在政治观上的不成熟性，弱化青年对国家制度、党的历史与领导地位的认同，以此动摇青年的政治信念，分化青年的政治立场，最终误导青年的政治行为。这就需要我们进一步加强对青年的政治引领，引导青年形成正确的国家观、历史观、民族观、政党观。二要在政治认同的基础上整合青年力量。青年只有通过参与社会行动和政治生活，才能真正了解现实社会与政治逻辑，才能对形形色色的社会思潮形成正确的判断，也才能对错误的社会思潮产生免疫力。青年群体有政治激情，有参与意愿，这就需要我们在增强青年政治认同的基础上，做好对青年的政治吸纳与政治引导工作，通过青年群体有序的政治参与、积极的社会行动整合青年的政治力量，发挥青年的政治作用。

第四，在使命担当中凝聚青年。应对社会思潮对青年社会行为的分化，关键在于激发青年的使命担当意识，在青年群体中凝聚起积极有为、勇于担当、推动社会进步的行动共识。一要引导青年自觉弘扬和积极践行社会主义核心价值观。社会主义核心价值观是引领社会思潮的价值导向，也是在青年群体中凝心聚力、确立起社会主义理想信念的价值基石。弘扬和践行社会主义核心价值观，使青年群体牢牢坚守法律底线、政治底线、道德底线。同时，要将社会主义核心价值观融入青年的日常生活，引导青年积极参与社会实践，在实践参与中强化青年劳动观念、奉献精神，通过实践体验加深青年对国家和社会的了解，使青年进一步明确自身的社会责任和历史使命。二要引导青年自觉承担国家富强和民族复兴的责任与使命。空谈误国，实干兴邦。青年群体要自觉抵制错误思潮的影响与分化，从根本上说，要在实践中经历风雨，在奋斗中砥砺前行。习近平总书记指出："时代总是把历史责任赋予青年。新时代的中国青年，生逢其时、重任在肩，施展才干的舞台无比广阔，实现梦想的前景无比光明。"[1] 新时代中国青年必须继承和发扬"五四精神"，以伟大的使命意识、积极的责任担当，激发起昂扬向上、团结奋斗的精神动力，不做"空心人"，拒绝"躺平"，不断锤炼品格、磨炼意志、增强本领。[2]

---

① 习近平：《在庆祝中国共产主义青年团成立 100 周年大会上的讲话》，人民出版社 2022 年版，第 7 页。

② 杨威：《在对社会思潮的引领中凝聚青年》，《人民论坛》2022 年第 16 期。

第三节　评判社会思潮的意义和方法

每一种社会思潮兴起后，在社会上都会引起一些反响，有人欢迎、推广，有人反对、批驳，还有人试图保持"中立"态度进行分析。对社会思潮所持的上述种种态度并不完全等同于我们这里要谈及的对社会思潮的评判。我们所说的社会思潮评判是以坚持马克思主义的科学世界观、方法论为前提，运用辩证唯物主义和历史唯物主义的立场、观点、方法对社会思潮作出科学的评论。其结论对于上层决策有参考价值，对于广大群众则起到思想引导作用。

一　评判社会思潮的意义

通过前边分析社会思潮与社会生活，尤其是与青年群体的关系，我们不难认识到科学评判社会思潮对促进社会生活的平稳运行，对加强青年的思想引领是有重要意义的。这里，我们再着重从当代中国意识形态领域建设的角度，谈谈以马克思主义为指导科学评判社会思潮的意义。

（一）通过研究和评判社会思潮，有助于促进马克思主义理论的发展创新

马克思主义理论的发展有一个"源"与"流"的问题。进入 21 世纪，马克思主义理论之所以仍然能够保持旺盛的生命力，归根结底它能够从社会实践和思想文化的发展进步中不断总结经验教训，吸收有益成果。同时，实践和思想的发展，都离不开以科学理论为指导对社会思潮进行研究。关于这个问题，恩格斯和毛泽东的有关论述，对我们确立正确的认识有重要指导作用。

恩格斯说，现代社会主义"同任何新的学说一样，它必须首先从已有的思想材料出发，虽然它的根子深深扎在经济的事实中"①。由物质

---

① 《马克思恩格斯选集》第 3 卷，人民出版社 2012 年版，第 391 页。

的、经济的事实中产生的新的学说，只有通过已有的思想材料、思想观点才能形成。从这个角度讲，一些在历史上对人们的认识起过重大影响的社会思潮，是马克思主义形成发展的重要思想条件。毛泽东同志说："马克思主义必须在斗争中才能发展，不但过去是这样，现在是这样，将来也必然还是这样。"① 社会思潮，正像文化由于历史和现实的原因有先进文化、落后文化、腐朽文化一样，也有各种不同的性质。对于进步思潮中合理的东西、有价值的成分加以吸收，可以丰富马克思主义的内容；对于错误思潮的批驳和抵制，可以使马克思主义者获得锻炼，也可以使对马克思主义理论的论证更加深入，做出创新的科学结论。② 可见，研究、分析社会思潮有助于马克思主义理论的发展和创新。习近平总书记在庆祝中国共产党成立 100 周年大会上的讲话中，对中国共产党过去为什么能够成功，将来怎样才能继续成功的重要经验作出了科学总结，其中重要一条就是"以史为鉴、开创未来，必须继续推进马克思主义中国化"③。习近平总书记指出："新的征程上，我们必须坚持马克思列宁主义、毛泽东思想、邓小平理论、'三个代表'重要思想、科学发展观，全面贯彻新时代中国特色社会主义思想，坚持把马克思主义基本原理同中国具体实际相结合、同中华优秀传统文化相结合，用马克思主义观察时代、把握时代、引领时代，继续发展当代中国马克思主义、21 世纪马克思主义！"④ 在互联网信息时代，思想文化的交流交融使得当代中国社会思潮不仅体现中国现实问题，也反映时代发展需求。因此，对当代社会思潮的研究，有助于马克思主义在把握中国实际，洞察时代大势中永葆生机。当然，马克思主义在批判研究社会思潮中实现的发展创新从来不意味着追求思想文化领域的至纯至尊。相反，马克思主义理论的发展创新一定会给整个思想文化领域的繁荣发展创造更好的环境氛围。因为，马克思主义理论越是发展创新，人们运用马克思主义形成的关于社会发

① 《毛泽东文集》第 7 卷，人民出版社 1999 年版，第 230 页。
② 梅荣政：《坚持以马克思主义引领社会思潮——访中国社会科学院马克思主义研究院特聘研究员梅荣政》，《马克思主义研究》2007 年第 2 期。
③ 《习近平谈治国理政》第 4 卷，外文出版社 2022 年版，第 9 页。
④ 《习近平谈治国理政》第 4 卷，外文出版社 2022 年版，第 10 页。

展的矛盾运动规律性认识越成熟，推动社会在辩证统一中不断发展的能力越强大。这在思想文化上表现为在对不同思想理论内涵和价值的认识越来越科学、深刻的基础上，在差异中求大同，在多样中谋共性，实现百花齐放、百家争鸣的健康发展势态。

（二）研究当代中国社会思潮有助于巩固马克思主义在意识形态领域的指导地位

谈到马克思主义在意识形态领域的指导地位，社会上往往存在一种错误认识，那就是把它看作是由某一党派、某个阶级的意志决定的。事实上，确立马克思主义在意识形态领域的指导地位是这一理论本身的科学性决定的。从意识形态概念及其相关研究诞生以来，人们似乎就把意识形态和统治阶级的虚假、欺骗联系在一起。有人甚至通过肢解、歪曲马克思《德意志意识形态》的相关表述，把马克思主义也与那些具有虚假性和欺骗性的意识形态混为一谈。但是，马克思从完成世界观的重大变革，创立历史唯物主义那一刻起，就意味着马克思主义是在深刻总结历史运动规律的基础上形成的严密而完整的科学思想体系，它揭示了世界、人类社会、人的思维发展的普遍规律，是无产阶级和劳动群众认识世界、改造世界的强大思想武器。如果一定说是谁选择了马克思主义，那只能是历史，是作为历史发展动力和体现自身发展需要的亿万群众选择了马克思主义作为指导他们实践的思想理论。人们的精神世界一旦得到马克思主义理论的武装，树立了马克思主义的世界观、人生观、价值观，思维和工作中的科学性、系统性、预见性、创造性就会大大增加，同时人的思想认知和精神境界也会在客观看待自身与他人、与社会、与自然的关系中发生升华。马克思主义这种巨大威力决定了唯有它能够指导社会意识形态科学发展。

党的十八大以来，以习近平同志为核心的党中央高度重视意识形态工作。在2013年全国宣传思想工作会议上，习近平总书记对意识形态工作的地位作用、目标任务、方针原则等一系列问题进行了系统论述，为新时代党的意识形态工作作出了总体规划。习近平总书记深刻指出："经济建设是党的中心工作，意识形态工作是党的一项极端重要的工作。"① 在新的时代条件下，做好意识形态工作需要抓住两个根本任务，即"巩固马克思主义在意识形态领域的指导地位，巩固全党全国人民团结奋斗的共同思想基础"②。应该说，"两个巩固"的根本任务是我们党不断深化对宣传思想工作的规律性认识提出的思想工作中的最重要的论断。马克思主义是我们立党立国的根本指导思想，在坚持马克思主义指导地位这一根本问题上，必须坚定不移，任何时候任何情况下都不能有丝毫动摇。改革开放以来，随着我国经济社会深刻变革、利益格局深刻调整，人们思想认识的独立性、选择性、多变性、差异性显著增强，意识形态领域不断呈现出多元多样多变的显著趋势，主流意识形态遭受着"多元化挑战"。社会思潮是意识形态领域的晴雨表。尤其是，新自由主义、历史虚无主义等一些错误思想或社会思潮妄图挑战马克思主义指导地位，攻击否定党的领导和我国社会主义制度、发展道路，竭力争夺意识形态话语权。针对这些问题，习近平总书记多次强调必须巩固马克思主义在意识形态领域的指导地位。

中国特色社会主义进入新时代，我们在取得举世瞩目的发展成绩，拥有前所未有的发展机遇的同时，也面临前所未有的风险和挑战。西方敌对势力始终把意识形态作为颠覆和控制别国，实现自身战略意图的重要工具。对于我国，西方敌对势力所实施的西化、分化的政治图谋没有改变，以互联网为传播媒介，在意识形态领域对我国进行的渗透破坏活动，组织越来越周密，手法也越来越多样。他们利用改革开放以来中国社会意识形态领域趋于多元多样化的特点，借助互联网不断掀起社会思潮领域的浪涛，使一些人思想困惑、信仰淡漠，一些领域诚信缺失、道德失范。面对上述情况，夺取新时代条件下中国特色社会主义事业新的伟大胜利，更加需要坚定自信、鼓舞斗志，更加需要同心同德，团结奋斗。我们必须坚持用习近平新时代中国特色社会主义思想武装全党、教育人民、推动工作，要把坚定"四个自信"作为建设社会主义意识形态的关键，坚持培育和践行社会主义核心价值观，坚持以立为本，立破并

① 习近平：《论坚持党对一切工作的领导》，中央文献出版社 2019 年版，第 23 页。
② 《习近平谈治国理政》，外文出版社 2014 年版，第 153 页。

举，只有旗帜鲜明坚持真理，立场坚定批驳谬误，才能不断增强社会主义意识形态的凝聚力和引领力。

（三）研究社会思潮有助于规范哲学社会科学领域学科建设，推动构建中国特色哲学社会科学

习近平总书记在哲学社会科学工作座谈会上的讲话指出："哲学社会科学的特色、风格、气派，是发展到一定阶段的产物，是成熟的标志，是实力的象征，也是自信的体现。我国是哲学社会科学大国，研究队伍、论文数量、政府投入等在世界上都是排在前面的，但目前在学术命题，学术思想、学术观点、学术标准、学术话语上的能力和水平同我国综合国力和国际地位还不太相称。"① 这些问题在现实中的综合表现就是很多人文社会科学学科学术研究面对西方学术理论的妄自菲薄、人云亦云。必须承认，由于西方较早开启了现代化历史进程，所以在现代哲学社会科学的研究上也较中国更早地形成研究成果、体系和学派。但是，我们同样不能否认哲学社会科学就其本质来说，是一定阶级的意识形态，是一定社会经济、政治在观念形态上的反映，并且反作用、服务于该社会的经济、政治。因此，哲学社会科学除了因反映的社会生活的领域和层次不同、时期和年代不同在内容和形式上有所差异外，还会因其必然具有的阶级性，使其在价值取向、价值目标上表现出所代表的阶级利益的不同。即便有些学科，如语言学、逻辑学、考古学，其内容本身并不具有阶级性，但在阶级存在的条件下，对其研究和使用也难免受到阶级的影响和制约。西方哲学社会科学的兴起适应并代表了发起现代化历史进程的资产阶级想从封建专制统治下解放出来获得个体自由劳动、保护私有财产不受侵犯的利益诉求。资产阶级的这种动机，决定了其哲学社会科学理论重在突出个体在历史上的作用，很难真正从普遍联系中看到物质生活的生产和再生产对社会关系、思想动机、人类历史的决定作用。这个根本缺陷决定了由资产阶级发展起来的哲学社会科学虽在一定程度上解决历史发展的阶段性问题，但不可能科学揭示社会历史的发展规律。

---

① 《习近平谈治国理政》第2卷，外文出版社2017年版，第338页。

随着历史的发展，其对社会历史的片面性解读，甚至是自相矛盾的见解就会逐渐显露出来。这意味着那些把西方理论作为研究本学科相关问题的唯一理论依据甚至方法论基础的做法，最终只能把研究局限在特有条件下的狭小视野中，既不利于回答中国社会的现实问题，也会限制本学科的发展。而那些从强调学术理论的独立性和发展的内在逻辑性出发宣扬哲学社会研究非意识形态化的观点，就不仅仅是学术观点和方法上的错误，而是隐含着否定马克思主义指导地位，欲把马克思主义赶出哲学社会科学领域的意图。这样，西方哲学社会科学理论中所包含的作为各种社会思潮的核心思想观点就畅行无阻地在学术领域传播，并通过学术研究和讨论不断扩大社会影响力为形成社会思潮做好思想理论准备。

面对上述错误认识和做法，我们必须旗帜鲜明地强调哲学社会科学的意识形态属性，坚持马克思主义在哲学社会科学中的指导地位。以此为前提，在哲学社会科学发展所需的思想文化资源上，"要把包括马克思主义基本原理，马克思主义中国化形成的成果及其文化形态，如党的理论和路线方针政策、中国特色社会主义道路、理论体系、制度，我国经济、政治、法律、文化、社会、生态、外交、国防、党建等领域形成的哲学社会科学思想和成果"①，作为中国特色哲学社会科学的主体内容以及中国特色哲学社会科学发展的最大增量。用马克思主义资源整合中华优秀传统文化资源和国外哲学社会科学的资源。在哲学社会科学的理论创新上，要坚持马克思主义实事求是的思想路线，坚持维护广大人民群众的根本利益的立场，从回应中国社会的重大理论和现实问题出发，在思考和研究社会突出矛盾的过程中推出新的理论。在不断加强学科设置与社会发展的联系的过程中，逐渐构建成体系的学科理论和概念。

二　评判社会思潮的原则和方法

（一）评判社会思潮的指导原则

对社会思潮的研究，必须遵循正确的指导原则。改革开放以来党和

---

① 王寿林、窦爱兰：《融通各种资源构建中国特色哲学社会科学》，《光明日报》2016年10月19日第13版。

国家领导人针对理论界、思想界、文艺界存在的混乱问题提出的指导性意见，应当成为我们正确对待和研究社会思潮的根本指导原则。

首先，坚持系统观念下的历史性原则。思想战线的领导和工作者不能忽左忽右，不能在纠正错误的过程中走向另一个极，更不能让西方社会思潮自由泛滥，不然马克思主义在哲学社会科学领域的指导地位会受到严重挑战。在这一点上，改革开放初期我们犯的一些宁右勿"左"的错误，需要引起重视。对这些问题，邓小平同志指出："三中全会以来，我们花了很大气力纠正'文化大革命'及其以前的一些政治运动和思想斗争中的'左'的错误，是完全正确的。这类'左'的错误决不允许重犯。但是，不少同志片面地总结历史教训，认为一讲思想斗争和严肃处理就是'左'，只提反'左'不提反右，这就走到软弱涣散的另一个极端。在对错误倾向、坏人坏事作思想斗争和组织处理的问题上，这些年来党内确实滋长了过分容忍、优柔寡断、畏难手软、息事宁人的情绪，这就放松了党的纪律，甚至保护了一些坏人。"①

其次，坚持思想文化建设的自主性原则。在对外开放中，要长期发展对外文化交流，但不能让资本主义文化中对中国特色社会主义建设有害的东西畅行无阻。换言之，如何看待西方思想文化，是我们在建立社会主义市场经济体制和扩大对外开放的条件下，推进社会主义精神文明建设必须认清的问题。江泽民同志曾指出："实行改革开放是我们的基本国策。同世界各国进行广泛的经济、贸易、科学、技术、教育、文化交流，对我们进行社会主义现代化建设具有重大作用。要继续排除各种干扰，坚定不移地搞改革开放，这一点绝不能动摇。我们把大门打开了，好的东西进来了，一些不好的东西也会进来，敌对势力也会趁机做文章。西方国家一直没有放松在思想、政治、文化、宗教等方面对我们施加影响和进行渗透。东欧剧变、苏联解体以后，国际敌对势力自以为得计，声称他们对社会主义国家的和平演变战略取得了决定性胜利，妄言社会主义国家将很快在地球上消失，加紧对中国实施西化、分化的政治战略。

---

① 《邓小平文选》第3卷，人民出版社1993年版，第37-38页。

所谓西化，就是企图在政治上用西方的多党制和议会制取代中国共产党的领导地位和人民民主专政的国家制度，在经济上用资本主义私有制取代社会主义公有制，在思想文化上用资本主义意识形态取代社会主义意识形态。所谓分化，就是利用一切手段和各种机会，企图分裂我们的党、我们的民族和我们的国家，使我国重新陷入旧中国那种四分五裂、一盘散沙的状态。面对敌对势力的这种图谋，我们在社会主义现代化建设的整个过程中，要始终注意防止和反对资产阶级自由化。"①

最后，坚持科学性与政治性统一原则。要坚持用马克思主义对西方社会思潮进行分析、鉴别和批判，谨防其用一些现象特别是假象蒙蔽和危害干部群众。对此，2015年习近平总书记在全国党校工作会议上的讲话中指出："国内外各种敌对势力，总是企图让我们党改旗易帜、改名换姓，其要害就是企图让我们丢掉对马克思主义的信仰，丢掉对社会主义、共产主义的信念。而我们有些人甚至党内有的同志却没有看清这里面暗藏的玄机，认为西方'普世价值'经过了几百年，为什么不能认同？西方一些政治话语为什么不能借用？接受了我们也不会有什么大的损失，为什么非要拧着来？有的人奉西方理论、西方话语为金科玉律，不知不觉成了西方资本主义意识形态的吹鼓手。"②

遵循上述正确指导原则研究社会思潮，其一，不能就事论事，孤立静止地研究社会思潮，而是应该联系加强马克思主义理论研究和学科建设的重大任务，以此为切入点，深化马克思主义对相关领域的重大基本理论和现实问题的研究。其二，不能在研究社会思潮的过程中，成为西方社会思潮的宣传者，尤其不能对作为其内核的思想理论迷信盲从，即便是作为具体方法层面的技术性手段，也不能照搬套用西方的某些政策措施。其三，注意历史地研究马克思主义发展与社会思潮的关系，从不同时期马克思主义与各种错误社会思潮的斗争、正确处理其与社会思潮的关系的历史经验中获得马克思主义引领社会思潮的规律性认识，促进思想文化领域健康发展。

---

① 《江泽民文选》第1卷，人民出版社2006年版，第573页。
② 《习近平谈治国理政》第2卷，外文出版社2017年版，第327页。

(二) 研究社会思潮的基本方法

研究社会思潮必须以马克思主义为指导，严格遵循一些基本的方法。如唯物辩证法的发展的观点、矛盾的观点和普遍联系的观点及唯物史观的社会存在决定社会意识的观点、历史观点、阶级观点等，对社会思潮研究都有根本的指导意义。其中，最为基本的方法如下。

第一，马克思主义的历史分析方法。列宁讲到国家问题的时候，曾深刻地指出：“要非常科学地分析这个问题，至少应该对国家的产生和发展作一个概括的历史的考察。在社会科学问题上有一种最可靠的方法，它是真正养成正确分析这个问题的本领而不致淹没在一大堆细节或大量争执意见之中所必需的，对于用科学眼光分析这个问题来说是最重要的，那就是不要忘记基本的历史联系，考察每一个问题都要看某种现象在历史上怎样产生、在发展中经过了哪些主要阶段，并根据它的这种发展去考察这一事物现在是怎样的。”[①] 列宁还说，恩格斯的《家庭、私有制和国家的起源》这部科学著作很好地运用了这一方法。我们研究社会思潮，也必须高度地重视马克思主义的历史分析方法，具体地考察某种社会思潮是在怎样的背景下产生的，它的整个传播过程经过了哪些阶段，各个阶段上又有什么特点，产生过什么影响，它又是在怎样的条件下衰退的。历史地把握这些方面，是全面地把握和正确地对待一种社会思潮所必不可少的。

第二，马克思主义的阶级分析方法。阶级分析方法，是用马克思主义关于阶级和阶级斗争的观点分析社会历史现象的方法，这是矛盾分析法在社会历史领域的具体运用。研究社会思潮，之所以必须坚持马克思主义阶级分析方法，首先是因为阶级斗争理论和阶级分析方法是马克思主义的基本原则，具有科学性。列宁曾经指出：“社会生活充满着矛盾；我们在历史上看到各民族之间，各社会之间，以及各民族、各社会内部的斗争，还看到革命和反动、和平和战争、停滞和迅速发展或衰落等不同时期的更迭，——这些都是人所共知的事实。马克思主义提供了一条指导性的线索，使我们能在这种看来扑朔迷离、一团混乱的状态中发现

---

① 《列宁选集》第4卷，人民出版社2012年版，第26页。

规律性。这条线索就是阶级斗争的理论。"① 马克思的天才就在于他提出了关于阶级斗争的学说，指出阶级斗争是阶级社会历史发展的钥匙。因此，马克思主义者在谈到社会问题时，指出应该把它放到一定的历史范围内，绝不能离开分析阶级关系的正确立场。其次，社会主义社会阶级和阶级斗争的存在是一个客观的事实。邓小平同志说："社会主义社会中的阶级斗争是一个客观存在，不应该缩小，也不应该夸大。实践证明，无论缩小或者夸大，两者都要犯严重的错误。至于整个社会主义社会历史时期是否始终存在某种阶级斗争，这里包括许多理论上和实践上复杂和困难的问题，不是只靠引证前人的书本所能够解决的，大家可以继续研究。"② 既然阶级斗争存在，阶级分析的方法就仍然是我们观察问题的钥匙。最后，这是由社会思潮本身的性质所决定的。社会思潮作为一定阶级、阶层和集团要求、利益和愿望的反映，如上所述，它具有强烈的政治性和社会性，只有坚持阶级分析的方法，才能分清其实质，采取有力的对策。改革开放以来，在举什么旗、走什么路、如何认识中国特色社会主义等重大原则问题上，民主社会主义、历史虚无主义、新自由主义等社会思潮提出了种种错误思想观点，诸如把中国特色社会主义说成是"资本社会主义""国家资本主义""新官僚资本主义"等，在所有制上提出"将公有土地和国有资产全部私有化，把这些财产分回给中国公民"，用抽象人性论宣扬资产阶级自由、民主等价值观念。这些噪声和杂音都反映了它们的强烈的政治性。如果我们不坚持马克思主义的阶级分析，就不能看透其实质，予以有力的抵制和批判。这一点，有些资产阶级政治家、理论家看得比我们更清楚。正是如此，他们极力反对、否定马克思主义阶级斗争理论、阶级分析方法，力求通过模糊社会主义意识，达到和平演变的目的。在苏联演变过程中，美国最后一任驻苏大使马特洛克就说过：阶级斗争理论是马克思主义的"中心概念"，"如果苏联领导人真的愿意抛弃阶级斗争观念，那么他们是否继续称他们的指导思想为

---

① 《列宁选集》第 2 卷，人民出版社 2012 年版，第 426 页。
② 《邓小平文选》第 2 卷，人民出版社 1994 年版，第 182 页。

'马克思主义'也就无关紧要了，这已是一个在的社会里实行的别样的'马克思主义'。这个别样的社会则是我们大家都能认可的社会"①。

讲到坚持马克思主义阶级分析方法，需要说明两点问题。第一点，阶级分析方法以及阶级斗争理论不等于"以阶级斗争为纲"的错误路线。在这一点上，往往有人把二者联系在一起，斥责坚持用阶级分析的方法为"左"。这就陷入了一种理论的误区。事实上，以什么为纲，体现的是工作部署上的总体思路，这要根据一个时期的社会主要矛盾来决定。我国进入社会主义初级阶段以后，社会的主要矛盾是人民群众日益增长的物质需求和社会生产不能满足人民不断增长的需求之间的矛盾。矛盾的主要方面是社会生产，所以应该通过发展社会生产，以经济建设为中心来解决主要矛盾。在这种情况下，"以阶级斗争为纲"的工作部署是错误的。而阶级分析方法和阶级斗争理论是马克思主义基本原理，问题在于，我们对基本原理的运用，要结合社会发展的具体阶段和主要矛盾，具体问题具体分析、具体运用。因此，从根本上说，"以阶级斗争为纲"是基本原理在具体运用中发生的错误，我们不能把这种错误归因于原理本身。第二点，不要以为只有马克思主义者讲阶级立场、阶级分析。西方学者往往对阶级属性更敏感，不论他们对此是否承认，甚至哪怕他们对此表示反对，然而他们选择研究的问题、研究的框架、研究使用的话语都在某种程度上反映了他们思想的阶级立场、意识形态属性。事实上，针对那些包装着"普世"外衣的自由、民主、人权等价值理念，不讲阶级分析，是没有办法认识清楚其内在问题的。

第三，实证分析、社会归因、系统分析等具体研究方法。首先，实证分析法对于研究社会思潮的重要性在于以事实为依据对社会思潮进行判断定性。实证分析方法通过对大量的事实材料的研究，会对某种思想理论的演变过程和表达形式作出判断和证明。当然，实证分析所掌握的事实材料必须是全面的而不是片面的，否则关于社会思潮性质和状态的结论是可疑的。列宁讲过："在社会现象领域，没有哪种方法比胡乱抽

---

① ［美］小杰克·F·马特洛克:《苏联解体亲历记》（上），世界知识出版社1996年版，第169页。

出一些个别事实和玩弄实例更普遍、更站不住脚的了。挑选任何例子是毫不费劲的，但这没有任何意义，或者有纯粹消极的意义，因为问题完全在于，每一个别情况都有其具体的历史环境。……如果不是从整体上、不是从联系中去掌握事实，如果事实是零碎的和随意挑出来的，那么它们就只能是一种儿戏，或者连儿戏也不如。"① 其次，社会归因法根据唯物史观关于社会存在与社会意识相互关系的原理，强调从社会历史条件的变化中寻找思潮产生、演变、消退的原因。比如，从社会政治、经济状况和社会主要矛盾的变化以及由此决定的社会走向和时代课题的变化，分析社会思潮的产生的流变；从社会思潮所代表的阶级状况出发分析社会思潮的性质；从中外文化冲突、新旧文化冲突分析社会思潮的特点；从社会心理的变化分析社会思潮的发展趋势，等等，都可以通过社会归因法进行研究。由于社会归因过程中要对社会矛盾，特别是主要矛盾进行分析，所以，在某种程度上说，社会归因法也常常表现为矛盾分析法。最后，系统分析法要求不光要把社会思潮放在社会大系统中考察它的传播、流变、趋势、规模以及与其他社会思潮的相互作用关系，还要对社会思潮内部的子系统进行研究，看社会思潮内部各要素是怎样相互影响的。当然，研究评判社会思潮还有其他具体研究方法。但不论哪种方法，都应在历史唯物主义总方法论指导下，各自有效地发挥作用，互为补充。

课后思考

1. 如何区分社会思潮和其他社会意识？

2. 怎样运用社会思潮运行规律引领社会思潮？

3. 社会思潮与青年群体思想状况之间有怎样的关系？

4. 评判社会思潮应掌握哪些基本原则？

推荐阅读

恩格斯：《反杜林论》，载《马克思恩格斯选集》第 3 卷，人民出版

---

① 《列宁全集》第 28 卷，人民出版社 2017 年版，第 364 页。

社 2012 年版。

马克思：《资本论》，载《马克思恩格斯全集》第 43 卷，人民出版社 2016 年版。

马克思、恩格斯：《神圣家族，或对批判的批判所做的批判（节选）》，载《马克思恩格斯文集》第 1 卷，人民出版社 2009 年版。

列宁：《论国家》，载《列宁选集》第 4 卷，人民出版社 2012 年版。

毛泽东：《关于正确处理人民内部矛盾的问题》，载《毛泽东文集》第 7 卷，人民出版社 1999 年版。

邓小平：《坚持四项基本原则》，载《邓小平文选》第 2 卷，人民出版社 1994 年版。

习近平：《在庆祝中国共产党成立一百周年大会上的讲话》，载《习近平谈治国理政》第 4 卷，外文出版社 2022 年版。

陈立思主编：《社会思潮与青年教育》，北京大学出版社 2011 年版。

侯惠勤：《马克思主义意识形态论》，南京大学出版社 2011 年版。

林泰主编：《问道：改革开放以来的社会思潮与青年思想政治教育研究》，中国社会科学出版社 2013 年版。

刘建军主编：《社会思潮评析》，高等教育出版社 2022 年版。

梅荣政：《用马克思主义引领社会思潮》，武汉大学出版社 2008 年版。

俞吾金：《意识形态论》，上海人民出版社 1993 年版。

第一章 | **宪政民主思潮**
——西方资产阶级民主模式

一段时间以来，从学界到社会，有关"宪政"的言论不断发酵。有人认为，西方宪政是现代政治的基本制度架构；有人借改革开放不断深化，民主政治建设不断完善之机，一边批判改革开放以前的错误，一边打出实施宪政民主的旗号，提出在中国实行西方宪政的基本理念和基本主张是历史大势所趋；还有人借用中国共产党历史上的"宪政"提法，提出并论述"社会主义宪政"的概念。"零八宪章"运动可以视为上述错误思想观点的一次大爆发。这场旨在扰乱党心民心，通过宣扬西方宪政来否定中国共产党领导，否定中国特色社会主义的思想文化运动，一度引起了广泛的社会舆论。可见，宪政话题已不是一个单纯的学术论题，而是必须回答的现实的政治问题。对这个问题的认识，关乎社会主义在和资本主义长期共存，相互较量的漫长时代进程中，是否能打破资本主义的制度垄断，走出一条造福更大多数人的民主之路。

第一节　西方民主历史

宪政民主作为西方现代政治基本的制度架构，其关键性的制度元素和理念都是在西方民主实践的历史进程中逐渐形成的。因此，搞清楚西方民主的历史流变是了解宪政民主内涵和实质的前提。

一 古典时代的雅典民主

"民主"这个词来自希腊文，它原始含义就是"人民的统治"，即由全体人民（而不是他们选出的代表）平等地、无差别地参与决策管理。这在西方民主思想产生和发展进程中，始终是一种良好的追求和愿望，而问题在于用什么样的方式实现"人民的统治"。被誉为西方文明摇篮的雅典，在阶级社会逐渐形成过程中发展出的一套民主体系是人类早期实施"人民的统治"的重要制度模式，也是孕育西方民主思想的原始实践基础。

雅典的政治体制主要是三个机构。一是公民大会。公民大会不是由公民选举出来的代表组成的，而是全体公民都能参加的大会，一般要达到 6000 人（当时雅典公民约 4 万人，不包括 4 万左右外邦人和 35 万左右奴隶），才是法定最低人数；公民大会可以对雅典事务的方方面面进行讨论和表决，包括战争、条约、外交、财政、法律、流放等事务，也包括宗教、喜庆、摆渡等议题；公民大会每年至少召开 40 次，每次会期 5 个小时左右。二是公民大会的常设机构——五百人议事会。任何公民都有权经五百人议事会向公民大会提出建议与议案。除了节日和不吉利的日子外，议事会每天都要召开会议，每年至少有 260 天要开会。议事会的 500 个成员是从雅典的所有部落抽签出来的，任期一年，每个公民一生最多担任两次议事会成员。三是作为司法机构的民众法庭。由于没有专业法官和律师，所以如果有人被指控犯法，就由 200 多位公民组成的民众法庭进行审判，根据多数票原则断案。苏格拉底就是被以这种方式判处死刑的。

雅典民主延续了 180 多年，它诠释了民主最基本的一些理念，展现了人类对民主理想的追求：第一，实行直接民主，所有公民（当时的公民在雅典总人口中占少数）一律平等，当时绝大多数议事会成员和官员都不是选举出来的，而是采取抽签的方式产生的，公民直接参与的主要目的就是表达自己的意见；第二，民主的范围涉及所有的公共事务，虽然包括选举权，但更重要的是发言权、辩论权；第三，民主的目的在于维护城邦内全体公民的整体利益。

雅典民主在内容和形式上带有原生态特征，当然有它的局限性。其一，它是奴隶制城邦国家的治理形式，相对于 6000 人，还有 35 万奴隶，4 万外邦人没有民主权利。也正因为努力制度比较完善，才有可能采取这种自由民广泛参与的直接民主，设想，如果没有 35 万奴隶干活，就当时的生产力水平和劳动生产率而言，怎么保障成千上万经常开会的人及其家庭的正常生活。其二，这种直接民主形式只适用于人数较少的城邦。当时雅典不是近代意义上的民族统一国家，面积最大时 2000 多平方公里，人口最多时 50 万人，而且当时的公共事务相对比较简单。其三，雅典民主十分重视意见表达，但采用简单多数的决断原则，有时会出现议而不决，议而难决的问题，有时会走极端。

雅典民主在当时就遭到一些著名思想家的批判。反民主的政治理论最早可追溯到苏格拉底，他根本不赞成雅典民主制度的权力集中在那些没有主见的"群氓"手中。苏格拉底的学生柏拉图也认为，只有哲学家才能充当统治者，普通民众没有能力也不适合管理国家。柏拉图的学生亚里士多德也认为民主是个坏东西，他也反对民众参与政治。历史学家修昔底德及后来的罗马共和国晚期最有影响的政治家、思想家西塞罗等都加入批判雅典民主和民主政治的行列。

因此，在古希腊城邦制走向衰败后，古罗马在精英民主思想和少数富人的影响下，形成了以人身权利和财产权利为保障核心的罗马治理模式。古罗马混合了君主制、贵族制、民主制，把国家权力分配给君王、贵族以及公民。由于古罗马经历了王政、共和、帝国三个时期，因此其政治制度也具有阶段性特征。王政时期的政治制度具有军事民主的特征，君王由公民和贵族选举产生并统揽军事大权，贵族构成的元老院辅助王处理社会民生重大事务，公民通过公民大会行使选举权并对重大事务进行表决。后因王的暴虐无道古罗马进入共和时代。共和时代贵族构成的元老院统揽一切大权成为最高权力机构，元老院推选出执政官执行政治权力，公民有表决和选举的权利但是受到元老院限制。后来古罗马在对外征战中不断出现各种危机，共和制因不再适应形势需要转而被军事独裁的专制帝国取代。皇帝即元首长期占据重要职位掌握重要职权，元老院职能被削弱，公民行使权利的机构基本名存实亡。可以看出在古罗马治理模式的演进中，古希腊雅典民主已被根本改造，其内容和形式被大大地压缩和限制。

二 中世纪影响下的民主火花

欧洲中世纪与古代文明相比较，被称为黑暗的时代，一是宗教愚昧的黑暗，二是王权专制的黑暗。在这个时代，民主的理论和实践被漠视，被压制，但也有一些民主的火花值得一提。从理论和思想层面讲，一是神学中"上帝面前人人平等"的平等思想引发人们追求平等权利；二是神学利用或借助人们对平等权利的追求而对抗王权。从实践层面看，欧洲的封建制度与中国有很大不同。有历史学家认为，欧洲封建社会的特点是领主制经济，中国封建社会的特点是地主制经济。领主制和地主制最大的区别是政治管辖权。相较于地主制中的地主仅限于土地所有权，领主制中受封于国王的领主不仅拥有土地所有权，还拥有对土地之上的人民的政治管辖权。由此带来另一方面的不同，那就是，相较于中国封建君主拥有绝对的政治权力，欧洲封建国王和领主之间更接近于一种互惠的契约关系。特别是 1215 年英国《大宪章》的签署，使契约式的封臣关系以法律形式固定下来。契约关系的引入，使君主的绝对权利受到抑制，也使封臣对超出契约规定之外的义务可以拒绝并由此解除依附关系。虽然欧洲封建统治阶级内部权力集中的程度相对于中国封建统治阶级内部来说要低，但是欧洲封建领主经济背景下的被统治阶级——农奴却比封建农民受到更深重的压迫和剥削。不堪重负的农奴逃逸到外邦成为自由民，客观上推动了城市的兴起。围绕城市展开的商品生产交换，政治军事管理，促使各地出现自治城市。

随着城市生活的繁荣发展，新兴市民阶级不断增长的世俗生活需求和宗教禁欲主义之间的矛盾越来越尖锐。14 世纪，在城市经济最为繁荣的意大利，市民阶级和世俗知识分子率先开始对天主教文化进行反抗。他们借复兴古典时期的希腊罗马文化来表达自己的文化主张。文艺复兴运动由此兴起。

文艺复兴运动兴起时，荷兰著名的市民阶级政治思想家马西利乌斯最早提出人民权利问题，并从国家、立法者、统治者以及法律等重要概念入手，形成一套关于世俗国家的政治理论。他的主张通常被认为是近代人民主权思想、有限政府观念与法律实证主义在中世纪的思想源头。在文艺复兴影响之下，16 世纪开始的宗教改革运动中所宣传的民主思想，在冲击神学对科学和自由思想的禁锢的同时，也为近代人民主权理论提供了更直接的思想认知基础。

人民主权理论的理论支柱包括主权论、契约论和权力合法论。主权概念最早提出时是强调"主权在君"，荷兰的斯宾诺莎开始向"主权在民"过渡，他认为人民在订立契约时对国家只是让渡了部分权利。法国的洛克从权力分配，特别是从议会立法权受到人民的制约入手，确立了"主权在民"的思想。[①]卢梭则通过订立旨在实现人的自由和平等的社会契约，将政府权力作为公意的体现，更加定格了人民主权思想。卢梭认为社会契约的要旨是一切人把一切权力转让给一切人，这样每个人转让出的和获得的权力是一样多的，所以人在订约服从共同体后仍然等于服从他本身。所有结合者构成的共同体就是主权者，主权是公意的运用，不可转让，不可分割。立法者只是指导者，本身没有权力，政府也只是主权者的执行人。在卢梭看来，实现这种人民主权的最好方式是雅典城邦那样的直接民主制。但是，如前所述，随着社会发展，人口增长，公共事务日趋多样和复杂，雅典城邦小国寡民条件下的直接民主在现实中很难做到。因此，卢梭又否认自己设想的人民主权有现实可行性和操作性。

三 资产阶级改造民主的实践

卢梭从人民共同行使主权的立场对民主作出的深刻理论分析常常被看作西方民主理论的另类。因为，在西方资产阶级掌握政治权力后，民主一直是受到批判的，即便后来他们把"民主"的调门唱得很高，并把

---

① 尹汉宁：《西方民主源流与资产阶级民主的实质》，《红旗文稿》2013 年第 18 期。

以代议制和"三权分立"为特征的资产阶级政治制度标榜为最民主的政治制度，但事实上，他们所宣扬的民主实现方式与早期思想家所探讨的民主本质已相去甚远。

当西方资产阶级开始登上世界政治舞台夺取统治权时，他们倡导的思想是"自由、平等、博爱"，而其主流思想并没有将民主看作是行使统治权力的重要内涵。这首先是因为自由才是资产阶级能够兴起和发展的根本前提，这包括劳动者的人身自由、商品的流通自由、追求并保护私有财产的自由。这表现为在16—18世纪的资产阶级革命时期，资产阶级的主要要求就是推翻封建领主的割据势力，摆脱宗教神权的思想禁锢，使自己能够在整合领主封地为更大国家的市场中自由地发财致富。他们参与乃至掌握国家政权的目的也在于此，是为了让资本的自由增长得到国家的安全保护。即便资产阶级关于"权利平等"的价值理念里内含些许民主的意义，但也仅限于当作发动社会革命时进行社会动员的口号而已。正如马克思曾深刻指出的："在市民社会，任何一个阶级要能够扮演这个角色，就必须在自身和群众中激起瞬间的狂热。在这瞬间，这个阶级与整个社会亲如兄弟，汇合起来，与整个社会混为一体并且被看做和被认为是社会的总代表；在这瞬间，这个阶级的要求和权利真正成了社会本身的权利和要求，它真正是社会的头脑和社会的心脏。只有为了社会的普遍权利，特殊阶级才能要求普遍统治。"① 其次，是因为在领导整个市民社会进行革命的时候，资产阶级在整合社会力量的同时也切身体会到蕴藏在群众中的巨大威力。他们看到群众为争取和捍卫自身权利，会对既有的统治阶级及社会制度造成极大的破坏。所以，在资产阶级上升为统治阶级后，所做的第一件事情，并不是广泛地赋予人民权利，相反，是限制人民权利。最典型的例子就是美国1787宪法的诞生过程。虽然这部宪法作为世界上最早的成文宪法，常常被人们盛赞为人类法治历史上的里程碑，美国也因此被视为有着法治传统和成熟法治体系的文明社会。但是这部宪法其实是在资产阶级镇压了美国独立战争后出现的农

---

① 《马克思恩格斯选集》第1卷，人民出版社2012年版，第13页。

民起义的基础上形成的。掌握政权的资产阶级虽最终镇压了农民的叛乱，但也付出了惨重的代价。心有余悸的资产阶级在费城召开秘密会议制定宪法，中心任务就是怎样把资产阶级的统治用法律的方式固定下来，并对那些违反这种统治秩序的人进行有据可循的制裁。因此，1787 年制定的宪法没有把《独立宣言》和当时一些州宪法中所肯定的民主权利包括在内。这意味着革命时期领导革命的阶级的意识形态所体现出的与社会利益的一致性，等到领导革命的阶级成为统治阶级后，就不再真实地代表社会利益了。但与此同时，人民大众对民主的要求却随着社会的发展日益高涨。如 19 世纪英国的宪章运动、法国的大革命，以及在意大利、奥地利等地相继爆发的民众革命，都是劳动群众争取自身民主权利的典型表现。恩格斯曾经在《英国状况：十八世纪》中指出，民主原则被广泛讨论是与工人阶级的发展壮大密切联系在一起的，他说：“民主主义党派与工业革命同时出现。1769 年约·霍恩·图克创立了权利法案协会，自共和国时代以来第一次在这个协会中重新讨论民主主义原则。正如在法国一样，民主主义者全都是有哲学素养的人，但他们很快就发现那些上等的和中等的阶级是同他们对立的，只有工人阶级才倾听他们的原则。”[1] 一些资产阶级思想家开始意识到民主潮流已无法阻挡，为了尽可能维护自己的利益，他们不得不打出民主的旗号，可在“民主”前加了一些限定修饰词，如“代议民主”“精英民主”“多元民主”“宪政民主”“程序民主”，等等，并刻意忽略民主的本质属性。正如王绍光在《民主四讲》一书中所说的：“当典籍充斥着对民主诅咒的时候，‘民主’一词前面很少出现修饰词。一旦有产者和他们的代言人开始拥抱民主时，民主的本质没人谈了，大家谈的都是带修饰词的民主，而且修饰词比‘民主’来得更重要。”[2] 这样，此“民主”早已非彼“民主”，民主走样了，异化了。

　　18 世纪以前，从未有人把“民主”与“代表”联系在一起，是美国开国者之一的汉密尔顿首先使用了“代议民主”这个词，从此“民主”一词被赋予了全新的含义，即政府的正当性可以通过民众选举自己的

---

[1] 《马克思恩格斯文集》第 1 卷，人民出版社 2009 年版，第 106—107 页。
[2] 王绍光：《民主四讲》，生活·读书·新知三联书店 2008 年版，第 33 页。

"代表"来实现，而不必体现在民众直接管理上。后来到了熊彼特那里，他把民主定义为"一些个人通过竞争人民选票来获得（公共）决策权的制度安排"①。由此，"民主"在西方完成了从"人民的统治"向"人民选择统治者"的转型，拥有主权的"人民"变成了拥有选举权的"选民"，"民主"在很大程度上变成了"选主"，选出代为行使主权的人甚至成为表达民意的唯一方式。就是这种"民主"，在过去几十年里被西方主流及受其影响的非西方知识精英奉为圭臬。正如卢梭批判英国代议制时所说的："英国人民自以为是自由的，他们是大错特错了。他们只有在选举国会议员期间是自由的，议员一旦选出之后，他们就是奴隶，他们就等于零了。"② 当民主被"代议"加以限定后，在几个世纪里，无论是支持者还是反对者，其注意力都集中在投票权的扩大问题上，一直到实现全面普选，其间不知经历了多少血与火的斗争。最终，是否实行普选也成为衡量是不是民主政府的唯一标准。对于这种普遍性的民主选举，列宁曾一针见血地指出："每隔几年决定一次由统治阶级中什么人在议会里镇压人民、压迫人民，——这就是资产阶级议会制的真正本质，不仅在议会制的立宪君主国内是这样，而且在最民主的共和国内也是这样。"③ 为了平衡资产阶级内部的利益关系，更准确地说，为了让整个资产阶级的利益得到万无一失的保障，经代议民主的普选程序选出的人，虽然拥有从行政上代表民众执行管理国家的权力，但是没有最终解释权和决策权。换言之，在执行权之上还有一个至高无上的权力，这就是宪法。宪法是界定所有权力，规定所有关系的最高意志体现。从形式上看，所有政党、机构、组织以及个人都在宪法框架下行使被宪法赋予的有限的权力，不至于让某些团体或个人凌驾于其他之上成为至高无上者。这就是西方所说的"宪政民主"。然而，细究作为这套民主制度体系发端的宪法，它是如何被制定的，又是经过怎样的程序成为全体人民的意志

---

① ［美］约瑟夫·熊彼特：《资本主义、社会主义与民主》，吴良健译，商务印书馆 1999 年版，第 395—396 页。

② ［法］卢梭：《社会契约论》，何兆武译，商务印书馆 2003 年版，第 120—121 页。

③ 《列宁全集》第 31 卷，人民出版社 1985 年版，第 43 页。

的，关系到这种民主制度是否能体现民主的真正内涵。

前边我们谈到作为世界上第一部成文宪法的美国宪法的形成过程。在美国资产阶级镇压农民起义的背景下，美国的资产阶级精英们召开的制宪会议，与其说是明确资产阶级的统治权力，不如说是对人民主权的一次声讨大会，他们把"民主"这个词与"动荡""愚蠢""过分""危险""罪恶""暴政"等连在一起。最后，他们起草的那份"文件"，只有39人签署，13个州总共不到2000人投票通过，便成为这个国家的宪法。这部宪法规定的两院制和三权分立，本意正是要限制民主。到了19世纪中期以后，随着资本主义国家政治、经济、社会的发展，各种社会问题凸显，矛盾增多，这时资产阶级政权的巩固不仅需要靠法律、军队、警察来维护基本的社会秩序，而且更有赖于持续的经济增长、良好的社会管理，正如英国社会学家斯宾塞在其《社会学原理》中揭示的，只有各个部分得到协调发展，社会才能实现稳定和进步。因此，一些主要的资本主义国家对其民主政治制度进行了调整，一方面建立庞大的官僚制度、扩大政府职能，巩固政治统治，另一方面，以调动社会资源自由流动和人的劳动积极性为目的，提出经济生活领域的全面自由，尊重人在社会生活中的独立性，从而实现资本主义永世长存。资产阶级因资本的自由扩张需要对资本主义民主制度的改革，有效地促进了生产力的发展和资本主义社会的进步。但是作为以私有制为基础的社会制度，剥削阶级与被剥削阶级之间的矛盾不会随着社会的发展被解决，相反必然会随着社会的发展不断被激化。这种矛盾集中表现为在资本主义的生产方式下，社会财富总体上被资产阶级占有。这意味着，资本主义制度对私有财产的保护，其实就是对资产阶级占有社会财富权利的保护，是让社会发展以占有大量社会财富的资本家为核心，为其实现私有资本的增殖服务。如今，资本在资本主义制度体系中的核心地位和强大控制力已经深入到了社会生活的方方面面。在资本主义民主政治上的典型表现，就是选举已经成为"钱举"。2010年1月，美国联邦最高法院通过了一项取消政治献金限制的法律规定，金钱的巨大力量使美国选举的公正性荡然无存。2011年5月，诺贝尔经济学奖得主斯蒂格利茨在《名利场》杂志上发表题为《1%所有，1%统治，1%享用》的文章，指出美国1%的人每年拿走1/4的国民收入，控制了40%的财富，所有美国参议员和大多数众议员赴任时都属于1%的跟班，靠1%的钱留任，他们明白如果把这1%服侍好，则能在卸任时得到犒赏。"钱权模式"导致总统大选后权力向金钱倾斜。当选后，总统都会以支持他的私有财团利益为转移制定政策或做出决策。更糟糕的是，选举竞争中，以政客的政治投机为主导，以选票多少为裁决方式，导致社会大众利益特别是社会弱势群体被漠视，带来社会停滞和混乱，甚至是整个国家矛盾激化。正如张维为指出的："西方一些国家现在把本应该是内容丰富、文化深厚、操作精致的民主大大简化，连经济发展、教育水平、法治社会、公民文化这些优质民主的基本要素都变成了可有可无的东西，唯有一人一票的'程序民主'才代表真正的民主，结果导致第三世界的劣质民主层出不穷；贪官污吏通过贿选当政易如反掌，大批政客只知道争名夺利，永远以民主的名义，行使西方民粹主义、部落主义和黑金政治之实，他们的国家也因此频频陷于动荡甚至战乱之中，经济凋敝，民不聊生。"①

第二节　资产阶级宪政民主的构成要素

要明确指出，宪政是国家政体，即国家的统治形式，它与国家统治有着密切联系，但又有区别。宪政作为国家的统治形式，相较于封建君主专制制度，是一种民主制。但是这种统治形式上的民主并不等同于实现国家的统治权力掌握在人民手中的实质民主。"据《不列颠百科全书》解释，宪政的涵义主要有两个含义：一是指君主立宪，一是指宪制政府。该百科全书还考证，最早在著作中使用君主立宪一词的是英国人约翰·洛克，时间大体在17世纪后半期。最早使用宪制政府或立宪主义等词的是在19世纪初的法国、葡萄牙等国。宪政的历史起源则被追溯得更为久

---

① 张维为：《中国触动：百国视野下的观察与思考》，上海人民出版社2012年版，第105页。

远。1869 年 11 月，恩格斯在《高德文·斯密斯〈爱尔兰历史和爱尔兰性格〉一书札记》中，提及英国学者亨·哈勒姆 1827 年分两卷在伦敦出版的《自亨利七世即位至乔治二世逝世的英国宪政史》一书，把英国的宪政史追溯到了 15 世纪晚期。"① 其实，自 13 世纪初《大宪章》作为英国封建时期限制国王权力的法律性文件诞生起，英国国王的权力就逐渐被由封建贵族把持的议会所制约。② 随着资本主义的发展，一部分封建贵族成为具有资本主义经济性质的新贵族，在联合新兴资产阶级和其他反封建势力共同反对封建旧势力的斗争中，通过议会夺取立法权，以限制国王任意征税成为英国资产阶级民主革命的基本要求。经过长期的斗争，英国资产阶级以保留"虚位"君主、议会掌握实际立法权的形式，建立起世界上最早的君主立宪政体的国家，英国也由此成为世界上最早实行宪政的国家。继英国建立资本主义国家一百多年后，其北美殖民地随着当地工商业资产阶级、大农场主、种植园主等移民力量的壮大提出了独立的要求。经过长期的革命斗争，美国人民在资产阶级领导下赢得胜利，建立了美利坚合众国。在建国方案上，"以大地主和大资产阶级为代表的保守派与以工商业资产阶级和中小地主阶级为代表的激进派，分别提出建立君主立宪制和民主共和制的不同主张"③。经制宪会议激烈讨论，联邦宪法按照资产阶级的要求明确美国为总统制的合众国。"与英国美国情况不同，法国的封建等级制度非常严格。人被分为三个等级，第一等级是僧侣，第二等级是贵族，第三等级是包括资产阶级、小资产阶级在内的广大劳动阶层。封建国王是这个政治制度的保护者。受这种社会条件的影响，法国的资产阶级革命除了追求自由之外，'人人平等'成为其反封建斗争的核心要求。"④ 而 17 世纪法国启蒙思想家发起的用科学对抗神学，用民主对抗专制的思想运动，则为法国资产阶级革命的爆发奠定了思想理论基础。"18

① 汪亭友：《对宪政问题的一些看法》，《红旗文稿》2013 年第 11 期。
② 《马克思恩格斯全集》第 45 卷，人民出版社 1985 年版，第 117—139 页。
③ 徐大同：《准确认识西方政治民主制度》，《红旗文稿》2015 年第 15 期。
④ 徐大同：《准确认识西方政治民主制度》，《红旗文稿》2015 年第 15 期。

世纪后半期，法国资产阶级革命开始彻底废除君主制国体，代之以资产阶级民主共和国（1875 年最终确立）。之后，不少国家的资产阶级在取得本国革命胜利以后，纷纷确立了以民主共和为基本特征的资本主义政治制度。面对这种潮流，为避免遭历史淘汰的命运，传统的宪政思想开始吸收共和制的人民主权等观念，并逐渐演变成当今西方关于宪政的诸多解释，如提倡分权、民主、法治，以宪法法律体系约束政府权力，保障公民的基本权利。"① 通过了解上述各主要资本主义国家确立资本主义政治制度的过程，我们不难发现，在资产阶级夺取和巩固政权的过程中，因各国的国情不同，宪政在这些国家的表现形式也有差异。当然，作为资产阶级掌握并行使统治权力的政权组织形式，这些资本主义国家的宪政民主还是有一些共同的要素给资产阶级政治统治提供稳定运行的基本框架。

一 资产阶级宪法

在宪政的产生和发展历程中，宪法扮演了十分重要的作用。宪法是资产阶级革命的产物。1689 年英国通过的《权利法案》、1787 年美国制定的《美国宪法》以及 1875 年法国颁布的《1875 年宪法》，是西方确立君主立宪和民主共和制度的重要文献，在西方宪政史上具有里程碑意义，奠定了现代西方宪政制度的政治与法律基础。

如何看待由这些法律性文件规定的政治制度呢？从历史唯物主义的基本原理，即经济基础决定上层建筑出发，我们知道社会的生产方式、经济关系所构成的社会的经济基础，决定着社会的政治、法律、道德以及与之相适应的各种社会制度。因此，要想科学地解释社会的政治法律现象、政治法律制度，就必须回到社会的物质生产方式和经济基础中去。马克思指出："法的关系正像国家的形式一样，既不能从它们本身来理解，也不能从所谓人类精神的一般发展来理解，相反，它们根源于物质的生活关系"②；"这种具有契约形式的（不管这种契约是不是用法律固

---

① 汪亭友：《对宪政问题的一些看法》，《红旗文稿》2013 年第 11 期。
② 《马克思恩格斯文集》第 2 卷，人民出版社 2009 年版，第 591 页。

定下来的）法权关系，是一种反映着经济关系的意志关系。这种法权关系或意志关系的内容是由这种经济关系本身决定的"①。恩格斯也明确指出："经济关系反映为法原则，也同样必然使这种关系倒置过来。这种反映的发生过程，是活动者所意识不到的；法学家以为他是凭着先验的原理来活动，然而这只不过是经济的反映而已。"②

从上述原理出发，马克思、恩格斯进一步论述了法的起源、实质等问题，指出法同国家一样，都是阶级社会特有的现象，是阶级矛盾、阶级斗争不可调和的产物。统治阶级为维护本阶级的利益和社会统治秩序，往往以整个社会代表或国民普遍意志的名义，以国家的暴力机器为后盾，制定并颁布社会成员必须共同遵守的规则和行为准则，如规定人们的权利和义务及其界限等，以规范并约束人们的行为。法作为阶级统治的工具就应运而生了。这是法的阶级实质，也是它的本质。

宪法是人类社会发展到资本主义阶段才开始出现的，是资产阶级反封建斗争的结果。为了从根本上约束君权和规范全体国民，资产阶级需要制定一部国家总的章程，一方面明确国家政权的性质（反封建）、社会的根本制度（资本主义）以及政权的组织形式（多党制、议会民主、三权分立等），以表明社会各阶级在国家和社会中的地位与相互关系，另一方面为具体法律的制定提供依据和准绳。这个总章程或总法就是宪法。

伴随宪法等而来的是资本主义的法治观念。在资本主义以前的社会，虽然也存在法及法的现象，但无论是奴隶制时代的法律还是封建时代的法律，在形式和实质上都只约束被统治阶级而不约束统治阶级（虽然也有调整统治阶级内部关系的规定），奴隶主或封建主都明确享有超越法律的特权。统治权高于法权，阶级特权凌驾于法权，法不具有至上地位（这样的社会可被称为人治社会）。到了资本主义时代，人类的法治观念有了很大进步。法的阶级实质没有变，但至少在形式上把包括资产阶级在内的所有社会成员纳入法所适用和约束的范围，并在政治上宣布法律

---

① 《马克思恩格斯全集》第23卷，人民出版社1972年版，第102页。
② 《马克思恩格斯全集》第37卷，人民出版社1971年版，第488页。

面前人人平等，不允许个人、团体或组织享有超越或游离法律之上、之外的特权（这样的社会可被称为法治社会）。

法治取代人治，是人类文明的一大进步。然而需要看到的是，法律都是由人来制定的，但并非每个人都有制定法律的权力，从制定宪法即立法角度看，宪法法律并不是至上的，至上的权力掌握在制定宪法法律的统治阶级手里。即便在司法层面，资产阶级也总能运用自己特殊的经济和社会地位，规避宪法法律对本阶级权力的约束和限制。一旦宪法法律条文同资产阶级的利益发生根本冲突时，资产阶级便毫不客气地修改或废止有关条文，以适应发展了的阶级利益的需要。金钱特权即资本特权取代了封建的等级特权和世袭特权，这是资产阶级法的本质。

正因为如此，马克思指出：资产阶级社会的"宪法首先要确立的是资产阶级的统治。因此，宪法所说的结社权显然只是指容许那些能与资产阶级统治，即与资产阶级制度相协调的社团存在"①。马克思还揭露了1848年11月4日通过的法兰西共和国宪法的虚伪性，他说："这个虚伪的宪法中永远存在的矛盾足以说明，资产阶级口头上标榜自己是民主阶级，而实际上并不如此，它承认原则的正确性，但是从来不在实践中实现这种原则，法国真正的'宪法'不应当在我们所叙述的宪章中寻找，而应当在我们已经向读者简要地介绍过的以这个宪章为基础制定的组织法中寻找。这个宪法里包含了原则，——细节留待将来再说，而在这些细节里重新恢复了无耻的暴政！"②恩格斯更是毫不留情地指出：所谓的理性王国"不过是资产阶级的理想化的王国；永恒的正义在资产阶级的司法中得到实现；平等归结为法律面前的资产阶级的平等；被宣布为最主要的人权之一的是资产阶级的所有权；而理性的国家、卢梭的社会契约在实践中表现为，而且也只能表现为资产阶级的民主共和国"③。

法治也不是绝对至上的。作为治国理政的方式，法治属于上层建筑的范畴，它建立在一定经济基础之上，并接受一定意识形态的指导，维

① 《马克思恩格斯选集》第1卷，人民出版社2012年版，第493页。
② 《马克思恩格斯全集》第10卷，人民出版社1998年版，第692页。
③ 《马克思恩格斯文集》第3卷，人民出版社2009年版，第524页。

护的是经济上占统治地位的阶级的根本利益。马克思指出："私法是与私有制同时从自然形成的共同体的解体过程中发展起来的。在罗马人那里，私有制和私法的发展没有在工业和商业方面引起进一步的结果，因为他们的整个生产方式没有改变。在现代民族那里，工业和商业瓦解了封建的共同体，随着私有制和私法的产生，开始了一个能够进一步发展的新阶段。在中世纪进行了广泛的海上贸易的第一个城市阿马尔菲还制定了海商法。当工业和商业——起初在意大利，随后在其他国家——进一步发展了私有制的时候，详细拟定的罗马私法便又立即得到恢复并取得威信。后来，资产阶级力量壮大起来，君主们开始照顾它的利益，以便借助资产阶级来摧毁封建贵族，这时候法便在所有国家中——法国是在 16 世纪——开始真正地发展起来了"①。

　　明确了法、宪法的本质及其实质后，就不难理解西方宪政的本质和实质了。宪政以宪法为基础，起初是为了约束王权（政治制度上体现为君主立宪），在废止了王权的国家用来约束全体国民（政治制度上体现为民主共和）。它是法（宪法）这一阶级统治工具与资本主义制度相结合的产物，是资产阶级专政制度的法治化，目的是要维护资产阶级的统治秩序，为发展资本主义保驾护航。

　　关于资本主义宪政的本质和实质，我们可以从资本主义宪政的经典文献《权利法案》《美国宪法》和《1875 年宪法》中找到具体注解。这三部文献尽管时间上相差百年，内容表述和完善程度各不相同，体现的国情、历史传统以及政治制度等也存在差异，但他们确立的基本精神和原则是完全一致的，都是维护以资产阶级私有制为基础的资本主义经济制度，维护以多党制、议会民主、三权分立为基本内容的资本主义政治制度，维护资产阶级意识形态占据统治地位的资本主义思想文化制度。在当今西方世界，不论哪一国的宪政都无一例外地规定或内含着这些原则和内容。西方宪政其实就是资本主义制度的代名词，是资产阶级专政的社会制度换了一种形式的表述。②

---

① 《马克思恩格斯选集》第 1 卷，人民出版社 2012 年版，第 212—213 页。
② 汪亭友：《对宪政问题的一些看法》，《红旗文稿》2013 年第 11 期。

二 资产阶级两党制

按照西方的观点，两党制、多党制属于民主范畴，其他形式的政党政治则不民主。这个论断是西方意识形态的支点，多少年来似乎是毋庸置疑的。我们的一些专家学者也是这种论点的支持者。但事实上，回顾西方资产阶级夺取并巩固本阶级统治地位的历史会发现，两党制是资产阶级登上政治舞台后，为了利于本阶级顺利组织政权，有效进行统治而采取的关键性政党制度。

"在领导革命取得国家领导权的过程当中，资产阶级内部存在的各个阶层都根据自身利益的要求，形成了不同的政治派别。在建立了资本主义国家之后，为了使各自的经济要求能够转变为国家政策并推向全国，利益相同的派别和集团需要联合起来赢得选举，因此出现了现代意义上的政党。政党在产生初期，只是由一些政治主张或经济主张相一致的精英组成，随着资产阶级政权的稳固，原先的政治党派开始制定统一的纲领，并建立组织，发展党员，政党制度逐渐形成。总的来说，两党制作为资本主义政治民主制度的典型，从本质上说是为了维护资产阶级统治建立的。但是，由于各国的国情不同，两党制也具有不同的特点，英国和美国的两党制是两种不同的典范。"①

英国的两党源自17世纪英国议会中代表新兴资产阶级和新贵族利益的辉格党和代表大地主阶级和封建旧贵族利益的托利党。18世纪30年代工业革命完成后，代表工业资产阶级利益的辉格党逐渐转向自由主义，主张自由贸易，其政党名称也开始以自由党命名。原来代表地主阶级和封建贵族利益的托利党也由于其成员以旧贵族、大商人为主而成为保守党。后来随着自由资本主义被垄断资本主义取代，同时，工人队伍不断壮大，自由党被工党取代，保守党也逐渐由土地贵族的党变为垄断资产阶级的党。两党制也就演变为工党和保守党之间争夺议会多数席位，掌握内阁统治权。"英国作为一个君主制国家，君主是虚位的，实权掌握在议会手中，内阁

① 徐大同：《准确认识西方政治民主制度》，《红旗文稿》2015年第15期。

是英国政府的最高决策机构，由赢得议会多数席位的政党来组织，其党魁成为内阁首相，主持内阁工作，这样占议会多数席位的政党就掌握了整个国家的统治权。同时，在议会中赢得少数席位的在野党则组织'影子内阁'，经常攻击多数党的政策方针，随时准备成为执政党。"①

美国的两党源于18世纪美国制定并通过联邦宪法过程中出现的主张加强联邦政府权力的联邦党和主张限制国会和总统权力的反联邦党。后来因为反联邦党连续多年执政，联邦党逐渐衰弱。而反联邦党后来发展成为民主共和党。19世纪民主共和党分裂为共和党和民主党。美国两党制与英国有所不同。这是因为"美国是总统制合众国，总统实际上掌握着美国最高的行政统治权力。由此，美国的两党——共和党和民主党，除争夺议会席位以外，主要围绕每四年一次的选举争得总统职位，从而获得国家最高权力。美国总统和参众两院议员选举的突出特点在于其'为了金钱和依靠金钱'的'金钱政治'。无论是总统选举还是国会选举，候选人都必须获得足够的捐款，才能得到政党的支持。据统计，2000年美国总统选举1470万美元，到2004年这笔费用就超过了10亿美元，2020年选举费用更是飙升到140亿美元，而2022年仅中期选举就以167亿美元创下了美国中期选举史上之最。这些选举所花费的金钱绝大多数都来自各大垄断集团的捐赠。另外，美国院外议员的活动也获得了各种资金支持，这使得总统和议员在决定国家政治走向、制定各种政策时，首先要考虑垄断集团的利益。美国民众到华盛顿白宫门口前集会反对华尔街的行动表明，他们已经认识到白宫是为华尔街服务的政府"②。

事实证明，在英美国家，虽然两个党派经过选举轮流执政，但不论哪个党派上台，代表的都是资产阶级利益，党派之间的矛盾也是资产阶级内部的矛盾。对此，我们必须要有清醒认识，才不至于在民主制度的比较中陷入唯西方民主的迷思。毛泽东同志深刻指出："我国另有一些人在匈牙利问题上表现动摇，是因为他们不懂得世界上的具体情况。他

①　徐大同：《准确认识西方政治民主制度》，《红旗文稿》2015年第15期。
②　徐大同：《准确认识西方政治民主制度》，《红旗文稿》2015年第15期。

们以为在我们的人民民主制度下自由太少，不如西方的议会民主制度自由多。他们要求实行西方的两党制，这一党在台上，那一党在台下。但是这种所谓两党制不过是维护资产阶级专政的一种方法，它绝不能保障劳动人民的自由权利。实际上，世界上只有具体的自由，具体的民主，没有抽象的自由，抽象的民主。在阶级斗争的社会里，有了剥削阶级剥削劳动人民的自由，就没有劳动人民不受剥削的自由。有了资产阶级的民主，就没有无产阶级和劳动人民的民主。有些资本主义国家也容许共产党合法存在，但是以不危害资产阶级的根本利益为限度，超过这个限度就不容许了。"① 因此，我们看到，尽管在两党之外，还存在许多其他政党，如美国有所谓"第三党"，专指除两大党以外的所有政党，其中包括绿党、公民党、民主社会主义者组织等，但这些党派都没有权力也没有足够的力量控制议会或总统选举，在社会中影响甚微。

西方两党制给议会民主政治盖上了一层具有欺骗性的面纱。宪政宣称主权在民，实行议会民主政治。但是议会民主的实际运转完全掌控在资产阶级的手里。所有参加选举的各党派议员或官员必须得到大利益集团的支持才能当选。恩格斯指出："然而我们在那里却看到两大帮政治投机家，他们轮流执掌政权，以最肮脏的手段来达到最肮脏的目的，而国民却无力对付这两大政客集团，这些人表面上是替国民服务，实际上却是对国民进行统治和掠夺。"② 马克思在分析资产阶级议会民主的实质时说："普选权在此以前一直被滥用，或者被当做议会批准神圣国家政权的工具，或者被当做统治阶级手中的玩物，只是让人民每隔几年行使一次，来选举议会制下的阶级统治的工具"③。西方的两党制也为资产阶级在民主实践中用选举民主、党争民主替代人民主权提供了制度逻辑。前边我们在回顾资产阶级改造民主的实践时提到，西方资产阶级提出"代议民主"后，人民行使主权就直接等同于人民行使选举权。议会中的各党派为实现自己所代表的利益群体的诉求，在议会中、在总统竞选

① 《毛泽东文集》第7卷，人民出版社1999年版，第208页。
② 《马克思恩格斯选集》第3卷，人民出版社2012年版，第54页。
③ 《马克思恩格斯选集》第3卷，人民出版社2012年版，第141页。

中争取优势地位的制度模式又促成了西方民主理论向着竞争性选举进一步畸形发展。人民行使管理国家权利的民主内涵，最终变成选举过程、选举程序第一位的形式化民主。在理论上，作为民主形式的竞争性选举本身并没有错，但是，谁来组织竞争性选举？当然是政党。另外，竞争性选举中，候选人从何而来？还是离不开政党，一般都是政党推荐。因此，竞争性选举必然是"党争民主"。党争民主的实质就是不同阶级阶层之间的斗争。在历史经验上，党争民主带来的都是社会的撕裂和对立。比如，美国民主党和共和党长期的竞争关系导致议会在任何问题的解决上都呈现针尖对麦芒的互斥状态，许多议案因此久拖不决，政府运作缺乏连贯性和效率低下的局面也无法改善。

三　三权分立

"三权分立，互相制衡原则是资产阶级所设定的划分立法、行政、司法机关权能的原则。这个原则的提出反映了资产阶级革命与封建专制王权的妥协性，也因此曾遭到卢梭的批判。卢梭认为权力是不可分割的，这种分权思想实际就如同将活人割裂成数段的幻术一样虚幻。国家设置立法、行政、司法机构实际是一种职能的分工，而不是权力的分割。"① 如同恩格斯所说："事实上这种分权只不过是为了简化和监督国家机构而实行的日常事务上的分工罢了。也象其他一切永久性的、神圣不可侵犯的原则一样，这个原则只是在它符合于现存的种种关系的时候才被采用。"② 这个原则之所以被资产阶级采纳，是因为三个机构的相互制约和监督，可以保证各种法案在经过相互博弈和权衡之后，能最大程度地维护整个资产阶级的利益。

　　近代最早采用权力分立原则的是光荣革命之后英国的立宪君主制。当时的权力分立主要是指立法权和执行权，洛克在《政府论》中曾将国家和政府权力分为立法权、行政权和对外权。之后，法国的孟德斯鸠在对英国政制进行考察的基础上，结合法国封建专制时期司法职能被滥用

---

① 徐大同：《准确认识西方政治民主制度》，《红旗文稿》2015 年第 15 期。
② 《马克思恩格斯全集》第 5 卷，人民出版社 1958 年版，第 224—225 页。

的实际情况，提出了立法、行政、司法三种政府职能的划分。他认为：
"当立法权和行政权集中在同一个人或同一个机关之手，自由便不复存
在了……如果司法权不同立法权和行政权分立，自由也就不存在了……
如果同一个人或是由重要人物、贵族或平民组成的同一个机关行使这三
种权力，即制定法律权、执行公共决议权和裁判私人犯罪或争讼权，则
一切便都完了。"① 这句话实际从正面说明了三权分立与制衡原则的真正
目的是维护资产阶级的自由意志。因为，根据前文对资产阶级代议制和
两党制的分析，一方面资产阶级的意志主要是通过掌握议会的立法权来
上升为国家意志，要使该意志能够转变为政策得以推行，执行权就必须
受到立法权的制衡；而另一方面，由于立法权本身是被分割在两院中，
掌握在不同的利益派别手里，为了防止不同派别之间的利益冲突无法调
和或立法损害了资产阶级的利益，宪政制度在同时又给予了行政权对立
法权的相对否决权。至于司法权的功能则更加明显，司法部门本身没有
创立法律的权力，它必须严格按照立法部门制定的法律审理案件。可以
看出，三权分立与制衡原则的本质不是权力分立，而是以保障资产阶级
私权利为目的对公权力的限制。② "要防止滥用权力，就必须以权力约束
权力。"③ 美国在宪法中明确规定立法权、行政权和司法权分别由国会、
总统、法院行使。国会的立法要由总统批准才能生效，总统提名的大法
官要由国会批准才能上任，国会和大法官有权弹劾总统，最高法院可以
对国会的立法和行政机关的行政行为进行合宪性审查，以达到"三权"
互相制衡。

　　"在立法、行政和司法三权中，立法机关最易受多数意志的左右，有
可能利用其'多数决'的机制制定侵犯和剥夺少数人权利的法律，从而
形成所谓'多数人的暴政'。为了对这种'多数人的意志'形成约束，
从而尊重和保护'少数人的权利'，在西方宪政国家，一般赋予司法机

---

　　① ［法］孟德斯鸠：《论法的精神》（上），张雁深译，商务印书馆 1959 年版，第 185—
186 页。
　　② 徐大同：《准确认识西方政治民主制度》，《红旗文稿》2015 年第 15 期。
　　③ ［法］孟德斯鸠：《论法的精神》（上），张雁深译，商务印书馆 1959 年版，第 184 页。

关或独立的宪法法院行使对国会的立法和行政机关的行政行为进行合宪性审查的权力。例如，美国联邦最高法院有权通过审理具体案件审查联邦立法或各州宪法和立法是否符合联邦宪法。美国是判例法国家，其司法审查制度在宪法本文及其后来的修正案中并无明文规定，它是通过1803 年美国最高法院审理一个案件时由首席大法官马歇尔首创的，该案的判决成为判例（法律）。"① 尽管美国的最高法院有违宪审查权，但这种权力所要维护的是美国联邦宪法的基本精神，这恰恰是符合资产阶级的根本要求的。

　　从有效地保障个体自由、社会公正角度来说，上述所谈宪政中通过权力制衡来限制公权力的制度模式有其正确合理的一面。"这也是因为宪政本身就是从限制君权演变而来的，英国的《权利法案》就是一个典型例证。但是随着以美国为代表的共和国体的实现，宪政限制君权的这层含义也就随之消失了。于是'限权'就被逐渐解释成约束国家或政府权力，防止国家或政府权力遭到滥用。"② 从而对秉持自由主义理论的资产阶级私权利造成侵害。从抽象的权力概念上说，这是对的。但问题是，国家作为阶级统治的工具，政府作为实施统治阶级意志的机构，什么意义上的限权才算"宪政"？以及，由谁来限权？诸如此类的问题，都需要根据国家性质和社会条件做具体分析。而且，在现实中，理论上的三权分立也从来不是真实的存在。"以美国为例，总统的行政权趋于膨胀，一权独大；法院既有司法权，又通过制作和适用判例享有立法权，还享有对立法和行政行为的违宪审查权；国会有权弹劾和审判总统及联邦最高法院法官，行使一定的司法权；联邦最高法院法官是终身制，而州法院的法官由州议会选举或任命产生，常为兼职，年年更换，独立性甚小。虽然资产阶级学者鼓吹宪政的立法权是主权权威的体现，但是，如前所述，在三权分立体制中，立法权必须受行政权和司法权的制衡。这使得立法机关拥有的只能是一种残缺不全的主权，甚至在整个国家中找不到主权权威。所以，三权分立政治制度直接否定了资产阶级提出的'人民

---

① 杨晓青：《宪政与人民民主制度之比较研究》，《红旗文稿》2013 年第 10 期。
② 汪亭友：《依宪治国、依宪执政绝不是西方所谓"宪政"》，《红旗文稿》2015 年第 1 期。

主权'原则，而不经民主选举产生的法院司法权通过违宪合宪性审查可以凌驾于经过民主选举产生的立法权和行政权之上，直接违反民主原则。宪政三权分立的本质是资产阶级不允许任何一个利益集团独掌全部国家权力。"① 而三权分立、相互制衡的政治制度正好满足了力量相当的利益集团分享国家权力的要求，符合资产阶级的整体利益，即便这种制度常常造成内斗不断而影响效率也在所不惜。

"按照马克思主义的立场和方法，在资本主义国家，资产阶级是社会的统治阶级，宪法法律总体上是按照资产阶级的利益和要求制定的，因此在资本主义国家，'限权'的主体当然是它的统治阶级——资产阶级。资产阶级制定和实施宪法法律是要限制谁的权力呢？当然不会是他们自己，而是被统治阶级，主要是无产阶级和广大劳动人民。"② 虽然三权分立也有在统治阶级内部相互制约的作用，但这不过是利益集团之间进行权力分配的手段和形式而已，与统治阶级对被统治阶级的"限权"不是一回事，与人民参与国家管理更是毫不相干。

第三节　西方资产阶级民主的发展困境与中国的民主之路

近些年来我们不难在国内外的一些媒体和刊物上看到反思和批判西方民主的文章，一些学者认为西方"民主正在经历困难时期"，民主在"20世纪晚期的进步势头在21世纪终止了"，"英美两国本应是民主的中坚力量，然而由于缺少领导和培育，民主制度正在这里走向崩坏"。特别是西方国家由于长期走不出金融危机的阴影，转而用极度缺乏民主理念的保护主义、西方民粹主义不断掀起逆全球化浪潮，而被怂恿着走向西方民主的乌克兰不仅没有迎来新的发展前景，反而给自己带来更多的动荡和战乱。加上北非、中东、拉美的政局混乱，使得西方民主无论在

---

① 杨晓青：《宪政与人民民主制度之比较研究》，《红旗文稿》2013年第10期。
② 汪亭友：《依宪治国、依宪执政绝不是西方所谓"宪政"》，《红旗文稿》2015年第1期。

老牌国家还是新兴政治体内，好像都出现了问题。放眼世界，资本主义世界躁动不安，资本主义民主运作中的种种问题说明，资本主义民主制度内在有着自身无法克服的矛盾，它不过是漫长的民主发展历程中的一个阶段，经过这个阶段，人类社会必然会向更高级的民主迈进。

一　西方资产阶级民主下的社会内部问题

（一）选举民主沦为金钱民主

考察西方选举制度的历史和现实，不难发现近六七十年来，虽然普选权日益扩大，但投票率一直不高。以美国总统选举为例，这么多年平均投票率大约是55%，而被称为一百多年来投票率最高的2020年美国总统大选的投票率也就只有66%，当选总统一般得到50%多一点的选票，比如，拜登在2020年美国大选中以51.3%的得票率当选了美国总统。这意味着，在史上最高参与度的总统大选中，当选者只获得了33.7%左右选民的支持。"一位英国观察者曾质疑，一个仅仅得到这些选票的政党却拥有政府的全部权力，这一体制的合法性何在？现今，按照选票多少来排定座次的西方民主规则已发展到极致，政党政治完全成了选举政治，由议会形式来支撑的民主也就成了选票民主。各个政党奉行'选票至上'，由此被选票绑架，选票成为政客们'登基坐殿'的敲门砖。为了多拉选票，他们会在每次大选中使尽浑身解数来迎合选民，使违法行贿拉票成为常态。"① "一人一票异化为'一元一票'。在美国，筹集竞选经费的能力早已成为问鼎白宫的风向标，金钱是'打开权力之门的金钥匙'。历史学家做过统计，从1860年以来的历次美国总统大选中，竞选经费占优势的一方机会都获得了胜利。"②

西式民主的金钱实质带来的结果就是钱权联姻，资本主义生产关系中的资本逻辑也由此贯彻到政治领域并发挥主导作用。"钱能生权，权又能生更多的钱"（斯蒂格利茨语），"政治献金"与"政治分赃"总是如影随形。"对于捐款的大财团来说，选举过程就是投资过程，而投资

---

① 徐觉哉：《西方世界的民主"乱象"》，《红旗文稿》2014年第14期。
② 陈曙光、余伟如：《西式民主的"软肋"与"硬伤"》，《红旗文稿》2014年第23期。

是需要回报的，最直接的就是按政治献金多少，把大小官位分配给各大财团。当然，西方政客与资本寡头之间的交易有时需要显得公正，于是便通过一种特殊的利益输出通道来实现，即利益集团影响政治人物，政治人物制定出偏向利益集团的公共政策，最终谋求各自利益的实现。同时，议会运作机制也是为方便议员报恩设计的，有关法案要进入议会程序，首先要经过议院的常设委员会，而那批人不是经过选举而是根据各政党及其背后大财团的实力推荐的，自然有利于寡头、精英特殊利益偏好的法案会优先得到审议和通过，而有利于人民大众的法案往往会被无限期地拖延。"①

美国前副总统艾尔·戈尔在《未来：全球变革的六项驱动因素》一文中指出："美国国会，现代世界上民主选举产生的国家立法机构的化身，现在不经过控制着国会议员们的竞选财源的公司等特殊利益集团的许可，就不能通过法律。"② 美国经济学家曼瑟尔·奥尔森对此深有同感，他指出，美国的"问题是现行政策有利于热心维持现状的利益集团。改革要求政府必须将国家利益置于这种狭隘利益之上，而这在民主国家里越来越难做到"③。最典型的例子就是，美国私人枪支泛滥并且已经成为影响社会安全的重大问题，可是几十年来全面禁枪法案却始终无法出台，正是"钱权联姻"导致的结果。其中，美国步枪协会每年花费大量资金游说政客，左右政策。长期以来，围绕"钱权联姻"已经形成"旋转门"政治机制，政治人物和大财团之间利益双向输送被包装得天衣无缝，难怪斯蒂格利茨说："所有美国参议员和大多数众议员赴任时都属于顶尖1%者的跟班，靠顶尖1%者的钱留任，他们明白如果把这1%者服侍好，则能在卸任时得到犒赏。"④ 美国民主实质上就是"1%所有，1%统治。1%享用"。

爱因斯坦曾经在《为什么要社会主义？》一文中写道："私人资本

---

① 徐觉哉：《西方世界的民主"乱象"》，《红旗文稿》2014年第14期。
② 参见陈曙光、余伟如《西式民主的"软肋"与"硬伤"》，《红旗文稿》2014年第23期。
③ 参见陈曙光、余伟如《西式民主的"软肋"与"硬伤"》，《红旗文稿》2014年第23期。
④ 参见陈曙光、余伟如《西式民主的"软肋"与"硬伤"》，《红旗文稿》2014年第23期。

趋向于集中到少数人的手里……这样发展的结果，造成私人资本的寡头政治，它的巨大权力甚至连民主组织起来的国家也无法有效地加以控制。事实的确如此，因为立法机构的成员是由政党选出的，而这些政党要不是大部分经费是由私人资本家提供的，也是在其他方面受他们影响的，他们实际上就把立法机构和选民隔离开来了。结果是，人民的代表事实上不能保护人民中无特权的那一部分人的利益。此外，在目前的条件下，私人资本家还必然直接或间接地控制着情报和知识的主要来源（报纸、电视广播、教育）。因此，一个公民要得出客观的结论，并且理智地运用他们的政治权利，那是极其困难的，在大多数场合下，实在也完全不可能。"[①] 实践证明，这位大物理学家对"私人资本的寡头政治"的揭示是深刻而到位的。而且，这种"金钱选举"的常态化消磨着民主的理性，给制度运行、社会治理埋下了巨大的隐患。近些年来，一些国家大选都发生计票争议，有些地方还为此陷入混乱。比如，2020 年美国大选中落选的特朗普拒绝承认选举结果，并反复宣称选举存在大规模舞弊。2021 年 1 月 6 日，大批特朗普支持者在美国首都华盛顿举行集会，其中一部分人当天下午集体前往国会山，暴力突破安保系统，闯入象征美国政治权力的国会大厦，参众两院联席认证 2020 年美国总统选举结果的进程被迫中断，主持会议的美国时任副总统彭斯和数百名议员惊慌撤离。这一事件震惊全美及国际社会。选票民主后遗症对社会危害十分严重，甚至使一些发展中国家长期处于动乱状态，使人民难以摆脱贫困线。

印度已实行西式民主 70 多年，号称世界上最大的"民主国家"。然而，这种西式民主制度为什么不能帮助印度经济发展？不能有效地监督官员？不能尽快地减少贫困人口？几年前一篇关于印度选举的报道给出了答案："印度人民院、即议会下院选举将拉开帷幕。选民辛格盼望这一天已经 5 年了，因为选举意味着这位在首都新德里街头巷尾拉黄包车谋生的车夫不仅有望享受一顿大餐，而且还可能获得一笔外快。"从公

---

① 《爱因斯坦文集》第 3 卷，商务印书馆 1979 年版，第 272 页。

布选举日程开始，在全国范围内就会陆续查获大量用于违法拉票的酒和现金。特别是在这种近七成人口日均收入不足 2 美元的国家，这种拉票方式会立竿见影。它所反映的正是西式选举制度的本质，也是多少年来西方世界力图掩盖的事实。①

（二）政党竞争催生浮于当下的游戏民主

在西方，各党派只顾眼前利益不顾长远利益，只注重任期目标忽视战略目标。这是政党竞争制度带来的结果。政党、政客为了在竞选中获胜，竞相讨好选民，攻击对手党派。当选的政党为了在任期内尽可能实现其所代表的资本集团的利益也会采取与对手政党不同的政策。在这种竞争机制作用下，谁能赢得当下就等于赢得未来。为了赢得下一任期的选票，唯有在任期内建功立业；为了避免落选之后无计可施，唯有在任期内不断攫取，着眼于触手可及的目标和利益。资本主义社会政治领域整体呈现出党派轮流执政，权力轮流执掌，各利益集团竞相登场又相继谢幕，大政方针和战略思维改弦更张、前后不续的状态。一些政党为了讨好选民，甚至在执政期间寅吃卯粮，举债完成本届政府的利益诉求。看着不断高筑的债台，政客想要紧缩财政，又怕被支持者抛弃，结果只能是在矛盾两极不停摇摆，难以出台切实可行的中长期战略规划。邓小平同志曾经说过："美国把它的制度吹得那么好，可是总统竞选时一个说法，刚上任一个说法，中期选举一个说法，临近下一届大选时又是一个说法。美国还说我们的政策不稳定，同美国比起来，我们的政策稳定得多"②。

西式民主就在这种你争我夺的竞相登场中逐渐游戏化。简而言之，民主简化成为一套程序化的政治营销，在这个流程中，政党、政客拼资源、拼公关、拼口号、拼形象、拼表演。甚至是谁的口才好，就代表谁的能力强。一场旷日持久的竞选，就是一个大型政治秀。日本前首相野田佳彦曾公开说："在现有政治家中，我是街头演说做得最好的。"在这种游戏化的民主选举中，政治家费尽心机地吸引选民的关注和认同。我们看到在选举中，激进的声音、批判的声音、猎奇的声音、破坏的声音

---

① 徐觉哉：《西方世界的民主"乱象"》，《红旗文稿》2014 年第 14 期。

② 《邓小平文选》第 3 卷，人民出版社 1993 年版，第 31 页。

往往多过于温和的声音、理性的声音、折中的声音、建设的声音。因为，相较于中规中矩、一板一眼的严肃的政治活动，互相缠斗、相互揭底的厮杀更能引人入胜。由此，"作秀""煽情"成为政治家的基本素质，"奇闻轶事"和"花边新闻"成为克敌制胜的法宝。① 但是，这种刺激性强的选举民主的缺陷也是显而易见的。饱含激情的选举过后，慷慨激昂的承诺在现实中却不能兑现，带来的只能是选民的失望和对此类活动的乏味。这也正解释了为什么西方国家选民投票率普遍偏低，因为"投与不投一个样，投你投他一个样。"

从理论上说，行使国家权力的政党所制定的政策会影响到国民的切身利益，国民理应在全面了解国家政治以及政党纲领和最新消息的基础上，投票支持那些更能代表国家利益、维护社会整体利益的政党。但实际上，西方绝大多数选民缺乏知情投票所需要的政治知识，大多数选民从来不主动了解选举信息，对政治、国际形势等相关问题知之甚少，这导致选民参与选举的行为本身就成为缺乏理性思考的感性化"游戏活动"，而且即便是这种低质量的选举投票，参与度也在逐年降低。

（三）代议制度的结构性失衡带来低效的民主

效率低下是西式民主无法克服的困境。由于制度设计的结构性缺陷，西方民主制度已经"从一种旨在防止当政者集中过多权力的制度变成一个谁也无法集中足够权力作出重要决定的制度"②（托马斯·弗里德曼）。本来，人们"成立政府是为了发挥作用和作出决断"③（福山），而现在，由于国会制衡权力的扩大，政治分歧的加剧，特殊利益集团影响力的上升，导致国家的权力碎片化，朝野政党尖锐对立，体制改革举步维艰，议会立法议而不决，政府施政效率低下，甚至出现议会会期停摆、政府关门歇业的尴尬局面。美国前财长萨默斯对此深有体会，长期以来，美国都以民主典范自居，可"如今在美国，人们对民主制度的基本功能普遍感到担忧"，"任何人，只要在华盛顿政界工作过，都有充足的机会体

---

① 陈曙光、余伟如：《西式民主的"软肋"与"硬伤"》，《红旗文稿》2014年第23期。

② 参见陈曙光、余伟如《西式民主的"软肋"与"硬伤"》，《红旗文稿》2014年第23期。

③ 参见陈曙光、余伟如《西式民主的"软肋"与"硬伤"》，《红旗文稿》2014年第23期。

会巨大的挫折感。在美国政界，几乎每个人都能感到，有很多事情非做不可，但在当前的环境下却又做不成"。① 美国普林斯顿大学教授保罗·克鲁格曼则断言："只要我们是一个否决政体而非民主政体，我们就不可能是伟大国家。"② 即使是对西式民主近乎迷恋的福山也承认，今天的美国"极化"政治成了主流，"否决政治"盛行，必要的改革举措无法实施，美国整体实力走向衰弱是无法避免的历史趋势。

分散多核的权力中心，个人主义的价值观，模糊的公共利益界限，这是低效民主的重要根源。在政治活动中，利益集团之间要角力争雄，议员之间要上演唇枪舌剑的民主。执政党与在野党之间要互相诋毁掣肘，总统和议会之间要斗智斗勇，选民有事没事出来折腾。似乎不反对不扯皮就显示不出"民主"的存在，似乎"低效"是民主必须付出的代价。相反，政党和议会紧密配合，政府和百姓同心同德，中央和地方上下一心，这与现代"民主"似乎格格不入，"高效"已经沦为威权政治的潜台词。③ 然而，以追求权力制衡和保障个人自由作为"低效民主"的挡箭牌，已经不适应现代社会快速发展的需要。现代社会科学技术的进步，生产的充分社会化，要求各个部门、各个领域之间彼此配合、高效协同发展，这需要一套能有机整合社会资源、高效运转的制度体系予以保障。当然，我们也无意为了强调效率而否定相互制衡的民主，但是，问题在于民主和效率，或者说民主和集中，难道不能兼得吗？说到民主和集中，西方民主制度中，以充分民主为前提的集中就是采取"少数服从多数"的原则作出结论。其实，"少数服从多数"是西式民主把民主简单化、绝对化的表现，而"多数人的暴政"就是这种民主模式带来的结果。比如，英国的脱欧决定，是通过公投的方式，以少数服从多数的原则产生的。而多数人同意脱欧的决定生效后，英国并没有迎来比以前更好的发展前景，相反社会内部对脱欧的不满情绪逐渐滋生，并在各利益团体之间造成种种摩擦。随着"多数人的暴政"而来的还有

---

① 参见陈曙光、余伟如《西式民主的"软肋"与"硬伤"》，《红旗文稿》2014 年第 23 期。
② 参见陈曙光、余伟如《西式民主的"软肋"与"硬伤"》，《红旗文稿》2014 年第 23 期。
③ 陈曙光、余伟如：《西式民主的"软肋"与"硬伤"》，《红旗文稿》2014 年第 23 期。

"少数人的暴政"。即，当多数人选择沉默的时候，少数人打着民主的旗号对抗政府，反对制度，导致社会瘫痪。总之，民主暴政是西式民主制度缺陷的体现，暴政不仅仅降低民主的效率、消解民主的价值，而且更是有损整个社会的健康持续发展。

二 西方资产阶级民主带来的世界性问题

扩张和输出，是西式民主对外的存在形式。由此，西式民主带来的社会内部问题也会产生世界性的影响。而那些在传播西式民主过程中发挥主导作用的西方大国则可以算得上是带来世界其他国家社会动荡的罪魁祸首。1990 年 3 月，美国总统布什在《国家安全战略》报告中提出，美国 90 年代的主要目标之一是在全球"扶植政治自由、人权和民主制度"，要把民主趋势扩展到整个非洲大陆。在此基础上，美国政府宣布对非洲国家援助要以他们"实行多党民主"为前提，即无一例外地将援助与民主挂钩，以此要挟非洲国家。比如，美国免除了加纳、坦桑尼亚等表示要进行民主化的 8 个国家共 4.19 亿美元的债务，而对"违抗"的肯尼亚则让世界银行中断对其贷款和援助。[1] 值得深思的是，1985 年坦桑尼亚、加纳等非洲国家的领导人曾先后访问中国，当时他们就表现出既想实现民族国家经济社会的快速发展，但又怕难以摆脱美国等西方大国的控制。加纳总统罗林斯在与邓小平同志会面时还主动谈到加纳人缺乏理性。不善于从实际出发，不能具体问题具体分析地学习借鉴别国思想文化、制度模式，或许是大多数非洲国家的存在的问题，典型表现为对西方的两极化态度，即要么是全盘模仿西方，要么是全盘拒绝西方。但是，从上述美国对非洲国家援助计划的附加条件来看，导致这些经济发展落后，人民生活水平每况愈下的贫穷国家没有办法走一条符合自身实际的发展道路更为主要的原因，应该是美国为首的西方大国所奉行的强权政治。罗林斯在访问厦门特区时说道："西方人总是给你规定一个模式，只能照搬，但你们的邓小平说，千万不要照搬我们的模式，而是要实事求是。有几千年文明

---

① 徐觉哉:《西方世界的民主"乱象"》,《红旗文稿》2014 年第 14 期。

的国家才能讲出这样的话，这是一种西方远远不及的智慧。"① 西方这种制度模式带来非洲国家政局的不稳定，同时也更便于美国等西方大国干预和控制非洲国家。"美国为促进民主输出战略的实施，1990—2003 年间投入的'民主项目'资金就增长了 5 倍以上。法国在非洲民主化浪潮中也扮演了独特的角色。1990 年法国总统密特朗在第 16 届法非首脑会议上，强调民主是普遍的原则，明确宣布法国对非援助要同非洲国家的民主化挂钩，强调其提供援助的多少将取决于受援国民主化和尊重人权的程度。此外，英、德等其他几乎所有西方发达国家都通过政治和经济手段，迫使非洲接受西方的政治模式和价值观念。"②

看看今天的非洲，对美国鼓吹的西式民主表现出严重的水土不服。近年来，非洲就多次发生政变或政变企图，民选领导人及政府屡屡被推翻，2021 年 10 月 25 日，苏丹军方发动政变，总理阿卜杜拉·哈姆杜克遭武装部队软禁。这也是自 2020 年 8 月马里政变以来，非洲发生的至少第五次政变或未遂政变（马里两次、几内亚一次、苏丹一次及尼日尔未遂政变一次）。而据美国中佛罗里达大学教授乔纳森·鲍威尔和肯塔基大学教授克莱顿·泰恩的合作研究，1950 年至 2021 年非洲共发生了超过 200 起政变，平均每年近 3 起，其中约一半成功夺权。中国国际问题研究院发展中国家研究所助理研究员马汉智认为，针对非洲不断发生的军事政变，有西方媒体将此定义为西方式民主的倒退，因此极力主张国际组织和西方国家加大对非洲政治的外部干预，避免非洲民主开"历史倒车"。这显然是开错了药方。美西方国家的持续干涉在一定程度上构成了非洲持续动荡的原因。

除了政变外，美国极力鼓吹的各类西方式"民主运动"，也成为一些非洲国家政局动荡的祸根。正如对外经济贸易大学葡语国家研究中心研究员尚金格在《在非洲，美国民主是一门无形的大炮》一文中所指出的："近些年，由于新冠疫情和经济下滑等因素，非洲国家的经济发展

① 王伟光主编：《认识世界的目的在于改造世界》，人民出版社、中国社会科学出版社 2014 年版，第 171 页。

② 徐觉哉：《西方世界的民主"乱象"》，《红旗文稿》2014 年第 14 期。

和政治进程出现各种问题。美国等西方国家趁机在非洲大陆搞起各类'民主运动'。一些非洲国家逐步探索适合自身的民主模式，但西方国家不允许非洲拥有独立思考的模式。如果出现违背西方民主的非洲领导人，结果只能是被'民主'——游行示威甚至是暴动赶下台。"①

尼日利亚一位国际事务专家曾透露，非洲国家的大部分经济、金融和资源都被西方国家控制。如果一些领导人不遵守美国等西方国家的要求，那么西方国家就会以"民主"和"人权"的标准进行干预和改革，人为制造政治紧张和对抗，进而煽动政变。美国一直利用他国对战争的恐惧，恐吓其他国家接受"美国民主"模式——即枪口下的民主，这是典型的美国威权主义！而金钱在美国政治中起着至关重要的作用，深陷这种"深度腐败"的美国政府，在宣传其所谓的"民主"时，一直在重复其陈词滥调，同时竭力掩盖其金钱政治的本质。南非开普敦市议员、民主独立党领导人安瓦尔·亚当斯发表的《美国虚假的善意在非洲得不到信任》一文可谓一针见血。文章说，非洲人早就清楚，美国对非洲的政策始终是由非洲以外的因素驱动的，而不是基于非洲自身的发展需要。美国政府从来没有把非洲当作平等的伙伴，也没有真正关心非洲人民的福祉。安瓦尔·亚当斯在文章中写道："一直以给非洲人民带来民主而自豪的美国，是否深刻了解我们的国情和历史？他们真的给予非洲人独立和自决了吗？他们是否尊重非洲人民的意愿和愿望？答案不言自明，他们仅仅依靠军事力量向非洲大陆输出所谓的'美国民主'模式，以便更好地操纵非洲人。长期以来，非洲国家一直对美国试图把其他国家塑造成自己需要的样子感到不满。"文章最后说，非洲人将不再相信美国的虚假善意，也不会欢迎怀有恶意的国家。非洲不是大国博弈的舞台，而是国际合作的大舞台。各国都应在尊重非洲主权、倾听非洲声音的前提下与非洲开展合作。②

---

① 《西方式民主在非洲碰壁 美操纵"民主峰会"注定失败》，2021 年 12 月 9 日，光明网，https：//m. gmw. cn/baijia/2021-12/09/1302713183. html。

② 《西方式民主在非洲碰壁 美操纵"民主峰会"注定失败》，2021 年 12 月 9 日，光明网，https：//m. gmw. cn/baijia/2021-12/09/1302713183. html。

非洲如此，东欧和中亚国家也同样因美国的民主输出而饱受动荡。"在东欧和中亚的民主输出是以'颜色革命'方式推动的，从格鲁吉亚的'玫瑰革命'、乌克兰的'橙色革命'，吉尔吉斯斯坦的'郁金香革命'以及中东和北非一些国家相继爆发的'茉莉花革命'来看，背后都有西方势力的推手。然而，这些'颜色革命'带来的是政权更迭和社会动乱。'橙色革命'前的乌克兰经济以5%的速度增长。"① 而"革命"后亲西方派的胜利并未给乌克兰带来真正的改变。相反，寡头集团内部上演了一连串权力斗争几乎导致国家陷入瘫痪。一些经济学家认为，寡头最大的问题，在于完全不关心所属工业的现代化更新和再投资，由此造成的可悲后果是，今日乌克兰的工业体系和基础设施，仍然是苏联留下的，迄今没有大规模的更新换代。他们也错过了在新一轮的全球生产链条重组中，为亟须再工业化的乌克兰找到一个合适的位置。在此情况下，乌克兰的经济只会越来越丧失国际竞争力。从长远看，这也许是寡头控制难以为继的最大弱点。按照不变价格计算，乌克兰2020年国内生产总值仅相当于1990年的65%。从人均国内生产总值上看，1987年，乌克兰人均实际GDP水平（2020年不变价美元）是中国的5.93倍，1990年下降到中国的5.11倍，1999年被中国超越，2004年短暂反超中国一年，2020年仅为中国的35.54%。② 2022年以来，在西方长期怂恿之下，乌克兰又因加入北约的决定和俄罗斯展开长期战争。这导致乌克兰经济发展进一步缩水，整个国家已经不堪战争的重负。

近年来，西方民主衰退的趋势在非西方地区越发明显，许多引进西方价值观和政治制度的发展中国家非但未能促进本国的经济发展、政治稳定和社会进步，反而造成政党林立、政局动荡和社会分裂的局面，大量紧迫的国计民生问题也往往因为政治纷争被搁置一边，多国已被推入"民主陷阱"。所以，近年来越来越多的有识之士认识到，民主是一国经济社会发展到一定程度的产物，而且与本国历史文化传统密切相关，外

---

① 徐觉哉：《西方世界的民主"乱象"》，《红旗文稿》2014年第14期。

② 《近三十年，乌克兰 VS 中国人均 GDP 动态榜》，2022年7月25日，腾讯网，https://new.qq.com/rain/a/20220725V097AS00。

部强加的输入型民主往往"水土不服"。新加坡国立大学郑永年指出，在很多发展中国家，民主政治出现了问题，主要是激进民主化所致。那里的民主要么是由外力促成，如通过西方殖民主义或者其他输出形式，要么就是这些国家和地区的政治精英不管本地的社会经济和制度条件，盲目引进民主制度。①

三 中国特色社会主义民主政治建设的特点和优势

通过分析西方资本主义宪政民主的基本特点和主要问题，我们不难发现那些要求中国效仿西方搞"宪政"的论调并不是真想推进中国民主政治建设。与此同时，针对另一种观点，即不赞成中国照搬西方宪政，但主张中国可以结合自己国情，搞有中国特色的"社会主义宪政"，我们又该如何看待呢？可以明确地讲，后一种观点虽然出发点与前一种观点并不一致，但是却存在对中国特色社会主义民主政治的认识误区。由此，我们需要对社会主义民主政治的本质和特征有清楚的认知，避免因混淆概念而掉入错误社会思潮的陷阱。在此基础上，我们要探讨人民当家作主制度体系如何避免西方宪政民主的种种问题，发扬光大民主的本意。

（一）人民民主制度不可称为宪政

首先，我们要从历史上澄清人民民主专政和宪政的关系。主张"社会主义宪政"的人说毛泽东专门撰文论述过"宪政"，并说"宪政就是民主的政治"。这是指毛泽东1940年2月在延安各界宪政促进会成立大会上的演说，题目是《新民主主义的宪政》。在文中毛泽东确实提出"宪政是什么呢？就是民主政治"。但引论不能断章取义，毛泽东紧接着说："我们现在要的民主政治，是什么民主政治呢？是新民主主义的政治，是新民主主义的宪政。它不是旧的、过了时的、欧美式的、资产阶级专政的所谓民主政治；同时，也还不是苏联式的、无产阶级专政的民主政治。"②

---

① 徐觉哉：《西方世界的民主"乱象"》，《红旗文稿》2014年第14期。
② 《毛泽东选集》第2卷，人民出版社1991年版，第732页。

在文中，毛泽东明确将民主政治分为三种：第一种是旧的、过了时的、欧美式的、资产阶级专政的所谓民主政治。毛泽东说："那种旧式的民主，在外国行过，现在已经没落，变成反动的东西了。这种反动的东西，我们万万不能要。中国的顽固派所说的宪政，就是外国的旧式的资产阶级的民主政治。他们口里说要这种宪政，并不是真正要这种宪政，而是借此欺骗人民……中国的民族资产阶级则确实想要这种宪政，想要在中国实行资产阶级的专政，但是他们是要不来的。因为中国人民大家不要这种东西，中国人民不欢迎资产阶级一个阶级来专政。"① 第二种是苏联式的、无产阶级专政的民主政治。毛泽东说："社会主义的民主怎么样呢？这自然是很好的，全世界将来都要实行社会主义的民主。但是这种民主，在现在的中国，还行不通，因此我们也只得暂时不要它。到了将来，有了一定的条件之后，才能实行社会主义的民主。"② 第三种是新民主主义的民主政治。"我们中国需要的民主政治，既非旧式的民主，又还非社会主义的民主，而是合乎现在中国国情的新民主主义。目前准备实行的宪政，应该是新民主主义的宪政。""什么是新民主主义的宪政呢？就是几个革命阶级联合起来对于汉奸反动派的专政。"③ 当时是抗日战争时期，中国既无民族独立，也无民主事实。中国共产党内有一些同志被蒋介石的所谓实行宪政的欺骗宣传所迷惑，以为国民党真会实行宪政。毛泽东在这篇演说中揭露了蒋介石的这种欺骗，将促进新民主主义的宪政变为启发人民觉悟，向蒋介石要求民主自由的一个武器。

至于毛泽东在文中说"世界上历来的宪政，不论是英国、法国、美国，或者是苏联，都是在革命成功有了民主事实之后，颁布一个根本大法，去承认它，这就是宪法"④。这里，毛泽东将苏联与英国、法国、美国并列为"世界上历来的宪政"，是从宪法的产生规律有共性这个角度而言的，并非是指苏联也是英国、法国、美国式的宪政民主。而且该文

① 《毛泽东选集》第 2 卷，人民出版社 1991 年版，第 732 页。
② 《毛泽东选集》第 2 卷，人民出版社 1991 年版，第 732—733 页。
③ 《毛泽东选集》第 2 卷，人民出版社 1991 年版，第 733 页。
④ 《毛泽东选集》第 2 卷，人民出版社 1991 年版，第 735 页。

仅此一处并列，其他论述则将苏联和欧美国家划分得十分清楚。毛泽东在使用概念时不但未将宪政民主与社会主义民主混淆，还特别从中分出新民主主义宪政的概念，将中国共产党在抗战时期准备实行的宪政与英国、法国、美国的西方宪政区别开来。

毛泽东在以后的文章中再也没有使用过宪政这个概念，更没有肯定过西方的宪政民主。中国共产党的文件中也没有使用过宪政的概念。因为在 1940 年毛泽东就认为欧美式的宪政民主是旧的、过了时的、没落的、反动的东西，全世界将来都要实行社会主义的、无产阶级专政的民主政治。1949 年新中国即将建立，"有了一定的条件之后"，毛泽东再次著文《论人民民主专政》，直接称新中国的民主政治为"人民民主专政"，以区别"新民主主义宪政"。① 人民民主专政即实质上的无产阶级专政，是一个科学的概念，是马列主义的精髓。巴黎公社就是最早的无产阶级专政政权。马克思总结说："公社的真正秘密就在于：它实质上是工人阶级的政府，是生产者阶级同占有者阶级斗争的产物，是终于发现的可以使劳动在经济上获得解放的政治形式。"② 恩格斯指出，公社革命就是"炸毁旧的国家政权而以新的真正民主的国家政权来代替的情形"③。这里，"新的真正民主"就是人民民主专政，是人民当家作主，人民行使权力，人民管理国家。这正是无产阶级专政的民主制度最本质的特征。因此，既然作为无产阶级指导思想的马克思主义理论中已经明确将工人阶级领导的劳动群众的政权命名为无产阶级专政或人民民主专政，我们就没有必要使用"社会主义宪政"概念。

其次，不能因为我们今天也讲依法治国，也强调宪法的权威地位，就把社会主义法治建设中所讲的依宪治国、依宪执政简单理解为是与西方不同的一种宪政模式。这一方面在于，社会主义国家与资本主义国家的"宪"有着本质不同。虽然当今世界绝大多数国家都有宪法，但是，

---

① 杨晓青：《宪政与人民民主制度之比较研究》，《红旗文稿》2013 年第 10 期。
② 《马克思恩格斯选集》第 3 卷，人民出版社 2012 年版，第 102 页。
③ 《列宁全集》第 31 卷，人民出版社 1985 年版，第 75 页。

"包括宪法在内，民主、法治、人权、公民权利等这些概念，无不具有深刻的阶级内涵和制度属性"①。坚持并运用马克思主义的阶级立场和阶级分析方法，我们在讲宪法时，总得要问是哪个阶级的宪法，哪种类型的宪法，是资产阶级的宪法，还是无产阶级和劳动人民的宪法。讲民主、人权、公民权利等概念也莫不如此。抽象地宣扬这些范畴和概念，而不同产生这些范畴的生产关系、社会关系、社会制度联系起来是毫无意义的。因为这些范畴和概念不是凭空而来的，都是一定的生产关系、社会关系、社会制度发展到一定阶段的产物，不可避免带有一定阶级的烙印、一定社会制度的属性。由此，伴随资本主义的发展而出现的"宪政"其实就是资本主义制度的宪法化、法治化。可以说，宪政就是资本主义制度的代名词，是资本主义制度换了一种形式的表述而已。一些人总想把"宪政"从资本主义制度中剥离出来，把"宪政"看成适用于东西方的"普世制度"。我们认为，如果把"宪政"同资本主义制度进行切割，抽掉"宪政"中资本主义制度这个关键内核，"宪政"也就不存在了。② 换言之，"宪政"并不是服务于社会制度的手段，它就是社会制度本身。资产阶级用系统的宪法和法律服务于资本主义统治就形成了宪政这种资本主义制度。另一方面，即便我们仅从政权组织形式上来评价宪政模式，这种制度形式也有其自身无法克服的缺陷和悖论。资产阶级发明的"宪政"，主要目的是为了"限权"。那么，"限权"是要限制谁的权力呢？从一开始的限制君主的权力，到后来发展为限制国家政府的权力，这种限权实质是为了满足资产阶级通过自由贸易、自由竞争聚敛财富的需要。资产阶级为此还形成了一套限制政府权力（公权力）的制度逻辑。这就是，"国家或政府的权威应当源于一系列高于国家或政府本身的制度与规则，国家或政府机构在运作时，也必须受这些制度与规则的限制，超越其界限将遭遇到责任的追究。而这一系列制度与规则的最高权威即宪法"③。这里能够很清楚地看出限权的对象是政府权力，但是限权的主体

---

① 汪亭友：《依宪治国、依宪执政绝不是西方所谓"宪政"》，《红旗文稿》2015 年第 1 期。
② 汪亭友：《依宪治国、依宪执政绝不是西方所谓"宪政"》，《红旗文稿》2015 年第 1 期。
③ 汪亭友：《依宪治国、依宪执政绝不是西方所谓"宪政"》，《红旗文稿》2015 年第 1 期。

是谁呢？很多人理所当然地认为，与限制公权力相对的自然就是保障私权利，也就是公民权利。可是按照前边所说的宪政制度逻辑，是宪法发挥着限制公权力的作用。我们都知道，宪法是统治阶级制定的，是统治阶级意志的体现。这在资本主义社会意味着资产阶级作为制定宪法的主体即是限制公权力的主体。而资产阶级制定的宪法能够代表所有公民的意志吗？换言之，宪政在限制公权力的同时，维护的到底是每个公民的私权利，还是仅仅是资产阶级的私权利呢？其所谓"限权"，实质上不过是限制那些有碍于资产阶级利益实现的阶级阶层的权利。进一步讲，如果说宪政是法治文明的体现，国家立法机构作为公民权利意志的执行机构，应该享有最高权力地位。相反，如果立法机构也能被限权，实际上就意味着这种以实现多数人的统治、保障多数人的利益为目标的民主制度其实是限制了公民作为国家主体来统治国家的权力。比如，美国作为一个判例法国家，法院通过制作和适用判例享有立法权，同时，美国实行所谓"司法独立"，而法院并不是经公民选举产生的。那么这如何保障法院代表公民意志立法呢？所以，宪政并不能直接和民主程度高画等号。

与西方的宪政不同，新中国成立和中国共产党执政以来，我国在中国共产党领导下制定并通过 1954 年、1975 年、1978 年、1982 年四部宪法，均确认我国国体为人民民主专政的社会主义国家；确认人民代表大会制度为我国的政体，规定我国的国家权力属于人民，人民行使国家权力的机关为各级人民代表大会；规定中国共产党执政所实行的政治协商、经济、军事、文化教育、单一制和民族区域自治、外交、国家机构等各项基本制度；规定公民享有的各项基本权利和自由。而且，随着中国共产党对社会主义建设规律的认识不断深入，社会主义民主法治制度建设也取得伟大成就，其中各项基本制度都被宪法所确认，并一以贯之地得到实施，这为中国共产党执政提供了坚强的法律保障。[①] 总结经验，坚持走中国特色社会主义政治发展道路，以更大的力度、更实的措施发展社会

---

① 杨晓青：《宪政与人民民主制度之比较研究》，《红旗文稿》2013 年第 10 期。

主义民主，必须坚持党的领导、人民当家作主、依法治国的有机统一。党的领导是人民当家作主和依法治国的根本保证，人民当家作主是社会主义民主政治的本质特征，依法治国是党领导人民治理国家的基本方式，三者统一于我国社会主义民主政治伟大实践。中国共产党的领导地位是中国民主革命胜利的成果，是中国历史和中国人民的选择。这也是政党获得执政"合法性"的根本前提。"事实上，决定一个党和政权稳固的程度是人民群众的信任度。国家是合法的暴力，人民群众认同就叫合法，认同度越高政权的合法性越强，相反则越低，会发生合法性危机。"① 坚持党的领导，就要发挥党总揽全局、协调各方的领导核心作用。改进党的领导方式和执政方式，保证党领导人民有效治理国家。实现人民当家作主，就要扩大人民有序政治参与，保证人民依法实行民主选举、民主协商、民主决策、民主管理、民主监督。巩固基层政权，完善基层民主制度，保障人民的知情权、参与权、表达权、监督权。坚持依法治国，就是要使人民民主制度化，使党和人民的意志法律化，使社会主义民主法治具有稳定性、连续性和权威性，这是完善和发展社会主义民主制度的需要，是从绝大多数中国人民的根本利益出发，而不是为了要保护"少数"去搞宪政。

（二）中国特色社会主义民主政治的特点

在当今错综复杂的国际形势下，中国的政治发展模式日益彰显出独特的理论价值。中国的民主政治建设，是在中国共产党领导下，以马克思主义为指导，从中国国情出发，为确保人民享有更加广泛、更加充分、更加真实的民主权利，巩固和发展最广泛的爱国统一战线，推进国家治理体系和治理能力现代化，建设社会主义法治国家。在这个过程中，我们冲破了"民主—专政"的二元对立思维定式，破除了"民主激进主义"和"民主原教旨主义"的干扰，拒绝对"民主、自由、人权"等概念的抽象化讨论，走出了一条中国特色社会主义政治发展道路。

第一，中国特色社会主义民主政治道路的独特性在于跳出了西方宪

---

① 侯惠勤：《论社会主义的合法性和价值合理性》，《淮阴师范学院学报》（哲学社会科学版）2001年第3期。

政的民主模式。这是立足我国国情做出的科学选择。选择什么样的民主形式，取决于一个国家的国情和现实需要，这是一条方法论，也是一个历史逻辑。具体而言，首先，不同于西方宪政实行由多个党派竞争上台，轮流执政的议会民主政治，我们强调在中国共产党领导下进行社会主义民主政治建设。有些人往往以"一党执政"来说我国政治制度是"专制"，这里尤其要厘清在政党制度上我们不搞朝野党派竞争的原因。"主要原因有：第一，中国共产党的社会基础与西方朝野两党制的政党基础不同。中国共产党的社会基础是广大人民群众，而且是以工农为主体。工农群众的最大特点是他们不是有闲阶层，而是劳动阶级，这就决定了他们在西方式的政治竞选活动中没有太多的发言权，所以，西方的政治学常常把工农群众叫作'沉默的大多数'。反过来，在西方轰轰烈烈竞选活动的背后是金钱势力的操纵，竞选不过为少数政客提供了活动舞台。所以人们公认，通向白宫的道路是用美元铺出来的，工农群众在这个政党制度里是个被'边缘化'了的阶级。我们不搞朝野两党制，就是因为如果共产党不执政，就没有一个政党能代表工人农民。西方式民主不论多么热闹，金钱统治的本质都不会改变。第二，中国共产党的任务和西方政党的任务是根本不同的，西方政党的全部任务就是组织竞选，捞选票，争取掌权，它就像个竞选公司。因此，它的基本策略就是不择手段地讨好选民，其选举策略与今后的执政方略并无内在联系。而中国共产党的根本任务是教育人民认识到自己的利益并为之奋斗。因此，它决不一味迁就群众，讨好群众，听任其追逐眼前利益，而是把代表人民、服务大众同引导和教育人民提高觉悟结合起来。西方式的多元政治显然无力履行这一使命。"① 同时，中国共产党领导的多党合作政治协商制度是我国的基本政治制度，这一制度在保证在公有制为主体，多种所有制并存的经济基础上，体现生产力发展要求、符合人民需要的各民主党派在中国共产党领导下，肩负人民重托，依法履职尽责，为人民服务。这既发挥了各党派推动历史进步的积极作用，也有效避免了西方政党竞争带

① 姜迎春：《构建和谐社会视域中的民主政治建设》，《中共南京市委党校学报》2008 年第 1 期。

来的政治斗争和内耗。除此之外，民族区域自治制度、基层群众自治制度也都是保障人民行使当家作主权利的基本政治制度。通过不断健全人民当家作主制度体系，选举民主和协商民主相结合，真正实现了"人民主权"原则。其次，不同于西方宪政实行三权分立、互相制衡的政权体制，中国在人民民主制度下，一切权力属于人民，人民代表大会制度是我国的根本政治制度，人民代表大会作为国家权力机关，行使立法权。人民代表大会中，没有议会党团，不按照党派分配席位，选举由国家财政保障人民行使选举权和被选举权。各级人大都由民主选举产生，对人民负责，受人民监督。"一府一委两院"由人大产生，对人大负责，受人大监督。这种政权体制是实现人民当家作主，一切权力属于人民，人民利益高于一切的最好形式。最后，不同于西方宪政实行"司法独立"及司法最终解决原则，人民民主制度下是由全国人民代表大会及其常委会监督宪法的实施。司法机关由人民代表大会产生，依法独立行使职权，不受行政机关、社会团体和公民个人的干涉，受人民代表大会的监督和罢免。同时，包括我国司法机关在内的所有国家机构单位，依法独立行使职权，但在政治上、思想上、组织上必须接受中国共产党的领导，贯彻党的宗旨和路线。2018年起，监察委员会作为由人民代表大会产生的独立的监察机关开始全面履行对党政所有机关行使公权力的公职人员进行监察的职权，以更好地开展廉政建设和反腐败工作，维护宪法和法律尊严。这样一套围绕宪法、法律的产生、实施、适用、监督的制度体现了人民代表大会作为人民行使当家作主权利的权力机关，把人民的意志上升为法律，行之有效地实施，接受人民监督的制度设计。

第二，中国特色社会主义民主政治建设之路是一种渐进式民主之路。建设中国特色社会主义民主政治不仅不能脱离国情，还要受历史规律的制约。中国式民主之路是以马克思主义为指导。马克思辩证唯物主义和历史唯物主义告诉我们，无论何时、何事都不能搞教条，政治制度也是如此。习近平总书记指出："设计和发展国家政治制度，必须注重历史和现实、理论和实践、形式和内容有机统一。要坚持从国情出发、从实际出发，既要把握长期形成的历史传承，又要把握走过的发展道路、积累的政治经验、形成的政治原则，还要把握现实要求、着眼解决现实问题，不能割断历史，不能想象突然就搬来一座政治制度上的'飞来峰'。"① 有的学者处处用西方的民主模式、理论来套中国，这在方法论上实质就是一种教条，甚至是一种迷信。我们今天之所以能社会稳定、各部门组织之所以有效运行，是与改革开放以来在进行经济生产关系改革的同时，持续地推进民主政治建设分不开的。回顾改革开放 40 多年的历程，我国改革的路径总的来说是渐进式的，先易后难，增量推进。这种渐进式的路径选择，在改革中形成了一种良性循环：改革—推动经济社会发展—维护社会稳定—促进改革深化—推动经济社会进一步发展。实践证明，这是一条符合国情高效稳健的改革之路。但是，不管怎么改革，我们都不会搞西方的宪政模式。走好这条路的关键在于坚持党的领导、人民当家作主、依法治国三者的有机统一。这是建设中国式民主的根本规律。这一规律既是我国人民在追求民主之路上长期奋斗探索的结果，也是我国人民政治经验和智慧的结晶。"三个有机统一"从根本上回答了在当代中国如何走中国式民主之路的问题，在今后的民主政治建设的具体实践中，必须一以贯之，长期坚持。②

第三，中国特色社会主义民主政治建设体现了中国共产党带领中国人民独立探索中华民族伟大复兴道路的自立自信。"中国人民和中华民族从近代以后的深重苦难走向伟大复兴的光明前景，从来就没有教科书，更没有现成答案。"③ 改革开放以来的巨大成就，特别是新时代以来的历史性成就和历史性变革，让我们逐渐树立起了中国特色社会主义道路自信、理论自信、制度自信、文化自信。在政治制度上，从改革开放伊始，一些学者唯西方是从，把西方的民主制度奉为金科玉律，唯此不能实现个人的民主权利，唯此不能体现社会的文明进步。甚至有人把改革开放

---

① 《十八大以来重要文献选编》（中），中央文献出版社 2016 年版，第 59 页。

② 梅宁华：《破除"民主迷思"》，《红旗文稿》2009 年第 1 期。

③ 《高举中国特色社会主义伟大旗帜　为全面建设社会主义现代化国家而团结奋斗——在中国共产党第二十次全国代表大会上的报告》，人民出版社 2022 年版，第 19 页。

后社会出现的不良现象、犯罪问题、权力腐败统统归为是社会主义政治制度导致的。然而历史是最好的教科书。过去几十年，不管是西方发达资本主义国家，还是效仿西方制度模式的发展中国家，由制度弊病和民主缺陷导致的社会乱象不一而足。党从国内外政治发展成败得失中深刻认识到，坚定中国特色社会主义制度自信首先要坚定对中国特色社会主义政治制度的自信。我们党始终坚持把马克思主义同中国具体实际相结合，同中华优秀传统文化相结合，以人民为中心，以问题为导向建设社会主义民主政治，发展社会主义政治文明。随着我们全面、广泛、有机衔接的人民当家作主制度体系不断健全，多样、畅通、有序的民主渠道不断构建，广大人民群众有序政治参与的层次和领域不断扩展，社会主义民主制度的优势也更加充分地彰显出来。对比中国之治和西方之乱，越来越多的人开始更加客观地看待中西方民主制度，理论界也更加理性地形成一种主体思维。我们能对民主问题形成上述的思考和认识正是建立在思想理论界的这种理论自觉、理论自信的基础上。只有敢于对目前流行的一些观点进行理性辨析和大胆质疑，才能打破对西方民主的迷信，打破西方对民主话语的垄断，更加坚定地走中国特色民主之路。

课后思考

1. 民主的内涵在西方民主历史上经历过怎样的变迁？
2. 资产阶级宪政民主的要素有哪些？各自的作用是什么？
3. 宪政民主思潮的实质和危害是什么？
4. 中国特色社会主义民主政治的独特优势是什么？

推荐阅读

马克思：《〈黑格尔法哲学批判〉导言》，载《马克思恩格斯选集》第 1 卷，人民出版社 2012 年版。

马克思：《〈政治经济学批判〉序言》，载《马克思恩格斯文集》第 2 卷，人民出版社 2009 年版。

马克思：《法兰西内战》，人民出版社 2018 年版。

恩格斯：《英国状况 十八世纪》，载《马克思恩格斯文集》第 1 卷，人民出版社 2009 年版。

恩格斯：《社会主义从空想到科学的发展》，载《马克思恩格斯文集》第 3 卷，人民出版社 2009 年版。

马克思、恩格斯：《德意志意识形态》，载《马克思恩格斯选集》第 1 卷，人民出版社 2012 年版。

列宁：《国家与革命》，载《列宁全集》第 31 卷，人民出版社 1985 年版。

毛泽东：《新民主主义的宪政》，载《毛泽东选集》第 2 卷，人民出版社 1991 年版。

邓小平：《中国大陆和台湾和平统一的设想》，载《邓小平文选》第 3 卷，人民出版社 1993 年版。

王绍光：《民主四讲》，生活·读书·新知三联书店 2008 年版。

［美］约瑟夫·熊彼特：《资本主义、社会主义与民主》，吴良健译，商务印书馆 1999 年版。

［法］卢梭：《社会契约论》，何兆武译，商务印书馆 2003 年版。

［法］孟德斯鸠：《论法的精神》，张雁深译，商务印书馆 1959 年版。

第二章 | # "普世价值"思潮
——抽象价值掩盖下的话语霸权

一段时间以来，我国对"普世价值"存在争论。争论的焦点集中在到底该不该肯定"普世价值"的存在。对此，有人赞成，有人反对。但仅就赞成"普世价值"的一方在立场、观点以及动机方面都不尽相同。一些出于善意的人认为，马克思主义理论有事物的共性、个性辩证统一的原理，如果我们批判"普世价值"，就是割裂了普遍性和特殊性。即便西方"普世价值"有自己的言外之意，我们为了不在理论上陷入被动，就应该在加强社会主义核心价值体系建设的同时和他们对打"普世"牌。这种顾虑看似合情但是否合理呢？要想澄清争论，解决人们思想上的顾虑，我们需要对"普世价值"进行概念界定和本质分析，需要从决定事物性质的矛盾主要方面来评判"普世价值"。其实，只要不怀敌意和偏见，就不难发现，通过肯定"普世价值"的存在，就要进入下一个环节，那就是具体哪些算是"普世价值"，这里就会出现西方资本主义价值理念和社会主义价值理念的碰撞和比较，而那些企图干预社会主义民主政治建设，否定社会主义民主、自由、人权的价值内涵的人，就会借机大肆宣扬资本主义价值理念的优越和"普世性"。因此，"普世价值"在本质上是当代西方话语霸权及其价值渗透的一种表达方式。而"普世价值"之所以令许多自认为坚持马克思主义和社会主义的人也语焉不详、趑趄不前，就在于它的"能指"十分宽泛，断然拒斥似乎会在许多方面丧失话语权而陷入被动。这种顾虑是正常的，但却是不必要的。

说到底，尽管"普世价值"的"能指"十分宽泛，其"所指"却十分明确，这就是在政治方向、基本道路和根本制度上对我国进行颠覆，是当前敌对势力利用价值渗透对我实行"分化""西化"图谋的集中表现。①因此，只有结合特定的背景和确定的政治诉求，我们才不至于陷入任何既无必要也无可能下定论的抽象争论。

第一节 "普世价值" 概念来源及辨析

普世的观念最初来源于基督教。基督教是源于犹太人的宗教。犹太人早在公元前一千年前后开始定居在巴勒斯坦地区，后随着罗马帝国势力范围的不断扩大，该地区长期被罗马帝国控制。罗马帝国的剥削和压迫以及犹太人群体阶级阶层的不断分化使得巴勒斯坦地区的社会矛盾不断激化，穷苦人渴望摆脱苦难获得救赎，传统犹太教也因此出现了不同观点和流派。犹太人耶稣在这个时期开始传播上帝和天国救赎的思想，希望以此从精神上拯救人们的苦难。他认为"上帝为父"，在上帝统治的"天国"中生命与正义大获全胜，人人都是上帝的孩子，彼此是兄弟，因此要和睦友爱才能留在上帝统治的天国里。耶稣的这一思想与传统犹太教在对上帝以及律令的理解上，还有对传播对象的规定性上有所差异。具体而言，对待上帝，犹太教认为上帝就是唯一的神，而基督教认为耶稣是上帝的肉身。对待律令和救赎，犹太教认为律令是上帝对人们提出的行为要求，要积极践行，人并无原罪，如果犯罪要通过自身努力和上帝恩典获得救赎。基督教认为律令是让人们认识自身的原罪，人们需要靠信仰耶稣才能获得救赎。对待传播对象，犹太教认为只有犹太人才是上帝的选民，因此该宗教只在犹太人群体内传播。基督教认为上帝是一视同仁的，全世界的人都是一样的，都应该接受上帝的福音来获得救赎。特别是耶稣死后，他的门徒保罗把这个宗教思想带到巴勒斯坦

---

① 侯惠勤：《我们为什么必须批判抵制"普世价值观"》，《马克思主义研究》2009 年第 3 期。

地区之外的希腊罗马文化区域，向其他民族传教，使其也成为基督徒，进而促进了基督教在罗马帝国内部广泛传播，而"普世性"的概念就出现在这样一个历史场景之中。根据《加拉太书》："你们受洗归入基督的，都是披戴基督了。并不分犹太人、希腊人、自主的、为奴的、或男或女，因为你们在基督耶稣里，都成为一了。"保罗虽然认为上帝的选民可以是犹太人之外的民族，但是，接受并追随基督的教义却是不可少的条件。由此不难发现，在"普世性"背后隐藏着的先决条件是对基督教教义和规则的无条件接受。

从上述"普世性"的源头可以看出，普世性是建立在基督教之上、以基督教为核心的概念，它服务于基督教的传播和扩张。所以，随着基督教在欧洲生根发芽，"普世性"概念也成为教会维持自己核心地位的重要思想工具。中世纪之后，思想领域的宗教改革和启蒙运动挑战了教会正统神学的垄断地位。不过，这些思想运动都无意颠覆基督教信仰本身，他们只是想撇开罗马教廷的控制，探寻信仰的真正源头，寻找隐藏在自然世界和人类历史中的源自上帝的"普遍规则"。[1] 这就是理性主义。由此，理性和基于理性的种种规则就代替宗教教义成为"普世性"概念的新内涵。而探寻这些普遍规律对人类发展就具有了决定性意义。比如，撰写了《论法的精神》的孟德斯鸠，他对"法的精神"的探索，其初衷正是为了寻找适用于人类社会的普遍规律。"我看见了：个别的情况是服从这些原则的，仿佛是由原则引申而出的；所有各国的历史都不过是由这些原则而来的结果；每一个个别的法律都和另一个法律联系着，或者是依赖于一个更具有一般性的法律。"[2] 所以，他写作的目的不是为了讨论各国的法律制度为何各具特色，而是恰恰相反，他要在各种素有天壤之别的法律制度中，寻找能够一以贯之的普遍原则。另一位启蒙时代的著名思想家休谟则试图用"实验的方法"来"找出一切责难或赞许最终由之发源的那些普遍的原则"。尽管孟德斯鸠和休谟都为呈现在人类历史中的多样性所困惑，但是，

---

① 沈思：《"普世价值"的源起、演变和思考》，《红旗文稿》2014 年第 8 期。

② ［法］孟德斯鸠：《论法的精神》，张雁深译，商务印书馆 1959 年版，著者原序。

这既没有动摇他们对这些"普遍规律"的信仰，也没有阻止他们对"普遍规律"的追寻。随着启蒙思想的发展，思想家开始认为，是否接受这些"普遍规律"成为人类是否能够走向进步的关键。① 启蒙运动在欧洲如火如荼地进行，也从思想理论上推动了自由资本主义在欧洲的大发展。"理性和以理性为基础的进步观念成为资本主义认同的核心内容，并成为西方文明，乃至'欧洲中心论'的基本理论依据。"② 该理论认为，相对于东方的农业社会、无国家的民族和专制政府而言，以理性为基础建立起先进工业体系和行政体系的欧洲是上帝眷顾的优等种族。他们所形成的这套思想和制度体系是理性的普遍原则的体现，因此具有"普世性"。而相较于他们自己的文明中心地位，其他民族地区则处于边缘位置。文明就按照从中心向边缘扩展的方式不断发展。从这种理论出发，欧洲对亚非拉的殖民侵略就成为文明的输出。到这里，我们其实已经可以明显感受到，从建立人与上帝的关系出发寻找世界基本规律性、普遍原则性的过程，也是资产阶级意志得以实现并不断抽象为普遍一般的畸形发展过程。而这种把特殊性上升为普遍性背后的根本原因，还是要到物质生产活动中阶级力量的重大变化中去寻。"因为资产阶级已经是一个阶级，不再是一个等级了，所以它必须在全国范围内而不再是在一个地域内组织起来，并且必须使自己通常的利益具有一种普遍的形式。由于私有制摆脱了共同体，国家获得了和市民社会并列并且在市民社会之外的独立存在；实际上国家不外是资产者为了在国内外相互保障各自的财产和利益所必然要采取的一种组织形式。"③ 这段话深刻道出了资产阶级以抽象概念为基础的意识形态形成的原因。在马克思恩格斯看来，从价值论意义上说，作为"统治阶级的意识"的意识形态，就是一种以全社会面貌出现而实际上被统治阶级派别利益占据和左右的政治思想。

随着工业革命的不断推进，资本主义意识形态作为资产阶级扩展

① 沈思：《"普世价值"的源起、演变和思考》，《红旗文稿》2014年第8期。
② 沈思：《"普世价值"的源起、演变和思考》，《红旗文稿》2014年第8期。
③ 《马克思恩格斯选集》第1卷，人民出版社2012年版，第212页。

并保障自己的海外利益的思想工具，也开始跨出国家在全球范围内推行。进入 20 世纪，特别是第二次世界大战后，西方发达工业国家通过实施政府调节和福利国家政策，使得传统工业革命所引发的政治经济问题得到很大程度的解决，阶级斗争得到相当程度的缓解。同时，经济富足的发达资本主义国家也更趋向于使用科技手段解决经济政治等社会问题，以至于科技成为知识建构的基本方式。对科学技术绝对价值的普遍认同，使得人们的阶级意识逐渐模糊，党派意识形态逐渐趋同。在这种情况下，意识形态问题在资本主义社会看似被消解了。但实质而言，与其说是资本主义社会对阶级观念问题的漠视，不如说是在科学精神的主导下，大众对科技发达社会既定的价值理念、制度模式形成了普遍共识。如果说先进科学技术带动经济快速发展是固化资本主义意识形态的技术手段，那么 20 世纪 80 年代末的苏联解体和东欧剧变就是资本主义意识形态"普世"化的重要政治条件。苏联解体和东欧剧变让西方崇尚资本主义世界体系的政客和知识分子欣喜若狂，一系列有代表性的著作纷纷发表：布热津斯基于 80 年代出版了《实力与原则——1977—1981 年国家安全顾问回忆录》《运筹帷幄：指导美苏争夺的地缘战略构想》，美国前总统尼克松发表了《1999，不战而胜》，弗朗西斯·福山出版了《历史的终结及最后之人》，塞缪尔·亨廷顿发表了《文明的冲突与世界秩序的重建》。在这些人中，最具代表性的是福山和亨廷顿。福山在《历史的终结及最后之人》一书中说：该书涉及"自由民主制度作为一个政体在全世界涌现的合法性，它为什么会战胜其他与之相竞争的各种意识形态，如世袭的君主制、法西斯主义以及近代的共产主义"[1]。他还进一步指出："自由民主制度也许是'人类意识形态发展的终点'与'人类最后一种统治形式'，并因此构成'历史的终结'。换句话说，在此之前的种种政体具有严重的缺陷及不合理的特征从而导致其衰落，而自由民主制度却正如人们所

---

① ［美］弗朗西斯·福山：《历史的终结及最后之人》，黄胜强、许铭原译，中国社会科学出版社 2003 年版，第 1 页。

证明的那样不存在这种根本性的内在矛盾。"① 由此,福山得出结论:
"20世纪最后二十五年最令人瞩目的变化是,不论是军事管制的右翼,
还是极权主义的左翼,人们都发现,在世界貌似最专制的核心地带存在
着巨大的致命弱点。从拉丁美洲到东欧,从苏联到中东和亚洲,强权政
府在二十年间大面积塌方。尽管他们没有都千篇一律地实行稳定的自由
民主制度,但自由民主制度却始终作为唯一一个被不懈追求的政治理想,
在全球各个地区和各种文化中得到广泛传播。"② 福山还认为,后冷战时
期,北美、西欧和日本的大三角文化将成为世界单一的文化,人类未来
面临的挑战仅仅是经济的、技术的、环境的问题。对此,亨廷顿在《文
明的冲突与世界秩序的重建》一文中表达了相似的观点。亨廷顿认为
"正在出现的全球政治的主要的和最危险的方面将是不同文明集团之间
的冲突"③,也就是说,冷战后文明的冲突将取代意识形态和其他形式的
冲突成为未来左右全球政治的最主要的冲突。该论点引起人们的广泛关
注与争论。"冷战后的世界是一个包含了七个或八个文明的世界。文化
的共性和差异影响了国家的利益、对抗和联合权力正在从长期以来占支
配地位的西方向非西方的各个文明转移。"④ 不言而喻,上述两者的观点
表现上看是非意识形态化,但实质上都具有鲜明的西方意识形态普世性
思想。以这些思想理论为代表,冷战结束以后,西方的外交工具就以
"普世价值"取代了过去直截了当的反共。关于"普世价值",就是西方
经常挂在嘴上的"民主、自由、人权、平等",等等。对于西方推销的
这些价值概念我们到底应该怎么看待呢?

---

① [美]弗朗西斯·福山:《历史的终结及最后之人》,黄胜强、许铭原译,中国社会科学
出版社2003年版,第1页。

② [美]弗朗西斯·福山:《历史的终结及最后之人》,黄胜强、许铭原译,中国社会科学
出版社2003年版,第4页。

③ [美]塞缪尔·亨廷顿:《文明的冲突与世界秩序的重建》,周琪、刘绯等译,新华出版
社2002年版,第1页。

④ [美]塞缪尔·亨廷顿:《文明的冲突与世界秩序的重建》,周琪、刘绯等译,新华出版
社2002年版,第8页。

一 价值的基本特性

李崇富指出，在马克思主义原有理论体系中，经济学之外的"价值"问题，一般的"价值"意义，是一个自明的、不言而喻的问题。马克思主义经典著作中，尽管含有丰富的"价值"性内容，但他们是通过一般语词，如"需要""利益""理想""目的""意图""崇高"和"伟大"等用语，而内蕴地和间接地表达出来的，没有正面和系统的论述。马克思只是在批评瓦格纳经济学著作时写道："'价值'这个普遍的概念是从人们对待满足他们需要的外界物的关系中产生的"，是"这些物能使人们'满足需要'这一属性"。① 但这显然只是商品"使用价值"概念的直接延伸，还不是哲学的价值概念。② 非经济学领域的价值问题也客观且普遍存在。这是因为，连接主体与客体的实践活动和人对客体的认识之间还有一个充当中介的意识，这个意识是在评判主客体关系的基础上形成的，其中就必然包含价值意识。我们常常用"目的""意图"这类有实践动因的概念来表达。由于，这类概念主体性或主观性很强，并且又和实践活动有着密切的联系，稍不留意就很容易让我们的认识论滑向主观唯心主义。所以，我们有必要用马克思主义立场、观点、方法对这种思想观念进行分析，在辩证唯物主义和历史唯物主义理论框架中形成正确的价值观念。

从哲学上说，价值属于关系范畴，是客体满足主体需要的效用关系。由于其中涉及主体需要，所以价值很容易被披上一层主观性的外衣。也正是因为如此，我们常常听到科学必须"价值无涉"的提法。似乎，相较于科学呈现客观的、不以人的意志为转移的自然规律，价值就是纯粹主观的判断。不可否认，每个主体对客体都有自己的特殊需求，以及对一些主体来说价值较高的东西，对另一些主体来说价值较低甚至是没有价值。但是，我们并不能因此否定价值的客观性。众所周知，唯物史观强调人类历史活动必须遵循客观规律，根本原因在于生产力是社会历史

---

① 《马克思恩格斯全集》第 19 卷，人民出版社 1963 年版，第 405、406 页。

② 李崇富：《关于"普世价值"的几点看法》，《马克思主义研究》2008 年第 9 期。

发展的基础,而生产力以及必须与生产力相适应的生产关系是人类不能自由选择的。"人们不能自由选择自己的生产力——这是他们的全部历史的基础""人们能否自由选择某一社会形式呢?决不能。"①"两个不能自由选择",即是马克思的唯物史观,其他观点都是从这里衍生出来的。但是,可能人们在理解生产力对于人类历史活动的客观制约时,往往只着眼于"手推磨""蒸汽磨"一类技术手段的制约,而忽略了生产力对于人类历史活动目的的制约。实际上,黑格尔已经对此有初步的认识,他提出,人因自己的工具而具有支配外部自然界的力量,然而就自己的目的来说,他却服从自然界。②列宁对此的评价是:"历史唯物主义,是在黑格尔那里处在萌芽状态的天才思想——种子——的一种应用和发展。"列宁将这一思想进行了准确的表述:"事实上,人的目的是客观世界所产生的,是以它为前提的,——认定它是现存的、实有的。"③ 放在更宏大的历史视野中,人类历史活动动机的客观性是普遍而且持续地发挥着作用的。因为,真正在历史活动中发挥作用的,"与其说是个别人物,即使是非常杰出的人物的动机,不如说是使广大群众、使整个整个的民族,并且在每一民族中间又是使整个整个阶级行动起来的动机;而且也不是短暂的爆发和转瞬即逝的火光,而是持久的、引起重大历史变迁的行动"④。这种动机表现为持之以恒的价值追求,尽管是以主观需要的形式表现出来,但这种主观需要不是单个个体的,不是少数人的,也不是抽象意义的精神自我表达,而是历史发展的大势所趋、人心所向。马克思主义创始人曾反复指出,世界的存在不在于其"统一性""思维性",而在于其"客观实在性",亦即"物质性";同样,以客观实在为前提,形成的主客体之间的价值关系,只能是对"客观普遍性",即客观规律性的反映。同时,从客观规律性的存在出发,马克思主义实际上是承认了客观真理的存在,这是人类形成共识的认识论根据。实际上,马克思主义所坚持的就

---

① 《马克思恩格斯选集》第 4 卷,人民出版社 2012 年版,第 408—409 页。
② 侯惠勤:《必须从理论上说清楚做到"两个维护"》,《马克思主义与现实》2019 年第 3 期。
③ 《列宁全集》第 55 卷,人民出版社 2017 年版,第 159 页。
④ 《马克思恩格斯选集》第 4 卷,人民出版社 2012 年版,第 255—256 页。

是历史唯物主义一元论历史观，肯定历史前进的方向性和进步的规律性。这就在一定意义上肯定了文化的历史继承性，以及人类共同价值追求的客观可能性。其中，那些正确反映了客观真理的价值追求达到了价值性与真理性的统一，可以被视为对人类共同价值的追求，反之，把那些不能正确反映客观真理的价值当作愿望去追求，最终是无法实现的。

进一步讲，我们要认识到，认可人类共同价值的客观性并不等于承认"普世价值"的存在。我们都知道，从人的主观意志出发来寻找价值判断的客观基础无异于缘木求鱼。在这一点上，即便是那些反对马克思把历史发展归为"客观性"，强调用"个人意志"说明历史的探索，也都不希望将价值变成个人主观意志的任性。比如，马克斯·韦伯、卡尔·波普尔，他们虽然都断然拒绝马克思的唯物史观的客观性，但是，却用历史的积淀在个人内心的"人性诉求"来说明价值的"客观性"。但是，大多数人"诉求""认同"并不能作为历史发展的"客观规律"，或者说历史发展的客观决定力量，甚至可以说历史发展的每一个进步都是对前一个阶段大多数人的"诉求"与"认同"的颠覆。因为前一阶段大多数人的"诉求"与"认同"往往造就了那一个时代的秩序，不颠覆这种秩序，就无法为新社会的发展开辟道路。可以说每一次重大的历史进步，都是以颠覆曾经的"普世价值"为前提的。① 恩格斯指出："在黑格尔那里，恶是历史发展的动力的表现形式。这里有双重意思，一方面，每一种新的进步都必然表现为对某一神圣事物的亵渎，表现为对陈旧的、日渐衰亡的、但为习惯所崇奉的秩序的叛逆，另一方面，自从阶级对立产生以来，正是人的恶劣的情欲——贪欲和权势欲成了历史发展的杠杆，关于这方面，例如封建制度的和资产阶级的历史就是一个独一无二的持续不断的证明。"② 资本主义是对封建社会的"尊贵血统"和"家族荣誉"的颠覆。科学社会主义也必然要用"消灭阶级""共同富裕""劳动解放"等价值追求，对资本主义的价值共识进行颠覆，这就是西方资产

①　侯惠勤：《论马克思主义的社会科学方法论价值》，《长沙理工大学学报》（社会科学版）2015 年第 1 期。
②　《马克思恩格斯选集》第 4 卷，人民出版社 2012 年版，第 244 页。

阶级为何视"共产主义"为洪水猛兽的原因。事实上，只有客观的生产力状况才是评判价值在一定时期内是否具有客观普遍性的最终标准。历史的发源地不是在天上的云雾中，而是在尘世粗糙的物质生产中。马克思指出，社会关系和生产力密切相连。随着新生产力的获得，人们改变自己的生产方式，随着生产方式即谋生方式的改变，人们也就会改变自己的一切社会关系。手推磨产生的是封建主的社会，蒸汽磨产生的是工业资本家的社会。① 因此"主观"的价值要做到"客观"，关键在于从物质生产实践出发来解释观念，而不是从观念出发来解释物质生产实践。

因此，"人性诉求"或价值诉求并不是决定历史趋势的主导力量和根本原因。几乎所有的人（包括韦伯）都承认价值观的相对性（只是他称之为"积极的相对主义"），既然如此，它就必然有使之成立的更为根本的缘由。在今天一些人看来，自由的价值是绝对不可或缺的，可正如弗洛姆指出的那种"逃避自由"的情况，则一再出现在历史的记忆中。恩格斯就引证过德国农奴在 17 世纪放弃"自由"、寻求领主保护的史实，说明个人意志是历史条件的产物，而不是相反。"甘受奴役的现象在整个中世纪都存在，在德国直到三十年战争后还可以看到。普鲁士在 1806 年和 1807 年战败之后，废除了依附农制，同时还取消了仁慈的领主照顾贫病老弱的依附农的义务，当时农民曾向国王请愿，请求让他们继续处于受奴役的地位——否则在他们遭到不幸的时候谁来照顾他们呢？"② 在马克思主义看来，在存在着资产阶级和无产阶级对立的社会，社会的最高价值只能是消灭阶级、消灭剥削，而不是所谓的"自由"，因为在资产阶级统治的社会所能实现的自由，就只能是资本的自由、金钱的自由，而不是个性自由。只有在消灭了阶级的共产主义社会，人类才可能进入个性自由发展的时期。③ 在国际资本主义还居于强势地位并不断演绎出霸权主义、新殖民主义种种新版本的今天，所谓

---

① 侯惠勤：《论马克思主义的社会科学方法论价值》，《长沙理工大学学报》（社会科学版）2015 年第 1 期。

② 《马克思恩格斯选集》第 3 卷，人民出版社 2012 年版，第 476 页。

③ 侯惠勤：《论马克思主义的社会科学方法论价值》，《长沙理工大学学报》（社会科学版）2015 年第 1 期。

"全人类利益高于无产阶级的阶级利益""'普世价值'高于社会主义价值",不仅是把愿望当作现实的简单幼稚,更是助纣为虐的居心不良了。

基于上述分析,对待价值问题,我们首先要打破抽象化陷阱。因为从人类历史上看,抽象的属于全人类的价值诉求从来就没有存在过。相反,存在的是对抗的阶级利益。因此,正确的说法应该是哪个阶级的阶级利益能代表更大多数人的利益,哪个阶级的阶级利益代表了人类发展的未来。马克思正是在这个意义上强调无产阶级的利益高于一切。进一步说,也正是存在着阶级利益的对抗,才存在着(统治阶级)用抽象的人类价值诉求去否定某些现实利益的情形。其次,要提出具有能指性的"具体"价值。价值的具体能指性意味着价值对应着具体的客观存在,是以客观现实为基础,对客观普遍性、客观规律性的反映。相反,"用抽象的概念去解释社会现象,本身就是资产阶级的思想统治方式,因为资产阶级社会是真正的抽象化社会,比如抽象的劳动、抽象的思维、抽象的人性等,把'思维的抽象'还原为'思维的具体'、'概念的具体'则是马克思主义破解资产阶级抽象化陷阱的思维方式"①。价值做到具体,除了要有具体内涵,更主要的是要反映具体历史阶段的主要矛盾,体现历史主体前进的诉求。进一步而言,我们必须要明确价值是历史的,是在历史上形成,随着历史发展不断变化的。从根本上来说,实现价值与客观真理性的有机统一,也是彰显真理的价值性的过程。

二 自由、平等的价值内涵

人们对客观事物所作的价值判断,是观念形态的,属于上层建筑的范畴,它的内容是由经济基础决定的。因此,人们价值观念的内容、价值判断的标准,都是随着社会经济关系的变化而不断改变的。这意味着价值是历史的,而不是永恒不变的。马克思、恩格斯曾针对共产党要废除"一切社会状态所共有的永恒真理,如自由、正义等等"的责难,特地指出:"人们的观念、观点和概念,一句话,人们的意识,随着人们

---

① 侯惠勤:《论马克思主义的社会科学方法论价值》,《长沙理工大学学报》(社会科学版)2015年第1期。

的生活条件、人们的社会关系、人们的社会存在的改变而改变，这难道需要经过深思才能了解吗?""至今的一切社会的历史都是阶级斗争的历史"，所谓的"永恒真理"反映的恰恰是过去各个世纪所共有的、在私有制基础上产生的"社会上一部分人对另一部分人的剥削"这一事实，因此，"共产主义革命就是同传统的所有制关系实行最彻底的决裂；毫不奇怪，它在自己的发展进程中要同传统的观念实行最彻底的决裂"。①

从现象上看，不论在哪个时期、哪种社会制度下，人们都喜欢议论自由、平等等人权问题。似乎这些是永恒的、人类一直追求的价值观念。其实，通过前边的分析我们应该了解到，抽象意义上的上述价值概念在现实中是不存在的。恩格斯在批评蒲鲁东小资产阶级的"永恒的公平"时，给公平下过一个经典性的定义。他说：公平"始终只是现存经济关系的或者反映其保守方面，或者反映其革命方面的观念化的神圣化的表现。希腊人和罗马人的公平认为奴隶制度是公平的；1789 年资产者的公平要求废除封建制度，因为据说它不公平。在普鲁士的容克看来，甚至可怜的行政区域条例也是对永恒公平的破坏。所以，关于永恒公平的观念不仅因时因地而变，甚至也因人而异，这种东西正如米尔柏格正确说过的那样，'一个人有一个人的理解'"②。公平，作为人们的一种观念，是经济关系的反映。"不存在某种永恒不变的、超越社会经济关系的公平，在不同社会制度下，公平的标准是不一样的。奴隶社会有奴隶社会的公平标准，封建社会有封建社会的公平标准，而资本主义社会则有资本主义社会的公平标准，如果用资本主义社会的公平标准去衡量奴隶社会、封建社会乃至社会主义社会的事情，那是荒唐可笑的。对于自由、民主、人权等等观念，我们也应该这样去理解。社会存在决定社会意识，经济基础决定上层建筑，这是历史唯物主义的基本道理。"③

从根本价值理念上看，"普世价值"始终无法成为现实，是因为"普世价值"所说的自由、平等这些价值关系之间本身就有着尖锐的内

---

① 《马克思恩格斯选集》第 1 卷，人民出版社 2012 年版，第 6、400、419—420 页。
② 《马克思恩格斯选集》第 3 卷，人民出版社 2012 年版，第 261 页。
③ 周新城：《也谈所谓"普世价值"》，《中华魂》2008 年第 11 期。

在冲突。"说到底，用'普世价值'的逻辑去解释自由、平等，最终是用自由压制甚至否定了平等。其要害在于，尽管西方自由主义连篇累牍地试图协调自由原则和平等观念，试图证明只有自由主义才能真正平等地对待世界上的他者，然而由于自然生命的'自由'在其整个价值体系中是作为前提和首要的价值，这就肯定了甚至夸大了个体的先天差异并使之在社会中得到充分认可，从而把市场经济下的社会差别归结为人的自然差别，因而蕴含着承认人的'等级差别'的倾向。"①

一些以彻底自由主义者自称的人曾公开提醒人们："发人深省的是，在'生命、自由和财产'这一美国古老的格言中，并未提到平等这两个字。这是因为：生命是不平等的，自由与平等是两个相互冲突的目标；而财产权与平等这两者之间又没有什么关系"②。"不仅如此，在古典自由主义鼻祖洛克那里，财产权还公然和奴役权相联系着。它写道，我的马吃的青草，我的仆人铡的干草，我挖的矿成为我的财产而不必有任何人的同意。这种在论证自己私有财产合理性的同时却剥夺了一部分人（仆人等）对于自己劳动产品的占有权的矛盾，之所以没有使洛克感到为难，原因在于他所崇尚的'自由'同平等确实是相悖的。"③ 这使得同样推崇自由主义的伯特兰·罗素也不得不承认这是"洛克及其信奉者的重大政治缺点"④。约翰·杜威坦率地承认："民主可悲的崩溃就由于这一事实：把自由和在经济领域内，在资本主义财政制度之下最高程度的无限制的个人主义活动等同起来了，这一点注定了不仅使平等不能实现，而且也使得一切人们的自由不能实现。"⑤

杜威所承认的这个事实，揭示了自由主义的一个最深刻的矛盾：作为自由主义立足点的个人主义，必定以个人自由侵犯他人自由，其结果是绝大多数人在自由面前丧失了平等。自由主义原来声称要解放个人的

---

① 侯惠勤：《西方自由主义"普世"理念的破产》，《红旗文稿》2014 年第 6 期。

② ［美］罗伯特·J·林格：《重建美国人的梦想》，章仁鉴、林同奇译，上海译文出版社1983 年版，第 91 页。

③ 侯惠勤：《西方自由主义"普世"理念的破产》，《红旗文稿》2014 年第 6 期。

④ ［英］罗素：《西方哲学史》（下），马元德译，商务印书馆 1976 年版，第 179 页。

⑤ ［美］杜威：《人的问题》，傅统先等译，上海人民出版社 1965 年版，第 93 页。

潜力，给每一个人以新的机会和力量，结果却几乎把个人的自由和获得经济成功的能力完全等同起来，因而只给少数幸运者提供了机会和自由；自由主义原来声称每个人的自由是天生的，因而是不可剥夺的，结果却由于把自由和私有财产权加以等同，从而导致少数人的自由必定侵犯和剥夺大多数人的自由；自由主义原来声称"生命、自由和追求幸福的权利"为不言自明的、不可让渡的权利，目的在于限制任何不加限制的公共权力，然而事实上"关于自由的权利，不论怎样做详细规定，都往往会威胁到财产权；反过来，后者也往往会威胁到前者。而这两者之中，有时是有一种、有时是两种全都和追求幸福的权利相冲突"，结果只能是，"不论两种权利之间发生冲突时采取什么方式解决，其中有一种权利必须是可以让渡的。要不然的话，不可让渡的权利就必须是无限制的权利"。① 这种矛盾使得上述"普世价值"在实践中必然因人而异、各取所需、多重标准。②

因此，如果不历史地、具体地分析自由、平等这些价值，只纯粹地从人的自然属性谈论这些问题，或者只从抽象意义上解释这些概念，我们就没有办法理解这些属于每个人的个体人权在实现的过程中出现彼此冲突的情况。正如马克思深刻指出的，人从来都是在特定经济关系中的社会人，人的权利从根本上说也是以这种特定的经济关系为基础。这意味着人的权利诉求并非"普世权利"，而只能是历史的权利。把自由当作具有绝对优先地位的价值诉求并非人的自然需要，而只是资本企图成为世界性统治力量的需要。当然，我们也不能否认资产阶级曾极大地发挥自由、平等作为理想的力量点燃了人们追求解放的激情。"然而，真正使人们产生热情的并不是资产阶级赋予这些理想的抽象含义，而是社会上存在的消除压迫、剥削并最终消灭阶级这些具体的现实的需要。同时，也正是因为领导革命的资产阶级和人民大众在需求上的实质性分歧，使得革命的预期和实际结果存在巨大反差，也使得资产阶级的自由、平

---

① 参见侯惠勤《西方自由主义"普世"理念的破产》，《红旗文稿》2014 年第 6 期。
② 参见侯惠勤《西方自由主义"普世"理念的破产》，《红旗文稿》2014 年第 6 期。

等这些'普世价值'在历史实践中越来越暴露出其作为阶级权力的本质。"① 在资产阶级统治下，人民群众为争取还没有实现的自由、平等权利而进行的阶级斗争被利己主义本位的个人自由与公权力的抗争所取代。这样，自由、平等就从革命的口号成为粉饰私有财产权的工具。这种建立在私有财产权基础上而非立足于人民群众的自由平等就必然地存在悖论，即，它能很顺利地把资本剥削人民的特权转化成为正当的价值，但却又无法成为被剥削阶级反抗资本剥削的有力武器。因此，工人阶级的根本利益，无法通过跟在资产阶级后面空喊"自由、平等"来实现，只能是提出与资本自由扩张不同的阶级诉求，形成本阶级的核心价值观，这就是"消灭阶级"。"消灭阶级是我们的基本要求，不消灭阶级，消灭阶级统治在经济上就是不可思议的事。我建议把'为了所有人的平等权利'改成'为了所有人的平等权利和平等义务'等等。平等义务，对我们来说，是对资产阶级民主的平等权利的一个特别重要的补充，而且使平等权利失去道地资产阶级的含义。"②

历史经验也在不断证明，西方资本主义国家中的工人阶级政党逐渐蜕化为资产阶级政党，一个重要的原因就是在价值理念、指导思想上搞多元化。这看似实现了思想自由、一律平等，但实际上是取消了工人阶级思想在资本主义思想体系占绝对优势形势下独立存在的可能性，因此也就无法抵制和超越资本主义思想观念，以至于最终成为资产阶级思想的俘虏。只有在包括自由、平等这些价值概念在内的意识形态领域坚持马克思主义的话语权，无产阶级才能拥有独立的阶级意识和自觉行动。

三 "普世价值"的本质要害

"普世价值"本质上是资产阶级囿于本阶级的狭隘利益进行片面的抽象思维后产生的抽象话语。具体主要表现在两个方面："一是用抽象

---

① 侯惠勤：《西方自由主义"普世"理念的破产》，《红旗文稿》2014 年第 6 期。

② 《马克思恩格斯选集》第 4 卷，人民出版社 2012 年版，第 291 页。

的整体否定具体的部分。当戈尔巴乔夫指认'全人类的利益高于无产阶级的阶级利益'时，似乎很是理直气壮。因为无产阶级人数再多，也是人类的一部分，而整体大于部分则是毋庸置疑的。但是，问题在于这个'全人类的利益'，自人类历史进入阶级社会以来，它就没有现实地存在过，而现在存在的是对抗的阶级利益，或以革命阶级为代表的多数人利益。因此，正确的提法就不是抽象的全人类利益与具体的阶级利益相比较，而是什么阶级的阶级利益更能代表大多数人的利益，什么阶级的阶级利益代表了人类发展的未来。马克思正是在这个意义上强调无产阶级的利益高于一切。进一步说，也正是存在着阶级利益的对抗，才存在着（统治阶级）用抽象的人类利益去否定某些现实利益的情形。而一旦实现了人类大同，当个人的自由全面发展与社会的进步能够协调一致的时候，用抽象的整体利益去和现实的具体利益加以比较并否定后者的思维方式也就失去了根据。可见，这种抽象性思维本身就是阶级对抗社会的产物。二是用抽象的人性否定具体的个性。作为资产阶级社会抽象思维的典型表现，就是把体现了该社会具体历史条件下的人性状况，视为是一成不变的抽象人性，并以此作为根本的价值依据。这一抽象思维方式可以达到双重功效：其一为现存的资产阶级社会辩护，使其占领'自然如此'的人性高地；其二消解任何试图超越资本主义的努力，使其陷入'违反人性'的道义困境。但是这种把一成不变的人性视为历史的深层根据是经不起科学检验的。无论是历史科学还是自然科学都证明，人性是人类文明进化的结果，因而不同的文化背景、不同的历史阶段也就呈现出人性的不同状况。比如资产阶级话语体系中最为重要的'自我'及其引申出的人权、民主等价值，就不仅存在着东西文化上的重大差异，而且存在着生理基础上的差异。"① "阿姆巴迪认为，文化神经系统科学的确促进人类的有关知识。她说，'自我/母亲'方面的发现'证明了集体主义文化中自我与（你所亲近的人）之间的强有力的重叠，以及个人主义文化中自我与他人之间的分离，因此将有关分析推进到大脑水平上

---

① 侯惠勤：《马克思主义方法论的四大基本命题辨析》，《哲学研究》2010年第10期。

是十分必要的'。尤其是，这种分析能显示出文化差异的根本性，诸如人权、民主等'普世'概念可能并不是放之四海而皆准的东西。"① 马克思主义认为，人性并非社会矛盾的根源，而是其表现；并非人性创造历史，而是历史改变人性。由此，用抽象人性解释社会现象，本身就是资产阶级的思想统治方式。由此，为什么不能用所谓的"普世价值"去解读我国社会发展成就，特别是改革开放以来社会的文明进步，而必须明确指出是"中国共产党能、社会主义好、中国化时代化的马克思主义行"，也就不难理解了。因为，把本来属于制度因素的成就归结于人性（所谓"人类大爱"一类）和"普世价值"，比如，前些年有人把我国抗震救灾说成是人性光辉、大爱无疆，这种除了制造思想混乱，模糊社会的制度属性，没有其他可能。从中国的历史纵深去看，近代以来中华民族饱受蹂躏，中国人民的大爱不光无从表现，还出现鲁迅笔下的麻木、愚昧和冷酷这些情况。即便人都有爱心，也要放在历史的真实中去分析，在什么条件下有可能表现，在什么条件下会被压抑。

除了上述谈到的从根本上用抽象的方式解读人性，"普世价值"还存在一些具体理论的混淆。澄清这些理论的混乱才能有效防止其产生的实践危害。其一，"普世价值"观混淆了认识论与价值论。"时下对于'普世价值'存在的论证，最多的莫过于从个性和共性的关系上着手。既然事物都以个性和共性两种方式存在，那么'普世价值'就是表现了事物共性的存在，有什么可以指责的呢？况且马克思不是也使用过'劳动一般'、'价值一般'、'商品一般'，甚至是'土地一般'这类话语吗？的确，不能否定共性的存在，但是要弄清共性的存在是从什么意义上确定的。无论马克思还是列宁，谈共性、个性关系都是从认识论意义上去把握的，从认识论方面看，一般（共性）只是认识过程中的抽象，但只要这一抽象是合理的，它就反映了事物的存在（一部分，或一方面，或本质）。比如男人总长胡子，血总是热的一类，就是非常表象化的抽象，但如果不停留于此的话，则也是认识的一个阶段，也有价值。

---

① 参见侯惠勤《马克思主义方法论的四大基本命题辨析》，《哲学研究》2010 年第 10 期。

而'劳动一般'一类的抽象则不同，它不仅是具体事物的共性，而且是特殊事物的本质，即资本主义劳动的特质。无论是表象的还是本质的抽象，都不是事物本身，而只是它的一个方面。因此，认识论意义上的共性，具有非实体的特征，作为观念的存在，它可以不需要直接对应的事物做支撑。作为价值论意义上的共性则不然，它必须以利益共同体或社会生活共同体为支撑，否则就不能存在。简单地说，价值论意义上的共性就是指共同利益、共同需求和直接交往，而在存在着阶级对立和雇佣劳动的资本主义社会，就全社会而言，是不存在这样的共同体的。大家知道，贯穿青年马克思思想历程的一个基本矛盾，就是价值论意义上的理想与现实的矛盾，为理想提供现实支撑是青年马克思的基本理论追求。而马克思之所以与黑格尔（以及后来的费尔巴哈）决裂，就因为黑格尔把国家视为市民社会的'真理'，视为代表了人类理性和共同利益的'普遍性领域'，其最后却被证明只是'虚幻的普遍性领域'，费尔巴哈诉诸人性的普遍性（'类本质'），也未能走出'虚幻的普遍性领域'。马克思在他完成了历史观的伟大变革后才发现，真正的人类共同体将是取代资本主义社会的共产主义社会，这就是'自由个人的联合体'。"①"代替那存在着阶级和阶级对立的资产阶级旧社会的，将是这样一个联合体，在那里，每个人的自由发展是一切人的自由发展的条件。"② 在此之前，我们能做的就是为建立这种联合体不断创造条件，而并非认可现实存在真正意义上的人类共同体，所谓"普世价值"自然也就不可能存在。对人类性话语和普遍利益进行现实表达的唯一可能只有通过处在上升时期的新阶级的阶级意识，但就这种表达的本质而言，是"普世价值"论所反对的阶级性话语。

其二，"普世价值"用人的共性抹杀阶级性，企图用人性去解释甚至解决特定的政治诉求。共同人性的设定是"普世价值"之所以能够存在的一个重要原因。因为从共同人性出发，就会被所谓"人同此心"的话语束缚，无法否定人的共同诉求。但事实上，从人的本质属性社会性

---

① 侯惠勤：《"普世价值"的理论误区和实践陷阱》，《马克思主义研究》2008 年第 9 期。
② 《马克思恩格斯选集》第 1 卷，人民出版社 2012 年版，第 422 页。

出发，这种所谓共同性就会在具体化的社会关系中表现出差异性甚至是对立性。"比如孟子所云'人皆有之'的恻隐、羞恶、是非、恭敬之心，一旦落实到具体人、具体场景，肯定就不那么统一了。什么是可怜、什么人值得可怜、什么人能够去可怜等等，在存在着阶级利益对立的社会，根本无法统一。马克思主义不讳言人性，但不诉诸人性。之所以不讳言，就因为科学社会主义不仅具有科学性，而且具有道义性，社会主义在推动社会全面进步的同时，也促进人的自由全面发展，促进人性的不断完善，而资本主义在不断制造了社会对立和社会病态的同时，也不断地造成了人的异化和人性的扭曲。我们在人性问题上并不输理。但是，历史的进步，从根本上说不依靠人性的诉求，而依靠从政治上提出和分析问题。只有不回避现实的矛盾，善于分析和解决通过阶级矛盾而表现出的重大社会矛盾，才能真正推动历史进步。"① 这样我们就明白马克思为什么对拒绝政治活动，崇拜爱和抽象人性的"真正的社会主义"作出如下评价："他们不代表真实的要求，而代表真理的要求，不代表无产者的利益，而代表人的本质的利益，即一般人的利益，这种人不属于任何阶级，根本不存在于现实界，而只存在于云雾弥漫的哲学幻想的太空。"② 因此，马克思主义从来不反对讲人性，但有两个"底线"：一是人类进入阶级社会以来，人性就不是"均匀"地分布在每个个体上，而是在不同的社会群体（包括其中的个体）呈现出不均衡状态，因此，讲人性和阶级分析并不对立；二是人性并非社会问题的症结所在，相反，人性的修复和不断完善，有赖于社会的改造和历史的发展，因此，讲人性必须置于具体的社会历史过程，不是人性创造历史，而是历史改变人性。恩格斯在谈到夫权制家庭的起源时，一再申明这不是性爱或人性的要求，而是私有制的产物。一般来说，大谈泛爱主义和"普世价值"，对于被统治阶级及其政党而言是理论上的贫乏和实践上的软弱，而对于统治阶级及其政党而言，则纯粹是统治伎俩和控制手段。特殊地说，今天我国某些人大谈"普世价值"，既表明了其挑战社会主义主流意识形态而又信心不足的虚弱本质，又表明了其臣服于当代西方强势话语而又极力加

---

① 侯惠勤：《"普世价值"的理论误区和实践陷阱》，《马克思主义研究》2008 年第 9 期。
② 《马克思恩格斯选集》第 1 卷，人民出版社 2012 年版，第 427 页。

以掩饰的矛盾心态。从马克思主义的观点看，"普世价值"论不是变革的武器，而只是辩护的工具；依靠它不可能改造世界，而只能粉饰现存统治秩序。那些希冀通过"普世价值"干预我国改革开放的方向，甚至根本改变我国的社会主义制度的人，显然找错了武器。有人会问，诉诸阶级和诉诸人性为什么不能兼有，难道无产阶级解放不是同时也体现了"人类解放"的诉求吗？实际上，把人性和阶级性截然对立起来，用"普世性话语"排斥阶级性话语的，首先是抽象人性的崇拜者。这也揭示了一个真理，即只有从阶级性话语出发，才可能奠立人类性话语的现实基础，从而实现两种话语的具体的、历史的统一。马克思主义从来不在淡化自己党性、阶级性的前提下谈"人类解放"，而是始终旗帜鲜明地坚持无产阶级的解放是"人类解放"的政治形式，否则，不是空想，就是骗局。由于阶级社会的利益分化（从世界范围看，我们现在仍然没有超越这一历史阶段），人类性话语和普遍利益的现实表达只能通过处在上升时期的革命阶级的阶级意识，"它之所以能这样做，是因为它的利益在开始时的确同其余一切非统治阶级的共同利益还有更多的联系，在当时存在的那些关系的压力下还不能够发展为特殊阶级的特殊利益"[1]。而工人阶级由于根本区别于以往的任何阶级，因而开拓了一种通过工人阶级的阶级性表达人民性乃至人类性的现实可能。[2]

其三，"普世价值"混淆以科学为基础的理想和以美好愿望为基础的空想。梦想有两种，一是理想，二是空想，两者的价值并不相同。两者的区别在于，理想是现实的可能性，而空想则是不现实的可能性。对于个人而言，对梦想是否作区分似乎不重要，因为重要的不在于其结果、不在于其是否能够实现，而在于其美好、在于其激励作用。但是，对于一个对人民负责的政党而言，这种区分就很有必要，因为靠空想即便能激发群众的热情，也不可能长久保持这种热情，且最终必然会失去群众。马克思主义靠科学真理掌握群众，其中最为重要的就是以崇高的理想鼓舞人。正如邓小平指出的："马克思主义的另一个名词就是共产主义。

---

① 《马克思恩格斯选集》第 1 卷，人民出版社 2012 年版，第 180 页。
② 侯惠勤：《"普世价值"的理论误区和实践陷阱》，《马克思主义研究》2008 年第 9 期。

我们多年奋斗就是为了共产主义，我们的信念理想就是要搞共产主义。在我们最困难的时期，共产主义的理想是我们的精神支柱，多少人牺牲就是为了实现这个理想。"① 所以，在马克思主义那里，科学和理想是高度的统一，科学是以理想追求为要旨的科学，理想是以科学真理为支撑的理想。马克思主义批判资本主义、主张社会主义和共产主义，不仅在于社会主义比资本主义更美好，而根本在于不搞社会主义就没有出路，概括地说就是"只有社会主义能够救中国"。因此，马克思主义充分肯定各种空想社会主义的价值，更不否定人们通过各种信仰方式超越和完善自我，但是无产阶级政党不能以空想指导实践。共产主义的力量不仅在于其理想性，更在于其客观必然性。可见，一方面用千百年来人们追求的某些美好愿望注解"普世价值"，另一方面又用"普世价值"去干预现实政治，为推行西方式民主开辟道路，是严重的理论混乱。造成这一混乱的根子在于对西方民主的迷信。在一些人心目中，西方民主的确就是人类千百年来的梦想，是不可超越的神圣力量。实际上，民主作为国家的组织形式决定了它和国家一样，具有结构上的依存性和功能上的有限性。从结构上看，民主和国家一样，都是属于社会的上层建筑，都是一种历史现象，因而都服务于一定的阶级统治、都随着阶级的消灭而消亡，本质上是手段而不是目的。从功能上看，民主绝不是万能的工具，而只是有限的手段，它不能鉴别真理、不能提高效率、不能实现事实平等，因而其本身就是一个悖论，当民主存在的时候，它总不能真正实现，而当它真正实现时，民主也就消亡了。②

第二节　西式"普世价值"的推广及破产

　　我们通过对"普世价值"所涉及的重要概念进行学理分析后，不难发现"普世价值"其实是有意要混淆人们关于价值的认知，即，用永恒

---

① 《邓小平文选》第 3 卷，人民出版社 1993 年版，第 137 页。
② 侯惠勤：《"普世价值"的理论误区和实践陷阱》，《马克思主义研究》2008 年第 9 期。

的、抽象的价值概念代替历史的、具体的、社会性的价值真实。而这样做的用意也很明显，简单来说，就是要用这种永恒抽象的外衣把西方资本主义的价值理念包装起来，然后向世界推而广之。这种以价值观念为核心的意识形态渗透，也是第二次世界大战以来西方为了增强其资本全球控制力而采取的重要手段。换言之，"普世价值"就是为西方国家称霸全球服务的一套价值观念。

一 西方热衷推广"普世价值"的真实用意

西方"普世价值"概念下掩盖的特殊政治目的主要有如下三点。

第一，消解他国主流意识形态。无论是一种社会制度还是一个国家政权，要维护或破坏、巩固或推翻，都必须重视做意识形态方面的工作。西方国家尤其是美国深谙意识形态之道，并且在冷战期间将意识形态战略上升到了史无前例的重要地位。1953年，美国前国务卿杜勒斯首次提出"和平演变"的概念。"和平演变"战略涉及方方面面，其中重要一点就是通过"攻心战"对社会主义国家进行思想文化渗透、诱导、催化。尼克松在《1999：不战而胜》一书中提出，应该制定一个在铁幕里面同社会主义国家进行"和平竞赛的战略"，开展"意识形态竞争"，打"攻心战"，扩散"自由和民主价值观"，打开社会主义国家的"和平演变之门"。美国总统奥巴马同样力挺"普世价值"。虽然他曾说，美国不能把它的价值强加给别国，但他又多次表示，"民主、法治、言论自由、宗教自由"是"普世价值"。而且，"这些价值至关重要，即便是在艰难时刻"。为了推广自己的价值观，西方国家一贯的方法就是抬高自己的价值观，贬低和消解他人的价值观。一方面，"自由、民主、人权"不仅是"普世""至上"的真理，甚至成为解决一切社会问题的"良方"。对于他们自己在"自由、民主、人权"方面的丑行，他们一味掩盖，同时还不忘把自己打扮成一个"自由、民主、人权"卫士。另一方面，矮化、丑化，甚至直接攻击社会主义国家的主流意识形态。他们把马克思主义看作"乌托邦"，把共产主义等同于"极权主义"，认为"苏联的极权主义、共产主义意识形态的扩展以及斯大林的偏执狂是冷战产生的根

源"。苏联解体时，西方有学者立即宣称，"共产主义失败了"，西方的
市场经济和民主政治是"最后一种统治形式"。人类社会的发展史，就
是一部"以自由民主制度为方向的人类普遍史"。

即便中国特色社会主义在实践中取得了巨大发展成就，反马克思主
义的西方学者仍然不顾现实、粗暴地将理论与实践割裂开，给以马克思
主义为指导的中国特色社会主义扣上"教条""僵化""独裁""专制"
等种种帽子，指责中国搞社会主义是"离开甚至背离了人类近代文明的
主流"，同时，他们还把中国改革开放所取得的一切成果归因于"普世
价值"，认为"解放思想的核心目标就是要确立'普世价值'"，改革开
放是向资本主义的"价值回归"，"以人为本"是"普世价值"的重要体
现，等等。除此之外，他们大力推销拜金主义、享乐主义、极端个人主
义、制造价值观混乱，企图达到即使你不信仰"普世价值"，也要使你
远离马克思主义的最低目标。他们之所以要这样做，是想以"普世价
值"的幌子，使西方的自由、民主、人权获得一种"至上性"和"主导
性"的地位，最终将马克思主义驱逐出当代中国话语语境。①

第二，推销西方民主制度。"冷战"结束后，国际关系中意识形态
斗争非但没有"终结"，反而进一步得到强化。自由、民主、人权等价
值观成为西方国家用来掩人耳目，向东亚、东欧、中亚、非洲等地区输
出美式价值观的一种策略和工具，更成为西方国家对其他国家进行所谓
"民主化改造"的"正当性"理由。2006 年 9 月美国推出的"普林斯顿
计划"最具代表性。该计划把世界上的国家划分为"民主"和"非民
主"两部分，要将全球的"民主国家"联合起来，对抗"非民主国家"
的挑战。因为只要掌握了"普世"的民主价值，就可以将自己的制度模
式强加到其他民族的头上，美国甚至不惜动用武力在全世界推行自己的
意识形态和民主制度。伊拉克战争就是美国以武力输出"民主"的样
板。美国还雄心勃勃地实行"阿拉伯民主化战略"，试图把伊拉克的
"民主样板"推广到中东其他国家，在政治体制、价值观念、生活方式

---

① 郭榛树：《"普世价值"思潮的自我包装术》，《红旗文稿》2015 年第 3 期。

上逐步改造阿拉伯世界，建立西方式民主制度，建立扶植亲美政权。①

中国更是美式民主推销的重点对象。美国《时代》周刊网站的一则报道就明确地说："美国希望中国将发展成民主国家的这个观点，一直是美国对华政策的基础，是美国与一个不以为然的独裁政权保持密切联系的主要原因。"长期以来，美国的一些基金会和非政府组织一方面资助一些精英分子以学术名义传播西方的价值观，论证西方制度的优越性，以及中国选择西方模式的必要性，另一方面频频资助中国的"民运""藏独""东突"等势力，从事各种反华反党反社会主义的活动。2008年，就在我国集中精力筹办北京奥运会的时候，西方一些媒体和政要千方百计地将奥运议题政治化、意识形态化。② 2022 年北京冬奥会召开之前，西方国家故伎重演，这一次是把新冠病毒与北京冬奥会一起政治化，攻击中国的人权，抵制北京冬奥会。中国政府以人民至上、生命至上为出发点，为阻止病毒扩散而采取的必要防控措施，成为他们攻击所谓中国人权状况的把柄，反观西方一些国家因疫情而采取的封城行为，却被这些人称为视为牺牲自己成全他人的美德。在这些人眼中，只要是共产党领导的社会主义国家，就是一个"极权主义政权"，所有的努力和成绩都因制度性的"原罪"而变得不正当，人权状况都十分糟糕。近年来，西方一些国家更是拼命炒作贸易逆差、能源、环境、军费增长、病毒、信息安全等问题，以此来"妖魔化"中国，掀起国际社会对中国人民和中国政府的不满。一些民调机构在美国以及欧洲近两年的调查显示，大众对中国的负面评价持续上升。美国也时有发生袭击、辱骂华裔甚至亚裔的行为。上述所有现象都十分清晰地表明，西方敌对势力是"唯恐中国不乱"，"中国不就范决不罢休"。

第三，谋取全球范围内的霸权地位。冷战结束以来，美国历任总统在对外政策上虽然各有不同和侧重，但是核心都是寻求美国全球霸权地位。在各种手段中，除军事行动之外，感性化的生活理念和文化

---

① 郭榛树：《"普世价值"思潮的自我包装术》，《红旗文稿》2015 年第 3 期。
② 郭榛树：《"普世价值"思潮的自我包装术》，《红旗文稿》2015 年第 3 期。

商品输出，成为其进行思想操控的主要方式。由此带来当今国际竞争的一个重要变化就是文化软实力在国际竞争中的地位和作用不断提升，而价值观则是文化软实力最核心的内容。原来诉诸理性逻辑的意识形态斗争聚焦点从政治理论转向了以价值观为内核的生活方式、文化商品消费等方面。美国为首的西方主要资本主义国家依仗自身经济和科技实现高度现代化水平的强大优势，让其价值和文化理念以现代化生活方式的表现形式长期潜移默化作用于现实生活，让人们日常生活在趋于同质化的过程中逐渐模糊意识形态的差异。这也就为西方政界、学界使用"普世价值"表征其核心价值观做好了社会心理准备。美国甚至把推行自由、民主、人权这些"普世价值"上升到"国家战略"的高度。美国之所以确立"普世价值"的战略地位，其实就是想以此充当夺取全球文化领导权的思想武器。在美国的"普世价值"对外战略中，美国价值被包装成"普世价值"占据了国际道义制高点，美国也因此牢牢占据国际道义优势。当所谓"普世价值"与美国的"自由、民主、人权"混在一起后，就为美国推广其政治制度，干涉别国内政提供了政治话语权。由此美国的霸权主义行径也就被披上了合法性外衣。我们不难看到，冷战后美国发起的一系列军事行动都是以"人权高于主权"为旗号。21世纪以来的伊拉克战争、阿富汗战争就长达数年、数十年。而战争带来的结果非但不是这些国家人权状况的改善，反而是无数平民百姓流离失所，生灵涂炭。"普世价值"除了可以充当发动军事行动染指别国事务的借口，其更重要的战略价值在于，作为仍然占据这个时代主导地位的资产阶级，可以利用"普世价值"输出服务于本阶级利益的革命，即，打着"自由、民主、人权"等幌子，组织所谓"持不同政见者"在与其意识形态相左的国家进行"颜色革命"，通过"颜色革命"推翻不符合其利益需要的政权，扶植傀儡政权上台。从2003年格鲁吉亚爆发玫瑰革命开始，美国陆续在中亚、北非、西亚多个国家策动"颜色革命"，而这些地方发生的政变为美国控制中东，扩张自己在该地区的利益提供了便利条件。

由此，我们不难发现西方推广"普世价值"并不仅是为了传播某种思想文化、价值理念，更不仅是单纯的学术概念，而是从一开始就有着鲜明的政治目的。大量事实证明，美国正在打着民主、自由、人权等旗号，在全世界到处推广美国的价值观念，通过街头政治的办法，搞"颜色革命"，推翻不符合美国意愿和利益的政府。这就是"普世价值"的功用。

二 西式"普世"理念在历史实践中破产

以自由主义为核心的西式"普世"理念，在历史上曾以"人生而自由平等"的人权观展现出前所未有的震撼力，但是，由于其终究无法跨越理想与现实的巨大鸿沟，实践中的双重标准，以及由此折射出其理念的抽象性和虚假性，使得以"普世人权"为代表的"普世"理念终因无法兑现而幻灭。

第一，从西方民主国家几百年的历史来看，伴随现代化进程发展起来的西方近现代民主制度和他们所推崇的自由、人权、平等等价值理念并没有天然的联系。英国作为世界上第一个宪政国家，却在建立起这个民主制度后采用残酷的"羊吃人"的圈地运动进行原始资本积累，同时立法禁止失地的农民乞讨——连乞讨的自由都被剥夺——只能被迫成为新生的工人阶级，在没有任何劳动保障的环境下每日工作 12—18 个小时，所得甚少。更别说政治上的选举权和被选举权。这种状态持续长达 200 多年，英国民众别说自由、平等，就连最基本的生存权都受到威胁，而其近一百年内出现的社会保障体系也是在下层民众一次次强烈的抗争中逐渐建立起来的。法国大革命被认为是人类历史上最伟大的革命，革命中诞生的自由、平等、博爱原则响彻云霄。然而，推翻了王室、僧侣和贵族统治的资产阶级，立即成为新的特权阶层，镇压和盘剥曾与他们同为一个等级并在革命中发挥了巨大作用的下层人民。和英国一样，法国也是随着人民反抗运动的日益高涨，国家才不得不做出让步，建立起保障体系，扩大选举权，最后发展成为今天的模样。美国独立战争最响亮的口号就是"人人平等"。① 然而，美国建国后制定宪法的却只有资产

---

① 宋鲁郑：《中国为什么要怀疑西方的"普世价值"》，《红旗文稿》2009 年第 3 期。

阶级和大地主，宪法中也丝毫没有提到人人平等的民主权利。而且美国独立后开启的工业化进程，也让英法资本原始积累的残酷现象在美国重现。后来的"八小时工作日"和"五一劳动节"则是通过美国工人阶级的抗争得来的。因此，纵观西方民主制度的发展历史，从来都没有一贯到底的"普世价值"。

第二，从西方带动的近百年全球化进程上看，全球化就是西方的全球扩张过程。而这种扩张至今都伴随着战争和暴力，由此让真正能够超越时空被人类不懈追求、最没有争议的和平无法成为西方的"普世价值"。"1898年，美国进行了北美大陆以外的第一次扩张，发动了美西战争，并借此占领了菲律宾，但遇到当地人民的强烈反抗。美国一方面残酷镇压，另一方面仍然振振有词地为自己辩护。美国时任总统麦金利声明：'我们没有什么别的办法，只能镇压这些起义。这块土地是我们的。我们要给他们带去文明。''我们在菲律宾的旗帜既不是帝国主义的大旗，也不是压迫的象征，而是自由的旗帜，是希望和文明的旗帜'。美国就是以这种逻辑来到这个世界，并凭着这种逻辑迅速发展壮大至今。而当整个西方都是以这种逻辑来输出文明和'普世价值'的时候，便不可避免地迎来两次世界大战。到现在为止，人类历史上代价最为惨重的两次世界大战和两次严重的经济危机，全都发生在'普世价值'诞生地欧洲及'普世价值'发扬地北美，这实在不是一个意外。"① 20世纪的战争和动乱给世界人民留下的创伤和阴影还没有被抹去，这个世纪旷日持久的阿富汗战争、伊拉克战争、叙利亚战争又一次次让人们陷入无尽的恐慌和绝望之中。而这些战争中都少不了美国从中作梗。特别是美国出兵伊拉克时既没有正当的理由，也没有确凿的证据，仅用"企图拥有"这种模棱两可的说辞就入侵伊拉克。长达8年的战争让伊拉克由中东地区教育水平最高、医疗设备最先进、基础设施最完备的国家，变成了不安全、政府腐败排名高居世界前列的国家。在这些被打着"人权卫士""反恐行动"名义的炮火冲击的国家看到的只有暴力而非文明，更

① 宋鲁郑：《中国为什么要怀疑西方的"普世价值"》，《红旗文稿》2009年第3期。

谈不上什么"普世价值"。

第三，从 1840 年以来西方凭借大炮和鸦片打开中国大门，中国进入近现代历史发展阶段来看，包装成"普世价值"的西方资本主义价值理念根本无法解决中国近代以来民族独立、国家富强、人民富裕的历史主题。既然西方自由主义的"普世价值"解决不了古老神州大地的时代课题，那这又算什么"普世价值"？毛泽东对此有过这样经典的描述："那时，求进步的中国人，只要是西方的新道理，什么书也看。向日本、英国、美国、法国、德国派遣留学生之多，达到了惊人的程度。国内废科举，兴学校，好像雨后春笋，努力学习西方。""帝国主义的侵略打破了中国人学习西方的迷梦。很奇怪，为什么先生老是侵略学生呢？中国人向西方学得很不少，但是行不通，理想总是不能实现。多次奋斗，包括辛亥革命那样全国规模的运动，都失败了。国家的情况一天一天坏，环境迫使人们活不下去。怀疑产生了，增长了，发展了。""就是这样，西方资产阶级的文明，资产阶级的民主主义，资产阶级共和国的方案，在中国人民的心目中，一齐破了产。"[1] 这一破产也揭开了西方自由主义"普世"理念无法自洽的悖论，即，"它一方面很顺利地转化成了殖民主义奴役他人的特权，而另一方面却又无法成为被压迫民族反抗侵略的武器。从历史观上说，这一悖论根本在于：尽管它打着'普世'的旗号，然而它并非真正立足于人民大众，而是把个人游离于阶级、民族之外，因而最终是替现实中的少数人说话，成为他们统治多数人的工具。它所谓的'普世价值'，其实是一定历史条件下的资产阶级诉求，因而始终存在着阶级性和人民性的内在冲突；它所谓'启蒙'，只着眼于个人的理性和良知的觉醒"[2]，而害怕阶级的觉醒、民族的觉醒。因为，当以整个阶级、整个民族为单位的大多数民众实现了觉醒，资产阶级精心包装的"普世价值"作为其模糊阶级界限的工具就无法再发挥作用。

---

[1] 《毛泽东选集》第 4 卷，人民出版社 1991 年版，第 1469、1470、1471 页。

[2] 侯惠勤：《西方自由主义"普世"理念的破产》，《红旗文稿》2014 年第 6 期。

第三节　解构和超越"普世价值"

西方自由主义"普世价值"的破产历史，使我们能够清醒地看到，西方自由主义的普世性话语，从来就不是空谈人类的所谓共性，而是其掌握意识形态话语权的方式。因此，面对西方自由主义在今天通过宣扬"普世价值"进行的渗透，我们要认清其本质。与此同时，我们观察、分析形势、显示格局及变化趋势，思考和应对重大实践和理论问题，解释和阐发世界及其历史发展的整体面貌，必须运用马克思主义的立场、观点、方法去提出问题和回答问题，纳入马克思主义的话语体系和分析框架，而不是相反，用西方自由主义的话语方式去提出问题和思考问题，把人们引入邪路。[1]

一　终结抽象价值概念

马克思恩格斯在其标志性著作《德意志意识形态》中，揭示了占统治地位的剥削阶级进行思想统治的一个趋势，就是："占统治地位的将是越来越抽象的思想，即越来越具有普遍性形式的思想。"[2] 虽然任何统治阶级都力图以全社会利益代表的面貌出现，在一定程度上都使用抽象普遍的思想观念，然而真正实现了用抽象普遍观念作为思想统治形式的却是资产阶级社会。"抽象性"在真正意义上构成了资本主义社会的本质。就经济过程而言，资本主义市场经济使得劳动抽象化，"劳动一般"正是这种状况的写照。正如马克思指出的："劳动一般这个抽象，不仅仅是各种劳动组成的一个具体总体的精神结果。对任何种类劳动的同样看待，适合于这样一种社会形式，在这种社会形式中，个人很容易从一种劳动转到另一种劳动，一定种类的劳动对他们说来是偶然的，因而是无差别的。这里，劳动不仅在范畴上，而且在现实中都成了创造财富一

---

① 侯惠勤：《西方自由主义"普世"理念的破产》，《红旗文稿》2014年第6期。

② 《马克思恩格斯选集》第1卷，人民出版社2012年版，第180页。

般的手段，它不再是同具有某种特殊性的个人结合在一起的规定了。在资产阶级社会的最现代的存在形式——美国，这种情况最为发达。……所以，这个被现代经济学提到首位的，表现出一种古老而适用于一切社会形式的关系的最简单的抽象，只有作为最现代的社会的范畴，才在这种抽象中表现为实际上真实的东西。"① 与劳动的抽象化相一致，商品的交换价值取代了使用价值成为生产的目的，人在这一经济过程中被物化就在所难免。物化的结果是资本的人格化和工人的非人格化，金钱成为万能的神，人们只能对它顶礼膜拜，一句话，人的社会性存在被遮蔽了，资本对于劳动的奴役关系被颠倒了，人被抽象化了。② "我们的一切发明和进步，似乎结果是使物质力量成为有智慧的生命，而人的生命则化为愚钝的物质力量。现代工业和科学为一方与现代贫困和衰颓为另一方的这种对抗，我们时代的生产力与社会关系之间的这种对抗，是显而易见的、不可避免的和毋庸争辩的事实。"③

马克思曾把负载着特定生产关系的人称作该社会的"自然基础"，毫无意义，"抽象的个人"构成了资本主义的"自然基础"。"抽象的个人"是资本主义发展过程中，在唤醒个人、解放个人并使之获得独立性的同时，又因"物的依赖关系"而彰显人的"物性"、隐藏人的社会性，致使个人自我封闭和自我孤立。作为客观存在，这种个人本能地崇拜"自我"，把个人视为人的唯一存在和终极实体，把个人等同于"人"；作为主观存在，这种个人本能地崇拜"抽象观念"，把个人权利视为"人权"，把自我价值视为"普世价值"。自由个人主义就是其典型意识形态。就思维方式而言，由于无法正确地提出和解决"普遍观念"的形成问题，"抽象个人"只能在"思辨的抽象"和"单纯的直观"这两个极端徘徊，这也是其无法超越的狭隘眼界。由于是根植于社会主体自身的局限，因而感性和理性、现象和本质、个性和共性的断裂，在资产阶级社会就是一个永远无法破解的历史之谜。从"抽象的人"到"现实的

---

① 《马克思恩格斯选集》第 2 卷，人民出版社 1995 年版，第 22 页。
② 侯惠勤：《论资产阶级实行思想统治和价值渗透的方式》，《红旗文稿》2009 年第 8 期。
③ 《马克思恩格斯选集》第 1 卷，人民出版社 2012 年版，第 776 页。

人",从解释世界到改变世界,从思辨的抽象和单纯的直观到"对具体情况作具体分析"这一马克思主义的精髓,就不仅是思维方式的转变,更是历史主体和阶级立场的转变。不突破资产阶级的狭隘眼界,不树立马克思主义世界观,就不可能超越抽象的人及其思维方式。

因此,当资产阶级在其革命时高举人的解放的旗帜(实际上只是解放市民社会的个人)、打出"自由、平等、博爱"等人类性话语时,虽然也是一切为获得统治权的阶级所必须采取的手段,却也充分预示了这个行将成为统治阶级的阶级将采取何种思想统治形式,以及这个正在形成的资产阶级社会的特征所在。社会关系的普遍化以物化的方式实现,使得抽象普遍性观念在资产阶级社会的个人形成中起着重大作用。"个人的这种发展是在历史地前后相继的等级和阶级的共同生存条件下进行的,也是在由此而强加于他们的普遍观念中进行的,如果用哲学的观点来考察这种发展,当然就很容易产生这样的臆想:在这些个人中,类或人得到了发展,或者说这些个人发展了人;这种臆想,是对历史的莫大侮辱。"① 如果说,民主共和国是资产阶级进行政治统治的"彻底的形式"② 的话,那么"抽象的个人"和"普世价值"则是资产阶级进行思想统治的彻底的形式;如果说,马克思在政治领域的根本变革是用无产阶级专政的国家取代资产阶级自由制度的话,那么他在哲学世界观上的革命变革,则从根本上说就是实现了从抽象的个人向现实的人的转变。"旧唯物主义的立脚点是'市民'社会,新唯物主义的立脚点则是人类社会或社会化的人类。"③ 这说明,终结抽象价值概念,乃至解决抽象的人的问题,本质上不是认识论问题,而是社会的革命变革问题。④

二 解构"普世价值"

相较于"普世价值"用从"常识"和"经验"抽象而来的普遍观念

---

① 《马克思恩格斯选集》第 1 卷,人民出版社 2012 年版,第 198 页。
② 《马克思恩格斯选集》第 4 卷,人民出版社 2012 年版,第 565 页。
③ 《马克思恩格斯选集》第 1 卷,人民出版社 2012 年版,第 136 页。
④ 侯惠勤:《论资产阶级实行思想统治和价值渗透的方式》,《红旗文稿》2009 年第 8 期。

解释世界，马克思主义则是从矛盾的对立统一上认识个性与共性的关系。所谓从常识上看问题，就是依赖感性直观，把个性和共性的统一视为理所当然，把"普世价值"的存在视为理所当然，以为仅靠经验和直观就能解决个性、共性的统一问题。实际上，"常识"眼中的共性，往往只是不同事物最为表象的"共同点"，并没有涉及问题的实质，即对"普世价值"做具体分析，揭示其存在或不存在的社会历史根据。其实，事物的本质往往隐藏在现象的背后，仅靠经验是难以把握的；历史的规律往往隐藏在事实的背后，仅仅靠经验难以发现；普遍的观念往往不能还原为感性存在，仅靠经验难以证否；如此等等。这充分说明哲学史上唯理论和经验论的长期争论不休并非空穴来风，没有唯物辩证法及其核心对立统一规律的确立，根本无法超越唯理论和经验论的争论。更为根本的是，没有唯物辩证法，就无法打破"思辨的抽象"和"感性的直观"这个二律背反，无法冲破资产阶级社会"抽象性"思维的桎梏。

列宁曾把"必须具体"概括为马克思主义的基本要求，但是，要做到具体，首先要创立能够"具体分析"的世界观、历史观和方法论，以及相应的概念、范畴，这就是唯物辩证法、历史辩证法及其基本范畴，最为主要的是"生产关系""工人阶级""共产党"等核心范畴。有了"生产关系"的概念，人类社会的矛盾运动规律才得以发现，生产力和生产关系的矛盾运动这一社会变革的源泉才得以揭示，对于不同社会形态的区分以及深入每一社会形态的具体分析才得以可能。有了"工人阶级"的概念，超越资本主义社会的人类解放才有了现实的实践形式，冲破资产阶级社会"抽象性"的具体分析才有了实践的历史主体，批判资产阶级"普世价值"才有了实质性的具体内容。有了"共产党"的概念，真正区别于一切旧式政党的，人民群众自己解放自己的最高政治形式才得以确立，工人阶级作为自为阶级和历史主体的领导作用才得实现，足以与资产阶级世界观抗衡的共产主义思想体系才得以实践。可见，"对具体情况做具体分析"不是任何人、任何思想体系都能做到的，其实质就是实事求是。它是马克思主义和工人阶级世界观的特质和活的灵魂，其锋芒所向，直指资产阶级社会的抽象性，根本颠覆了作为"普世价值"的资产阶级思想统治。① 因此，"实事求是，是无产阶级世界观的基础，是马克思主义的思想基础"②。

马克思主义创始人在用工人阶级世界观的具体分析颠覆资产阶级世界观的抽象性中，确立了一个原则，就是用现实的普遍性化解抽象的普遍性。以否定"普世价值"就是背离人类文明大道为由头指责共产主义，并不是什么新名堂，早在马克思主义诞生之初，资产阶级思想家就提出："存在着一切社会状态所共有的永恒真理，如自由、正义等等。但是共产主义要废除永恒真理，它要废除宗教、道德，而不是加以革新，所以共产主义是同至今的全部历史发展相矛盾的。"什么是人类文明发展的普遍形式？在马克思主义创始人看来，原始社会解体以来，与资产阶级蓄意制造的自由正义的普遍性幻觉相比，阶级斗争要比它更具有普遍性，而且这是历史真实的普遍性。他们就此而在《共产党宣言》中指出："这种责难归结为什么呢？至今的一切社会的历史都是在阶级对立中运动的，而这种对立在不同的时代具有不同的形式。但是，不管阶级对立具有什么样的形式，社会上一部分人对另一部分人的剥削却是过去各个世纪所共有的事实。因此，毫不奇怪，各个世纪的社会意识，尽管形形色色、千差万别，总是在某些共同的形式中运动的，这些形式，这些意识形式，只有当阶级对立完全消失的时候才会完全消失。共产主义革命就是同传统的所有制关系实行最彻底的决裂；毫不奇怪，它在自己的发展进程中要同传统的观念实行最彻底的决裂。"③ 因此，必须用阶级分析取代"普遍正义"的幻觉，用共产主义世界观取代形形色色的非无产阶级世界观。支配人们头脑的不是"永恒的自由正义"观念，而是阶级意识和统治意识；推动人们创造历史的不是"普世价值"理念，而是促进生产力和生产关系矛盾不断得以解决的实践活动，其主体是代表先进生产力发展要求的先进阶级。在彻底颠覆唯心史观制造的关于普遍观念的幻觉后，问题就有了完全不同的提法。

---

① 侯惠勤：《论资产阶级实行思想统治和价值渗透的方式》，《红旗文稿》2009 年第 8 期。

② 《邓小平文选》第 2 卷，人民出版社 1994 年版，第 143 页。

③ 《马克思恩格斯选集》第 1 卷，人民出版社 2012 年版，第 420—421 页。

显然，以唯物史观为基础的理想信念和"普世价值"的幻觉是根本对立的。工人阶级的解放必须摆脱抽象的普遍观念的束缚，"让思想冲破牢笼"，绝不是否定理想信念的作用，更不是否定工人阶级的解放要求所具有的道义力量，以及其可以获得最广泛认同的世界历史意义，但这不是"普世价值"，而是以科学世界观为指导的理想信念。共产主义的理想信念建立在唯物史观对于人类历史发展规律的深刻认识之上，建立在剩余价值学说对于资本主义经济运行的科学再现之上，建立在科学社会主义对于工人阶级历史地位及其解放条件的准确把握之上，因而不是虚幻的想象，而是真实历史必然性的认同。"现代资本主义生产方式所造成的生产力和由它创立的财富分配制度，已经和这种生产方式本身发生激烈的矛盾，而且矛盾达到了这种程度，以至于如果要避免现代社会毁灭，就必须使生产方式和分配方式发生一个会消除一切阶级差别的变革。现代社会主义必获胜利的信心，正是基于这个以或多或少清晰的形象和不可抗拒的必然性印入被剥削的无产者的头脑中的、可以感触到的物质事实，而不是基于某一个蛰居书斋的学者的关于正义和非正义的观念。"① 我们从中不难得出结论，缺乏"真"的道义力量是软弱甚至有害的，"真"和"善"的统一才能真正赢得群众，才是真正不可抗拒的力量。②

三 超越"普世价值"

科学社会主义不仅具有科学性，而且具有道义性，这无疑占据着道德制高点。但是，由于道德的吸引力来自其崇高和完美的理想性，其震撼力来自其超越个人的本能和功利目的的奉献精神，不是个人经验所能完全把握的，因而道德和科学二元论的格局，不仅有社会的需要，也有其学理上的依据。崇尚抽象普遍价值的人往往会自认为很崇高，因为他们具有道德批判性和对于超越现状的追求；而把道德实证化、经验化的

---

① 《马克思恩格斯选集》第 3 卷，人民出版社 2012 年版，第 537 页。
② 侯惠勤：《我们为什么必须批判抵制"普世价值观"》，《马克思主义研究》2009 年第 3 期。

则往往容易陷入对于现存事物的崇拜，成为维护现状的保守派。这也是今天一些朋友对于批判"普世价值"心里不踏实的原因之一。但是，如果我们还只能在道德理想主义和道德实证主义之间进行选择，那就说明其本身还没有达到马克思主义的思想高度，因而需要认真领会马克思主义是如何通过克服科学与道德的二元论而占领道德制高点的。①

从马克思主义创始人根本颠覆资产阶级意识形态话语的成功实践中，我们可以看到，这种颠覆的实质不是简单否定意识形态（包括其人类性话语体系）的作用，而是要科学阐释意识形态，揭示意识形态与阶级利益诉求的内在一致性，为建立更加真实有效的价值引导体系，归根结底也是更能赢得最大多数人真正认同的思想体系奠定基础。马克思主义对于意识形态的破解，概括起来就是把流行的、占统治地位的思想观念还原为统治阶级意识，并探讨人类解放过程中的思想解放条件。换言之，马克思主义创始人在破除意识形态的普遍性幻觉方面，既不是以幻觉的再制造应对幻觉，也不是简单否定普遍性观念、弃用普遍性话语，而是走意识形态和科学相统一之路，用新的阶级意识对抗占统治地位的意识形态。马克思主义在这一方面最为重要的发现，就是形成了以"现代无产阶级（或工人阶级）"概念为核心的新世界观。②

马克思在其思想形成之初就提出，德国解放的实际可能性"就在于形成一个被戴上彻底的锁链的阶级，一个并非市民社会阶级的市民社会阶级，形成一个表明一切等级解体的等级，形成一个由于自己遭受普遍苦难而具有普遍性质的领域……社会解体的这个结果，就是无产阶级这个特殊等级"③。他和恩格斯在后来的长期研究和实践中，越来越清晰地表述了下述思想："现代的大工业，一方面造成了无产阶级，这个阶级能够在历史上第一次不是要求消灭某个特殊的阶级组织或某种特殊的阶级特权，而是要求根本消灭阶级；这个阶级所处的地位，使他们不得不贯彻这

① 侯惠勤：《我们为什么必须批判抵制"普世价值观"》，《马克思主义研究》2009 年第 3 期。

② 侯惠勤：《我们为什么必须批判抵制"普世价值观"》，《马克思主义研究》2009 年第 3 期。

③ 《马克思恩格斯选集》第 1 卷，人民出版社 2012 年版，第 15 页。

一要求，否则就有沦为中国苦力的危险。另一方面，这个大工业造成了资产阶级这样一个享有全部生产工具和生活资料的垄断权的阶级，但是在每一个狂热投机的时期和接踵而来的每次崩溃中，都表明它已经无力继续支配那越出了它的控制力量的生产力；在这个阶级的领导下，社会就像司机无力拉开紧闭的安全阀的一辆机车一样，迅速奔向毁灭。"①

工人阶级这一概念的形成，不仅为科学社会主义提供了实践力量，而且使这一学说占据了真正的道德制高点。就理论创新而言，"工人阶级"是科学性和道义性相结合的典范。毫无疑义，工人阶级概念首先是一个科学概念，是充分依据了经验事实并完全经得起实践检验的科学抽象。工人阶级概念依据了以下四大客观事实：一是工人阶级是随着大工业及资本主义世界市场的扩张而形成发展的，是体现社会化大生产这一新生产力的新生阶级；二是工人阶级是人类历史上第一个与生产资料失去了直接联系的阶级，因而其"解放"的方式不是直接占有生产资料，而是以"联合起来"的方式拥有生产资料，是体现了新生产关系的非传统意义上的阶级；三是工人阶级是人类历史上第一个有文化的劳动者阶级，这意味着它可能形成阶级意识，摆脱对于统治阶级的思想依附，从自在阶级变成自为阶级；四是工人阶级经历了异化劳动的严酷磨炼，不仅是灾难深重的社会群体，也是坚忍不拔、纪律严明的可组织力量。但是，工人阶级概念赖以成立的四大事实都不是僵死的经验事实，而是过程性的、在历史中不断显现的趋势，这样，工人阶级的解放事业就是与历史进步相一致的正义事业，因而其又具有超越现状的价值导向性和赢得人心的道义力量。②

因此，在今天抢占道德制高点，关键在坚持作为工人阶级自我意识的马克思主义的指导地位，围绕社会主义核心价值观建构社会主义核心话语体系。马克思主义之所以能够真正成为挑战资本主义意识形态的精神力量，就在于它在立足于揭示资本主义内在矛盾的同时，形成了可以指导改变世界的实践活动的思想体系和话语体系。它能有效地解释广大

---

① 《马克思恩格斯选集》第3卷，人民出版社2012年版，第537页。
② 侯惠勤：《我们为什么必须批判抵制"普世价值观"》，《马克思主义研究》2009年第3期。

人民所关注的几乎所有重大问题，使不同阶层的人都能从中获得历史的方向感。这意味着，抢占道德制高点的关键是占领历史制高点，只有掌握了未来，才能掌握群众。① 在这个问题上马克思曾断言："19 世纪的社会革命不能从过去，而只能从未来汲取自己的诗情。它在破除一切对过去的迷信以前，是不能开始实现自身的任务的。"② 同时，也正是因为马克思主义站在历史制高点，所以它提出的口号才能比资产阶级在革命时更为彻底和震撼人心，从消灭阶级特权到消灭阶级本身，从要求国家政治领域中的平等权利到实现社会各领域普遍的平等地位。我们可以看到，看起来名称相同的某些价值目标，甚至某些价值目标在某一阶段上可以作为共同的追求，但站在人类社会发展的更高阶段看，其实蕴含的差异是极其大的，代表着不同的实践方式和路径选择。

基于上述分析，无产阶级要想建立自己的话语权，对于当前流行的普遍性话语一概排斥不行，无条件接受更不行，唯一可行的是通过自身的核心话语对其重新加以解释。恩格斯对于资产阶级"人权"的修正可视为一个范例。他提出："消灭阶级是我们的基本要求，不消灭阶级，消灭阶级统治在经济上就是不可思议的事。我建议把'为了所有人的平等权利'改成'为了所有人的平等权利和平等义务'等等。平等义务，对我们来说，是对资产阶级民主的平等权利的一个特别重要的补充，而且使平等权利失去道地资产阶级的含义。"③ 可以说，能否对流行的共性话语做出与自身核心话语相一致的解释，是衡量一个思想体系的创新力和渗透力的重要尺度。马克思主义的理论创新，本身就包含着对于共性话语的再解释。这种再解释的前提是坚持高于共性话语的自身核心话语，否则，就可能在对共性话语再解释中被对手所同化。例如，如果离开"消灭阶级"去谈自由，就无法正确解读马克思恩格斯关于"每个人的自由发展是一切人的自由发展的条件"的论断，就会陷入自由主义的陷

---

① 侯惠勤：《我们为什么必须批判抵制"普世价值观"》，《马克思主义研究》2009 年第 3 期。

② 《马克思恩格斯选集》第 1 卷，人民出版社 2012 年版，第 671 页。

③ 《马克思恩格斯选集》第 4 卷，人民出版社 2012 年版，第 291 页。

阱。在今天，中国特色社会主义核心价值观之所以能够成功地对"自由""平等""公正""法治"等进行再解释，就是因为我们始终坚持"为人民服务""以人民为中心"这些原则性的核心话语，否则，就会在"话语转换"中丢失思想阵地。而事实上，这些核心话语就是对历史规律的表述。与之相反，"普世价值"看似是承诺在未来要实现的理想，但实际上却因不符合历史发展规律而最终成为幻想。①

课后思考

1. 如何认识价值的基本属性？

2. "普世价值"思潮的根本症结和本质要害是什么？

3. 全人类共同价值与"普世价值"的本质区别是什么？

推荐阅读

马克思：《马克思致帕维尔·瓦西里耶维奇·安年科夫》，载《马克思恩格斯选集》第 4 卷，人民出版社 2012 年版。

马克思：《路易·波拿巴的雾月十八日》，载《马克思恩格斯选集》第 1 卷，人民出版社 2012 年版。

恩格斯：《1891 年社会民主党纲领草案批判》，载《马克思恩格斯选集》第 4 卷，人民出版社 2012 年版。

马克思、恩格斯：《共产党宣言》，载《马克思恩格斯选集》第 1 卷，人民出版社 2012 年版。

毛泽东：《论人民民主专政》，载《毛泽东选集》第 4 卷，人民出版社 1991 年版。

胡克：《自由的矛盾情况》，上海人民出版社 1964 年版。

侯惠勤：《马克思的意识形态批判与当代中国》，中国社会科学出版社 2010 年版。

［美］弗朗西斯·福山：《历史的终结及最后之人》，黄胜强、许铭

---

① 侯惠勤：《我们为什么必须批判抵制"普世价值观"》，《马克思主义研究》2009 年第 3 期。

原译，中国社会科学出版社 2003 年版。

　　［美］罗伯特·J·林格：《重建美国人的梦想》，章仁鉴、林同奇译，上海译文出版社 1983 年版。

　　［英］罗素：《西方哲学史》，马元德译，商务印书馆 1976 年版。

　　［美］塞缪尔·亨廷顿：《文明的冲突与世界秩序的重建》，周琪、刘绯等译，新华出版社 2002 年版。

第三章 | 民主社会主义

——社会改良主义而非科学社会主义

一段时间以来，在我国，围绕民主社会主义问题出现过种种议论。有人认为，民主社会主义源于马克思主义，是社会主义的一种模式，而且是更完善的社会主义模式，在中国改革开放的过程中，甚至有人提出"只有民主社会主义才能救中国"。并断定改革开放正在让中国走上民主社会主义道路。这种议论表明民主社会主义在我国改革开放和现代化建设到底举什么旗，走什么路这些重大原则性问题上是一种具有严重干扰性的思想。为此，我们必须弄清民主社会主义的渊源、演变过程、思想理论和政治主张的实质，以划清科学社会主义和民主社会主义的原则界限，从而更好地坚持科学社会主义基本原则，坚定不移地走好中国特色社会主义道路。

第一节　19 世纪工人运动中的改良主义及相关社会主义理论

当代西方发达资本主义国家的社会党、社会民主党和社会工党都把民主社会主义作为自己的指导思想。这些政党之所以能普遍认可和接受民主社会主义，与这一思想所包含的基本内容和本质要义有着密切关系。而要想准确把握民主社会主义的本质内涵，则需要对其起源和演变过程进行完整梳理和正确分析。

民主社会主义作为一种有较大影响的社会思潮，在社会主义国家已经发展成一股不可忽视的潮流，因此相关研究也在逐渐升温。在越来越多的研究中，对于民主社会主义起源的研究有不同的意见，特别是对于民主社会主义思潮来说，到底是由哪些思潮汇聚成今天社会主义国家不可忽视的一股潮流，更是大有争议的问题。但是，民主社会主义作为一种意识形态被正式提出，是从1951年6月30日至7月3日社会党国际成立时发表的《民主社会主义的目标与任务》开始。这一点是毋庸置疑的。因此，刘书林认为，我们追寻民主社会主义的起源，就应该以1951年社会党国际宣布的"民主社会主义"的本意和特征为起点，探究它的原初形态也不应该离开这一起点。① 同时，信奉这一思想的社会党人在世界社会主义运动中扮演怎样的角色，经历了怎样的演变过程，阶级成分怎样，也是我们今天认识民主社会主义的关键。尤其是对于那些认为民主社会主义源自第二国际修正主义，把民主社会主义者当成马克思主义者队伍中的机会主义分子，并从根源上把民主社会主义归为马克思主义中的一个派别，即机会主义的观点来说，只有厘清信奉民主社会主义的社会党的历史脉络，明确社会党作为世界社会主义运动中的一股改良主义力量，从一开始就没有接受过马克思主义基本理论的指导，才能把民主社会主义与马克思主义进行严格的区分而不是做似是而非的混淆。从这一思路出发，我们需要了解作为社会党来源的世界社会主义运动中改良主义派别的形成过程，以及在这个历史演变过程中，社会党曾使用的另一个表达自己思想理论的词语，即"社会民主主义"的概念内涵和它与"民主社会主义"的演变关系。

一 以英国工人运动为代表的改良主义

"众所周知，英国是产业革命的发源地，是资本主义大工业的摇篮。正是在这里首先形成了近代社会中相互对抗的两大阶级，最早开始了工人阶级反对资产阶级剥削的伟大斗争。换言之，在其他国家还没有建立

---

① 刘书林：《关于民主社会主义思潮起源的考察与论辩》，《马克思主义与现实》2003年第4期。

起近代大工业时，英国的资本主义生产关系已经在社会各生产部门中占据统治地位，同时两大阶级之间的斗争也已经达到了很大规模。"① 在英国，工人的反抗斗争从最初的破坏机器和厂房，到后来带有政治诉求的群众性运动，昭示着无产阶级作为资产阶级掘墓人的伟大历史作用。

例如，1831 年 10 月当国会改革法案在下院经过艰苦的斗争获通过之后，托利党便企图以上院作据点负隅顽抗，在上院否决了改革法案。消息传出，要求改革的各阶层纷纷行动起来，但其斗争的方式是不一样的。"伯明翰政治同盟"于上院开始辩论之日召集群众大会向上院施加压力，可是当上院作出否决法案后却号召大家忍耐，各地中产阶级也组织协会，其中最有影响的是伦敦地区"全国政治同盟"，它要求人们采取"和平的、体面的、有用的"方法去争取改革。只有工人阶级反应强烈，行动也激烈得多，在许多地区都发生了骚动。上院刚刚作出否决法案，德比、诺丁汉、埃克塞特、伍斯特等工业城市就相继发生动乱，工人们冲击监狱，袭击工厂，攻击庄园。个别城镇还捣毁了市政厅、市议会，实际上控制了城市，使形势几乎发展到内战的边缘。在这种情况下，支持改革的辉格党格雷政府才不敢退让，便提出了第三个法案。由于在原则问题上没有改动，1832 年 5 月 8 日再次遭到保守派否决，格雷政府被迫辞职，国王任命托利党威灵顿组阁。这使斗争白热化起来，"伯明翰政治同盟"不再号召忍耐而是感到需要发动群众施加压力了，它召开了第三次群众大会，与会者近十万。从 5 月 10 日至 5 月 18 日"工人阶级全国同盟"不断召集群众大会，反对托利党组阁，会上发言人号召抗租、抗税、抵制托利党提出的一切改革法案等。总之，在这十天里，全国召开了二百多次群众大会，呈交了三百多份请愿书，革命形势在逐渐形成。这使统治阶级非常害怕，他们生怕英国会发生像法国 1830 年那样的七月革命，把英国拖进内战的深渊，威灵顿只好交回委任状，格雷被召回组阁，1832 年 6 月 4 日格雷的改革法案才得以通过。1832 年国会改革之后，部分工业资产阶级进入国会，他们不仅没有实现对工人的许诺，

---

① 刘克华：《马克思恩格斯论十九世纪中叶以后英国工人运动的衰落》，《南开史学》1980年第 1 期。

而且还以所获得的权力来进一步打压工人。工人深深感到受骗了，他们意识到，在国会中没有自己的代表就不可能使国会考虑工人的利益。因此，独立地继续开展国会彻底改革的斗争，坚持实现普选权乃是当务之急。1836 年 6 月以木匠威廉·洛维特为首成立了"伦敦工人协会"，并于次年草拟了一个以争取普选权为中心的六点要求，于 1838 年以法案形式公布出来，命名为"人民宪章"。宪章的主要内容是年满 18 岁的成年男子都有选举权；无记名投票；保障选民运用其选举权；取消候选人的财产资格限制；议员支薪；合理划分选区；保障按人数比例选举代表的平等权利；议会每年选举一次。其中心内容是要求普选权。"人民宪章"一经公布就得到广大群众的热烈支持和拥护，成千上万的群众积极投身于争取实现"人民宪章"的斗争中。从全国的形势来看，宪章运动共形成四个中心：伦敦是南部的中心、伯明翰是中部地区的中心、新堡和里兹是北部的中心、格拉斯哥是苏格兰的中心。后来大约从 1839 年起曼彻斯特也成为北郊宪章运动的中心。每一中心都有自己的领袖和自己的喉舌——报刊。宪章运动从 1839 年至 1848 年以来经历过三次高潮。直到 19 世纪 50 年代宪章运动的坚定分子仍然高举实现无产阶级政治统治的旗帜，并接受马克思、恩格斯的指导，把争取普选权运动与社会主义运动结合起来。但终因敌我力量悬殊，宪章运动于 1858 年消失了。① 宪章运动后，一些大工会的领袖开始控制罢工并努力提高工会的公众形象，希望得到雇主的认同；雇主方面也出现了相应的变化。有的雇主认为工会可以帮助他们顺应变化，有的认为工会可以加强劳动纪律，总之，维护阶级和谐成为部分雇主更为广泛的目标。雇主开始愿意工会干涉他们组织生产的自由，因为他们认识到工会领袖是一种有影响力的调和力量，是自己和无知的工人们进行沟通的桥梁；工会领袖则通过同雇主的谈判，为自己争取了更为体面的社会地位，工会也得到国家与社会的认同。雇主们家长制的创新可不是纯粹地出于善心，他们之所以能够做出这样的退让，除了个人对阶级和谐和慈善事业的追求外，更为根本的原因在于

---

① 李雪松：《19 世纪英国工人运动与国会改革》，《华中师范大学学报》（哲学社会科学版）1987 年第 3 期。

当时英国在经济上处于巅峰时期，在保证自己利益和竞争力的前提下，一些雇主认为协商比对抗能解决更多的问题，而工会和工人贵族则以较小代价实现了他们的经济目标，这是一个"双赢"的选择。① 恩格斯对此评价说："工厂主们，尤其是那些大的工厂主们，就产生了一种新的想法。他们学会了避免不必要的纷争，默认工联的存在和力量，最后甚至发现罢工——发生得适时的罢工——也是实现他们自己的目的的有效手段"②。接着恩格斯指出工厂主们这样做的理由是"使资本加速积聚在少数人手中，并且可以更为迅速而有效地压垮那些没有这种额外收入就活不下去的小竞争者"③，以及避免自己及家人成为"流行病的牺牲品"④，"两个阶级之间的相互关系就逐渐改变了"⑤。

前后共 20 余年的宪章运动，对于英国资产阶级的政治统治有着深刻的影响，它不可避免地造成了动荡不安的局面，从而影响到资产阶级各派政治势力之间的斗争。激进的资产阶级民主派希望利用宪章运动来达到进一步扩大中产阶级政治权利的目的，他们还希望能通过满足穷人的部分要求以防止社会剧变；在野党则以如何对付宪章运动及国会应否进一步改革的问题来攻击对手；而执政党也必须应付这种政治局面以维持其执政的位置。⑥ 正如马克思所指出的："有时反对派用这种压力来对付政府，有时政府用这种压力来对付反对派。所谓外界压力，按照英国人的理解，是指巨大的、议会外的人民示威，这种示威没有工人阶级的积极参加自然是无法实现的。"⑦ 特别是 1867 年议会改革，一部分工人首先进入了资本主义的政治圈子；自由党和保守党在选举政治的推动下，扩大了地方的选举组织，并通过多种途径增强了与工人阶级的政治联系，这样许多工人成为两党的选民和支持者。后来的事实表明，工人阶级选

---

① 孟艳：《19 世纪英国工人运动改良主义成因分析》，《科学社会主义》2011 年第 3 期。

② 《马克思恩格斯全集》第 29 卷，人民出版社 2020 年版，第 314 页。

③ 《马克思恩格斯全集》第 29 卷，人民出版社 2020 年版，第 314 页。

④ 《马克思恩格斯全集》第 29 卷，人民出版社 2020 年版，第 315 页。

⑤ 《马克思恩格斯全集》第 29 卷，人民出版社 2020 年版，第 320 页。

⑥ 李雪松：《19 世纪英国工人运动与国会改革》，《华中师范大学学报》（哲学社会科学版）1987 年第 3 期。

⑦ 《马克思恩格斯全集》第 15 卷，人民出版社 1963 年版，第 480 页。

民的增加不会影响两党的统治，也不会带来共产主义，工人阶级通过这两次议会改革可以说已经融入了资本主义的政治制度。1884 年的议会改革虽然没能实现普选权，甚至在选区分配上还存在不平衡的现象，但在相当程度上扩大了工人阶级选举权，[①]"这一切措施显然增加了工人阶级在选举中的力量，现在，至少在 150—200 个选区中，工人阶级已经占选民的大多数"[②]。工人阶级虽然能够利用选举权，参与到政治生活中来，但是，革命并没有到来。因为，"议会制度是训练人们尊重传统的最好的学校……工人群众则以尊重和恭敬的态度对待当时所谓的'优秀人物'即中等阶级"[③]，而"传统是一种巨大的阻力，是历史的惯性力，但是它是消极的，所以一定要被摧毁"[④]。

宪章运动结束后，英国进入资本主义发展的黄金时代，一种新的社会文化也逐渐形成。有学者称之为"内聚型文化"。这种文化的特点是关注个人日常行为，关注个人的每一次进步。体现在工人运动领域则表现为工人自助运动和自尊运动的兴起与发展。共识文化为工人阶级改良主义的形成提供了共同的价值取向。由于中产阶级与工人阶级相信合法性、相信进步，这使他们的冲突总是局限于拉锯式的斗争，内聚型文化也因此成为维多利亚中期社会稳定的文化力量。[⑤] 这一时期，"政治性的工人运动便开始在英国迅速衰落，同时，工联主义思想日益在英国工人运动中占据了统治地位。英国工联把在资本主义制度范围内改善工人的处境作为自己的唯一目标，把'做一天公平的工作，得一天公平的工资'当作工人运动的主要口号。从这时起，英国的工人运动在工联首领们的引导下就长期在狭隘的经济斗争的圈子里徘徊，工人阶级在政治上无所作为，越来越沦为资产阶级官方政党的附属品"[⑥]。这意味着资产阶

---

① 孟艳：《19 世纪英国工人运动改良主义成因分析》，《科学社会主义》2011 年第 3 期。

② 《恩格斯论历史唯物主义书信选编》，人民出版社 2021 年版，第 96 页。

③ 《恩格斯论历史唯物主义书信选编》，人民出版社 2021 年版，第 96 页。

④ 《恩格斯论历史唯物主义书信选编》，人民出版社 2021 年版，第 98 页。

⑤ 孟艳：《19 世纪英国工人运动改良主义成因分析》，《科学社会主义》2011 年第 3 期。

⑥ 刘克华：《马克思恩格斯论十九世纪中叶以后英国工人运动的衰落》，《南开史学》1980 年第 1 期。

级在和工人的斗争中逐渐成熟起来，他们开始懂得如何利用工人或暴力或合法的斗争来为资本主义发展开辟道路。即一定程度上满足工人的诉求，从而不让工人运动超出资产阶级民主主义范畴。恩格斯在谈到这一阶段的英国工人运动时曾经指出："英国的工人运动多年来一直在为增工资和缩短工作时间而罢工的狭小圈子里无出路地打转转，而且这种罢工不是被当作权宜之计和宣传、组织的手段，而是被当做最终的目的。工联甚至在原则上根据章程排斥任何政治行动，因此也拒绝参加工人阶级作为阶级而举行的任何一般性活动。工人在政治上分为保守派和自由主义激进派，即迪斯累里（比肯斯菲尔德）内阁的拥护者和格莱斯顿内阁的拥护者。所以，关于这里的工人运动，只能说这里有一些罢工，这些罢工无论是成功还是失败，都不能把运动推进一步。"[1] 1881 年 7 月，恩格斯再次指出，英国无产阶级把"他们的政治利益，却几乎完全交给了托利党、辉格党和激进党这些上层阶级的人物。差不多有四分之一世纪，英国工人阶级好象是甘愿充当'伟大的自由党'的尾巴。这种政治地位，是和欧洲组织得最好的工人阶级不相称的"[2]。

"80 年代初，当科学社会主义理论在欧洲大陆上广泛传播，德、法等国的社会主义运动取得巨大进展的时候，英国虽然也出现了几个社会主义团体——社会民主联盟，社会主义同盟和费边社。但是，社会民主联盟和社会主义同盟由于领导权掌握在宗派主义分子和无政府主义者手中，它们在工人群众中的影响一直是极为有限的。至于费边社，在恩格斯看来，它进行活动的目的不过是为了在新形势下利用社会主义旗号来迷惑群众，继续把工人运动置于资产阶级的影响之下。"[3] 恩格斯对于 19世纪 80 年代以后在英国出现的社会主义运动评论说："最近在资产阶级中间出现了许多青年人，他们对这些问题比工人弄得更清楚，比工人表现出更大的热情，这是英国工人的耻辱。要知道，甚至在民主联盟里边，

---

[1] 《马克思恩格斯文集》第 10 卷，人民出版社 2009 年版，第 437 页。
[2] 《马克思恩格斯全集》第 25 卷，人民出版社 2001 年版，第 520 页。
[3] 刘克华：《马克思恩格斯论十九世纪中叶以后英国工人运动的衰落》，《南开史学》1980年第 1 期。

工人也多半只是勉强地和表面地承认新的纲领"①；而到 1890 年时，恩格斯已经作出结论："八年以来，在广大群众中，风潮一直此伏彼起，时有发生。出现了一些社会主义的团体，但是没有一个超出宗派的水平之上；宣传鼓动家和所谓党的领袖——其中有的甚至是纯粹的投机分子和野心家——一直都是些没有士兵的指挥官。差不多总是类似于 1849 年巴登运动中著名的罗伯特·勃鲁姆纵队：上校 1 名、军官 11 名、号兵和列兵各 1 名。而这些各色各样的罗伯特·勃鲁姆纵队还为争夺对未来无产阶级大军的领导地位而互相争吵，这种景象完全无法令人满意"②。同时，恩格斯还指出，社会主义当时在英国实际上已被资产阶级弄得面目全非了，"这个一切可怕的东西中最可怕的东西，这个社会主义，不仅变成非常体面的东西，而且已经穿上了燕尾服，大模大样地躺在沙龙里的沙发上了"③。

恩格斯认为，比资产阶级圈子里这种卖弄掺了水的社会主义的短暂的时髦风尚重要得多的，甚至比社会主义在英国一般获得的实际成就也更重要的，是英国无产阶级下层群众的觉醒。19 世纪 80 年代末和 90 年代初，由于大量失业和生活状况恶化，伦敦和外省的广大非熟练工人和普通工人掀起了轰轰烈烈的罢工浪潮，并且在罢工过程中纷纷建立起自己的工会。新工会运动把过去长期被排斥于工联门外的、迄今处于停滞状态的工人阶级下层群众中的越来越广大的阶层卷进了斗争旋涡，将更多的战斗精神带进了英国的工人运动，而且在这一运动的基础上，1893 年成立了独立工党，宣布要在英国实现生产资料的集体所有制。当时已经高龄的恩格斯以无比兴奋的心情注视着英国工人运动中的这一新发展，并对它寄予莫大希望。他认为，新工联运动的兴起"是一件具有划时代意义的大事"，它标志着"充当伟大自由党的尾巴和投票工具达 40 年之久的英国无产阶级，终于觉醒过来，开始了新的独立的生活和行动"④，他希望"不久以后，比有些人预料得还要早一些，英国的无产阶级大军

---

① 《马克思恩格斯全集》第 36 卷，人民出版社 1975 年版，第 59 页。
② 《马克思恩格斯全集》第 29 卷，人民出版社 2020 年版，第 80 页。
③ 《马克思恩格斯全集》第 29 卷，人民出版社 2020 年版，第 325 页。
④ 《马克思恩格斯全集》第 29 卷，人民出版社 2020 年版，第 79 页。

将同任何其他国家的无产阶级一样成为一支团结一致、组织良好、坚强有力的大军"①。但是，恩格斯的这个期望，最后也没有能够成为现实。还在 19 世纪 90 年代中叶，由于企业主的反攻和旧工联机会主义首领的破坏，非熟练工人和普通工人通过罢工所争得的那些成果已全部化为乌有，那些由他们建立起来的工会大多荡然无存，旧工联的机会主义头目们则又重新巩固了自己在英国工人运动中的地位。与此同时，在独立工党的活动中，费边社的改良主义思想越来越起着指导作用。因此恩格斯在逝世以前不得不指出独立工党正在走向死亡，并且对英国的工人运动发展得如此曲折缓慢深感遗憾。②

　　从上述的梳理我们可以看出，改良主义在社会主义运动中由来已久，并且其主张中所包含的改善工人阶级社会地位的观点具有很强的迷惑性。这也使得改良主义力求通过向工人阶级兜售自己的政治主张，掌握这支强大的社会力量来实现自己的政治企图更具有隐蔽性。因此，改良主义对工人运动的影响是最大的，危害也是最深的。对于已经确立起唯物主义和共产主义世界观的马克思和恩格斯而言，他们很清楚改良主义思想泛滥对工人运动是一件极具危害的事情，因此他们在一生的理论创作中与改良主义做了长期的坚决的斗争。首先，针对改良主义在世界观上宣扬唯心主义的抽象人性论，试图通过宗教、道德和教育引导人弃恶向善。马克思指出并不存在天然善恶的人性，人的本质是由他的社会生活过程决定的，只有改变社会，人的本质才会往好的方向发展。改良主义希望通过宗教、道德、教育唤醒人性中的天然善就是没有根据的。其次，针对改良主义在社会发展动力上回避社会基本矛盾和阶级斗争，寄希望于统治阶级完善资本主义制度。马克思揭露了改良主义解决社会问题的虚伪性。通过完善资本主义制度解决矛盾，本质上都是要让底层人民屈服于资产阶级的权威，服从资产阶级的统治，成为对资本主义歌功颂德的温顺奴才。统治阶级与底层人民有着根本不同的阶级利益，他们不可能

---

① 《马克思恩格斯全集》第 29 卷，人民出版社 2020 年版，第 80 页。
② 刘克华：《马克思恩格斯论十九世纪中叶以后英国工人运动的衰落》，《南开史学》1980 年第 1 期。

主动放弃自己的有利地位，真正为了底层人民的利益着想。最后，针对改良主义在社会救治方案上宣扬超阶级的正义论，主张完善法制以及实行"双重裁判"建成普遍正义的社会，马克思批判了改良主义基于超阶级的正义论根本无法建立所谓的正义社会，其一切努力都只是在维护现存的制度，要想实现正义必须推翻资本主义社会。①

二 社会民主主义与民主社会主义

资本主义在发展过程中，其自身形成并且不可解决的许多弊病和矛盾日益暴露出来，显示出这种制度的局限性。人们就想找到一种新的、能够克服资本主义弊病的社会制度来取代资本主义。这种新制度就是社会主义。所以，社会主义是作为取代资本主义的新制度被提出来的，并成为19世纪思想界的主旋律。各国社会主义者都在讨论着社会的不平等和贫富悬殊。在社会主义者眼里，"在这个资本主义社会里，政治上，工人没有话语权；经济上，新的生产方式成为剥削工人的奴役性工具"。如何消除这些社会对立，实现"社会团结"，财富共享与和谐社会就成为思想家们关注的中心问题。由于人们的社会地位和利益诉求不同，对未来取代资本主义的新社会的设想也不一样，因此出现了各种各样的"社会主义"。马克思恩格斯在《共产党宣言》里，运用阶级分析方法，分析了各种"社会主义"的性质。

"马克思恩格斯指出，被资产阶级暴发户打败了的封建贵族，他们梦想着恢复失去的天堂，在批评资本主义的同时提出了社会主义，这就是封建社会主义；在资本主义发展过程中日益破产的小生产者，严厉批评了资本主义的种种罪恶（这种批评有时还相当深刻），但他们憧憬的理想社会是早已瓦解了的农业中的宗法制度和工业中的行会制度，这就是小资产阶级社会主义；资产阶级内部有着不同的群体，有时资本主义的发展也会侵犯到某个资产阶级群体的利益，他们也会在维护资本主义根本制度的同时批评资本主义的某些弊病，希望做点改良（民主社会主义

---

① 李彬彬：《马克思对社会改良主义的批判及其当代价值探析——以〈神圣家族〉为中心》，《科学社会主义》（双月刊）2021年第4期。

就是这样的），这就是资产阶级社会主义。"① 以多种多样的"社会主义"为背景，马克思恩格斯著作中出现了"社会民主主义"概念。根据社会党资深学者殷叙彝所撰写的《社会民主主义和民主社会主义（上）——概念的起源和历史演变》中关于社会民主主义历史演变的研究，"社会民主主义"出现后，其内涵大致经历了 1848 年革命与第一国际时期、第二国际至第一次世界大战期间、第二国际破产后三个阶段的发展变化。

第一，1848 年革命与第一国际时期（1848—1888 年）的社会民主主义。在这一段时间，社会民主主义是一个具有很大的伸缩性的概念。其所指也是比较复杂的。应该说，早在 1848 年欧洲资产阶级革命前，社会民主主义这个词就在马克思、恩格斯笔下出现了。例如，1847 年，恩格斯在《共产主义原理》中就提出了"民主主义的社会主义者"，"这个阶级直到争得民主和实行由此产生的社会主义措施为止，在许多方面都和无产者有共同的利益。因此，共产主义者在行动的时候，只要民主主义的社会主义者不为占统治地位的资产阶级效劳和不攻击共产主义者，就应当和这些社会主义者达成协议，同时尽可能和他们采取共同的政策。当然，共同行动并不排除讨论存在于他们和共产主义者之间的分歧意见。"②。后来，在《共产党宣言》中，马克思、恩格斯曾经使用"社会主义民主党"称呼法国赖德律－洛兰和路易·勃朗等派别，使用"法国式的民主社会主义者"③ 称呼包括资产阶级激进派的瑞士激进派。"民主社会主义者"就是民主主义的社会主义者，即带有民主主义色彩的社会主义者。"社会主义民主党"，就是带有社会主义色彩的民主党。马克思、恩格斯在这里使用的"民主主义"是资产阶级思潮；这里的"社会主义"是指科学社会主义以外的社会主义流派。这是没有疑问的。1848 年 2 月，欧洲大陆发生资产阶级民主革命。这时，马克思、恩格斯笔下的社会民主主义者或社会民主党人，是指在 1848 年革命中与无产阶级有过联盟关系的法、德小资产阶级民主派或小资产阶级的社会主义者。由

---

① 周新城：《不要把马克思说成是资本主义的改良主义者》，《观察与思考》2016 年第 9 期。
② 《马克思恩格斯选集》第 1 卷，人民出版社 2012 年版，第 310—311 页。
③ 《马克思恩格斯选集》第 1 卷，人民出版社 2012 年版，第 434 页。

于这些人不得不反对封建专制制度和与之勾结的资产阶级，不得不依靠无产阶级，所以被称为社会民主主义者或社会民主党人。由于马克思、恩格斯遵照刚刚发表的《共产党宣言》中对法、德两国资产阶级民主革命的态度，以资产阶级民主派左翼的身份参加到革命中来，所以他们也曾经在这一阶段自称"社会民主党人"和"社会民主主义者"。他们甚至把刚刚建立的"共产主义者同盟"也称作"社会民主党人"，并力图维护这个名称的纯洁性。《共产党宣言》发表不久，爆发了属于资产阶级民主革命性质的 1848 年欧洲革命，当时法国的小资产阶级民主派包括民主共和主义者、激进民主主义者都自称社会民主主义者。他们的主张当然不会超出资产阶级的范畴。马克思、恩格斯曾经批判他们是用笼统的社会民主主义空话欺骗工人。但是，由于共产主义者同盟还不能作为一个独立的无产阶级政党行动起来，马克思、恩格斯和共产主义者同盟的成员参加了德国的民主派，作为民主派的左翼，主张进行彻底的资产阶级民主革命，以便为过渡到社会主义革命创造条件。马克思、恩格斯这时使用过"红色民主主义者""民主共产主义"的名称。为了与当时其他社会主义流派相区别，通常又称共产主义者。欧洲大陆上的革命失败之后，马克思于 1849 年 8 月来到伦敦，9 月 18 日被选进"伦敦德国流亡者救济委员会"。11 月恩格斯也来到伦敦。在这一时期，他们在该委员会签署的文件中，自称"社会民主主义者"或"社会民主党人"，是以社会民主主义者或社会民主党人的身份发言的。总之，马克思、恩格斯无论怎样自称"社会民主主义者"，实质上也是在当时坚持共产主义的一种策略口号。19 世纪 60 年代以后的 20 年，随着德国建立了社会民主工党，欧美许多国家相继建立了一批工人阶级政党。由于当时欧美国家一般还没有完成资产阶级民主革命，工人阶级政党的任务只能是组织工人阶级和其他革命阶级推翻封建专制、争取民主权利进而为社会主义而斗争。由于这个原因，这时成立的工人阶级政党袭用了"社会民主主义"的名称，一般定名为社会民主党、工党、社会党。德国党的领袖人物李卜克内西在爱森纳赫派建党的前夕曾经这样解释党的名称："没有民主的社会主义是冒牌社会主义，正如没有社会主义的民主是冒牌民主一样。""正因为我们懂得社会主义同民主之间的不可分割的联系，我们才称自己为社会民主党人。这一名称包含我们的纲领。"① 按照这个解释，这个名称实际上具有了科学社会主义的含义。但是，不对当时这样定位的历史任务作出具体的说明，只是坚持作出这样的高定位也带来了不少的麻烦和混乱。马克思曾经为了德国党1875年的合并写下了《哥达纲领批判》，与那种极力回避无产阶级革命和无产阶级专政的倾向进行了原则性的斗争。但是，鉴于当时广大工人群众维护工人运动统一的愿望和一般工人群众对《哥达纲领》竟然能够作"正面理解"，"作出了共产主义的解释"，马克思、恩格斯决定暂时不发表《哥达纲领批判》。可见，容忍是有条件的。至于其他的有些工党、社会民主党的性质和成分，则是鱼龙混杂，不能统称为科学社会主义的。总之，这个时期"社会民主主义"的确是一个有很大伸缩性的名词。其中，被称为社会民主主义者的法、德两国的小资产阶级社会主义者，倒是可以被视为未来民主社会主义的较早的载体。

第二，第二国际至第一次世界大战期间（1889—1914年）的社会民主主义。这一阶段社会民主主义的含义与以前不同了。它在第二国际前期（1889—1896年）几乎成为科学社会主义的同义语。在第二国际后期及第一次世界大战结束后，由于修正主义的出现及其表现，社会民主主义才又一次发生复杂的变化，成为修正主义和机会主义的代名词。1889年7月14日国际社会主义者第一次代表大会在法国巴黎召开，标志着第二国际成立。第二国际的成立是马克思主义在工人运动中传播的结果，也是各国国内以德国社会民主工党为榜样建立工人阶级政党的必然结果。在恩格斯的指导下，第二国际是在与法国"可能派"及英国工联主义的对应和斗争中产生的。它是各国社会民主党和社会主义工人团体的国际联合组织。但是，参加第二国际的党派是比较复杂的，各个党内的领导权也并非稳定地掌握在科学社会主义者手里。在这些工人政党的高层领导人中，有气焰嚣张的无政府主义者，更有不可低估的改良主义者。英

① 殷叙彝：《社会民主主义和民主社会主义（上）——概念的起源和历史演变》，《当代世界社会主义问题》2001年第3期。

国由于改良主义的长期泛滥，连建立社会党或社会民主党的希望都没有，参加第二国际的代表是"社会民主联盟"和个别工会派出的代表，当时还只能提出建立"工党"的目标。荷兰向第二次代表大会派出的代表，竟然是"把男人看作唯一敌人的女权主义者"①。第二国际成立后，曾经在布鲁塞尔代表大会上讨论"为各国社会主义政党取一个共同的名称"问题，但决议却说要推到下一届大会讨论。在 1893 年 8 月于苏黎世召开的第三次代表大会上，作出了关于"社会民主党的国际组织"的决议，"鉴于所有社会民主党人都迫切希望用一个共同的名称在国际范围内组织起来，但是由于不同国家的反动法律对结社自由所作的种种限制，目前这个愿望还无法实现"。尽管如此，第二国际的主流仍是科学社会主义的。大会的决议指出："代表大会承认所有那些承认阶级斗争，承认生产资料社会化的必要性并拥护国际工人代表大会决议的组织、协会和政党为国际革命社会民主党的成员。""代表大会希望，各国社会民主党的纲领中阐述经济改造的必要性的第一部分要使用同样的措辞，第二部分，即包含应采取的手段的部分，则由各国根据自己的经济政治条件来确定。"② 可见，第二国际的这两项决议既体现了科学社会主义的原则性，又体现了运用这些原则的科学精神。对于工人阶级政党取名为"社会民主工党"，恩格斯是有原则性保留意见的。他们认为，用"社会民主主义"这个名称来表述共产党的主张是"绝对不行的"，用社会民主主义来做党的名称，也是"不确切的"。因此他们特别强调自己是"共产主义者"而不称自己是"社会民主主义者"。恩格斯 1894 年 1 月在《"'人民国家报'国际问题论文集"序》中指出："读者将会看到，在所有这些文章里，尤其是在后面这篇文章里，我根本不把自己称做社会民主主义者，而称做共产主义者。这是因为当时在各个国家里那些自称是社会民主主义者的人根本不把全部生产资料转归社会所有这一口号写

---

① 《第二国际第二、三次代表大会文件》，《国际共产主义运动史文献》编辑委员会编译，中国人民大学出版社 1991 年版，第 23 页。

② 《第二国际第二、三次代表大会文件》，《国际共产主义运动史文献》编辑委员会编译，中国人民大学出版社 1991 年版，第 412 页。

在自己旗帜上。"① "因此，对马克思和我来说，选择如此有伸缩性的名称来表示我们特有的观点，是绝对不行的。现在情况不同了，这个词也许可以过得去，但是对于经济纲领不单纯是一般社会主义的而直接是共产主义的党来说，对于政治上的最终目的是消除整个国家因而也消除民主的党来说，这个词还是不确切的。"② 这正是因为党在发展，社会民主主义这个词里还包含着一些马克思主义的内容，所以，恩格斯才在严正声明和坚决批判的同时容忍了这个名称，但他们自己却严格拒绝自称社会民主党。然而，加入第二国际的各国工人阶级的党后期发生了极大的分化。分化的原因，一是在片面注重党的群众性的同时忽视了党的先进性和纯洁性，大批小业主、资产阶级知识分子涌进党内；二是出现了以"苏黎世三人团"、伯恩施坦为代表的修正主义，他们反对马克思主义的剩余价值学说、阶级斗争学说，否定共产主义的最终目标。修正主义几乎在大部分国家的社会民主党中都占了上风。更不用说第二国际的头子们在第一次世界大战中纷纷堕落为民族沙文主义者，成为各国帝国主义的帮凶，导致第二国际的破产。于是，这个时期，即第二国际后期开始，社会民主主义就成了修正主义、机会主义的代名词。对此，恩格斯是不能容忍的。他指出让那些"冒牌货""留在自己的队伍中，这是我们完全不理解的。但是，既然连党的领导也或多或少地落到这些人的手中，那党简直就是受了阉割，而不再有无产阶级的锐气了"③。恩格斯对欧洲社会民主党的领导权落入机会主义领导人的手中表示了极大的愤慨，说明他追求真正独立行动的共产党的原则和努力是始终如一的。在这一阶段，那些混在第二国际中打着社会民主主义旗号但始终不接受马克思主义基本原理的机会主义者、右翼和后期的修正主义者，酝酿并构成了未来特定的"民主社会主义"的基础理论框架。

第三，第二国际破产后（1914—1950 年）的社会民主主义。在这个阶段，以英国工党领袖麦克唐纳为代表的第二国际的右派即"黄色国

① 《马克思恩格斯选集》第 4 卷，人民出版社 2012 年版，第 304 页。
② 《马克思恩格斯选集》第 4 卷，人民出版社 2012 年版，第 305 页。
③ 《共产党宣言（纪念版）》，人民出版社 2018 年版，第 123—124 页。

际"的头子，继续打着"社会民主主义"的旗帜，公开敌视和对抗共产国际，敌视和对抗苏俄以及后来的苏联等共产党执政的国家。1923年成立的所谓"社会主义工人国际"，就是已经公开堕落的"社会民主主义"派别在这一阶段的载体和代表。以列宁为代表的马克思主义者则决心抛弃"社会民主主义"这件"脏衬衫"，与社会民主主义划清界限，明确主张更换"社会民主党"的名称，恢复共产党的名称。列宁投身国际共产主义运动的时期，是第二国际的后期。这个时期在参加第二国际的27个党中，有24个党都在第一次世界大战爆发的条件下转到帝国主义立场，与本国资产阶级政府合作，这就使得过去在同一个国际中合作共事的各国同伴成为交战的仇敌。这使第二国际的各个党不可能再坐到一起开会了。第二国际的大多数党蜕变为社会沙文主义和改良主义的党，导致第二国际的破产。这表明社会民主主义在这个时期完成了从理论到实践、从思想到组织、从局部到全局向改良主义的主导方向的演变。只有列宁领导的俄国布尔什维克党等少数左派的党坚持了无产阶级国际主义和马克思主义的建党路线。鉴于大多数第二国际的党背叛无产阶级立场，鉴于第二国际在第一次世界大战爆发时的破产，列宁决定抛弃这个被玷污的"社会民主党"的名称，恢复共产党的名称。早在1914年11月22日，列宁就提出了真正的无产阶级的政党，应当抛弃社会民主党的名称，恢复共产党的名称。他说："既然这样的'社会民主党人'希望成为多数并建立一个正式的'国际'（＝在国际范围内为民族沙文主义辩护的联合会），那么，抛弃被他们玷污和败坏了的'社会民主党人'这个称号而恢复共产党人这个原先的马克思主义称号，不是更好吗？"① 列宁的这一号召鼓舞了各国社会民主党内的左派，使他们摆脱了中派和右派的控制，在组织上与他们决裂，为建立独立的马克思主义新型政党奠定了基础。1917年4月，在著名的"四月提纲"中，列宁在指出当时党面临的几项任务时，就提出"（3）更改党的名称"。对此，他注明："社会民主党的正式领袖在世界各地都背叛社会主义，投奔资产阶级了（如"护

---

① 《列宁全集》第26卷，人民出版社2017年版，第97页。

国派"和动摇的"考茨基派"），所以我们不应再叫'社会民主党'，而应改称共产党。"① 这是列宁第一次把恢复共产党的名称正式提上日程。几天后，列宁写下了《无产阶级在我国革命中的任务》，在进一步详细阐发"四月提纲"的过程中，专门列出一个大标题，论证党的名称问题。这个标题是"我们党应当用什么名称，在科学上才是正确的，在政治上才是有助于无产阶级意识的"。他明确提出："现在谈一谈最后一个问题，就是我们党的名称问题，我们应该像马克思和恩格斯那样称自己为共产党。我们应该重复说，我们是马克思主义者，我们是以《共产党宣言》为依据的。"② 为了充分论证新型的无产阶级政党应该称作共产党而不应该再称为"社会民主党"，列宁举出了四个论据："社会民主党这个名称在科学上是不正确的，马克思曾经屡次——例如在 1875 年的《哥达纲领批判》中——指出这一点，恩格斯在 1894 年又更通俗地重复谈过这一点。人类从资本主义只能过渡到社会主义，即过渡到生产资料公有和按每个人的劳动量分配产品。我们党看得更远些社会主义必然会逐渐成长为共产主义，而在共产主义的旗帜上写的是'各尽所能按需分配'。这是我的第一个论据。""第二个论据我们党社会民主党人的名称的后半部，在科学上也是不正确的。民主是一种国家形式，而我们马克思主义者是反对任何国家的。……与无政府主义不同，马克思主义认为，为了向社会主义过渡，国家是必需的，但这种国家并不是指通常的资产阶级议会制民主共和国那样的国家，而是指 1871 年巴黎公社以及 1905 年和 1917 年工人代表苏维埃那样的国家。""我的第三个论据是现实生活，革命，实际上已经在我国创立了这种新'国家'，虽然它还处在幼弱的萌芽状态，可是这种国家已经不是原来意义上的国家了。……民主这个词用于共产党，不仅仅在科学上不正确。这个词在目前，在 1917 年 3 月以后，已成为遮住革命人民眼睛的眼罩，妨碍他们自由、大胆、自动地建设新的东西——工农等等代表苏维埃，即国家的唯一政权，一切国家消亡的前驱。""我的第四个论据，就是应当考虑到世界社会主义运动的客

① 《列宁选集》第 3 卷，人民出版社 2012 年版，第 16 页。
② 《列宁选集》第 3 卷，人民出版社 2012 年版，第 64 页。

观形势。现在的形势已和 1871—1914 年不同，那时马克思和恩格斯曾有意识地容忍了'社会民主'这个不正确的、机会主义的用语。因为当时，在巴黎公社失败之后，历史把缓慢的组织教育工作提上了日程……我们也应该了解新时代的任务和特点。我们决不要重蹈那些可怜的马克思主义者的覆辙，马克思在谈到这些人时说过'我播下的是龙种，而收获的却是跳蚤'……大多数的'社会民主党'领袖、'社会民主党'议员、'社会民主党'报纸——要知道影响群众的正是这种工具——背叛了社会主义，出卖了社会主义，跑到本国资产阶级方面去了。群众惶恐不安，糊里糊涂，受了这些领袖的欺骗。我们如果仍旧沿用这个同第二国际一样腐朽了的陈旧名称，就是鼓励这种欺骗，助长这种欺骗!"① 列宁关于抛弃社会民主党这个名称、恢复共产党名称的论证是充分的。列宁的这种严肃认真的论证，说明这一问题事关重大。列宁领导的十月革命成功之后不久，俄国社会民主工党即于 1918 年 3 月党的第七次代表大会上通过了更改党的名称、确立俄国共产党布尔什维克名称的决定。在通过这个决定的时刻，列宁再一次强调恢复共产党这个名称的重要意义。列宁说："关于更改党的名称的问题从 1917 年 4 月起就在党内展开了相当详细的讨论，因此，中央委员会一下子就通过了看来不会引起很大争论，甚至不会引起任何争论的决议，即中央委员会建议更改我们党的名称，把它叫作俄国共产党，并在括号里附上布尔什维克。"② 列宁论证这样做的理由有四个：第一，社会民主党名称中的"民主"是旧的资产阶级民主的概念，不符合社会主义新型民主的含义。"'社会民主党'这个名称在科学上是不正确的，这一点在我们的报刊上也已经作过解释。工人建立了自己的国家之后，就了解到民主制（资产阶级民主制）的旧概念在我国革命的发展过程中已经过时了。我们建立了西欧任何地方都不曾有过的民主类型。"③ 第二，只有共产党这个名称才能描述建立共产主义社会的最终目标。"另外，我们开始社会主义改造的时候，应该给自

① 《列宁选集》第 3 卷，人民出版社 2012 年版，第 64—67 页。
② 《列宁选集》第 3 卷，人民出版社 2012 年版，第 456 页。
③ 《列宁选集》第 3 卷，人民出版社 2012 年版，第 456 页。

已清楚地提出这些改造归根结底所要达到的目的，即建立共产主义社会。共产主义社会不仅仅限于剥夺工厂、土地和生产资料，不仅仅限于严格地计算和监督产品的生产和分配，并且要更进一步实行各尽所能、按需分配的原则。因此，共产党这个名称在科学上是唯一正确的。"① 第三，只有称为共产党，才能与破产了的第二国际各机会主义的社会民主党划清界限。"另外，更改党的名称的最重要的理由是：直到现在，欧洲各先进国家旧的正式的社会党，都没有摆脱使欧洲正式社会主义在这次战争中彻底破产的社会沙文主义和社会爱国主义的乌烟瘴气，因此直到现在，几乎所有正式的社会党都是工人社会主义革命运动真正的障碍，真正的绊脚石。现在各国劳动群众对我们党无疑抱有极大的同情，我们党应该尽量坚决果断、明白无误地声明我们党同这种旧的正式的社会主义断绝关系，而更改党的名称将是达到这个目的的最好办法。"② 第四，改称共产党是为了恢复老的优良传统。"要知道我们是在恢复举世皆知的老的优良范例。我们大家都知道《共产党宣言》，全世界都知道这个宣言；要修改的并不是下面的内容：无产阶级是唯一彻底革命的阶级，其余各个阶级，包括劳动农民在内只有转到无产阶级立场上来，才能够成为革命的阶级。"③ 基于以上理由，"代表大会决定今后把我们党（俄国布尔什维克社会民主工党）的名称改为俄国共产党，并加上括号注明'布尔什维克'"④。至此为止，列宁创建新型的共产国际的理论准备工作基本完成。在俄共布尔什维克的带动和影响下，欧洲许多国家的革命左派，纷纷与社会民主党决裂，并按照列宁的建党原则，相继成立了一大批独立的共产党，形成国际共运史上第二次建党高潮。1919 年 3 月，在列宁的领导下，成立了第三国际即共产国际。参加共产国际的成员党都是各国从原来的社会民主党分化出来的左派所建立的共产党。此后，各国马克思主义的政党都确立了共产党的性质和名称。1920 年共产国际

① 《列宁选集》第 3 卷，人民出版社 2012 年版，第 457 页。
② 《列宁选集》第 3 卷，人民出版社 2012 年版，第 457 页。
③ 《列宁全集》第 34 卷，人民出版社 2017 年版，第 58 页。
④ 《列宁全集》第 34 卷，人民出版社 2017 年版，第 53 页。

通过了列宁起草的《加入共产国际的条件》即"21条"。其中规定，凡参加共产国际的党均应改名为共产党，同那些背叛了工人阶级的社会民主党或社会党划清界限必须修改过去留下来的带有社会民主主义的纲领。共产国际是世界新型无产阶级政党的集合体。它的出现标志着在世界范围内，马克思列宁主义的共产党与当时社会民主党在组织上的彻底决裂。就像骆驼难以穿过针孔那样，一切社会民主党人、机会主义者和修正主义者在"21条"面前，都无法混入共产国际。马克思、恩格斯所追求的共产党，在这时才得到全面实现。

与此同时，已经破产了的第二国际各党又在英国工党领袖麦克唐纳的组织下于1919年2月在瑞士的伯尔尼恢复活动，被称为臭名昭彰的"黄色国际"。英国工党主席麦克唐纳在会上发挥了突出作用，被选入"常设委员会"和"行动委员会"，仅1919年3—8月，就频频出席了"黄色国际"在巴黎、阿姆斯特丹、卢塞恩召开的会议，并左右了1920年的日内瓦大会，会议决定把"黄色国际"的总部迁往英国伦敦。1922年4月，在由"第二半国际"的阿德勒发起、三个国际共同参加的柏林会议上，麦克唐纳抓住苏俄"镇压孟什维克"的问题，攻击布尔什维克不民主，并采取了团结"第二半国际"对抗第三国际的方针。5月30日麦克唐纳又致信阿德勒，谋求两个国际的联合。1923年5月，"黄色国际"终于与"第二半国际"合并，在汉堡正式建立了"社会主义工人国际"。这个国际强调社会民主主义与布尔什维克和共产党人对抗。他们也开始使用民主社会主义称呼自己的理论体系。他们对经过暴力革命胜利的苏俄（1922年起为苏联）持对抗的态度。他们的鲜明特色就是用"民主"的口号自我标榜，攻击苏联的"反民主"和"专制"。正如雅克·德罗兹所评论的："社会主义工人国际当时的主要思想状态当然是十分敌视布尔什维克政权：汉堡会议的与会者们一面口头宣称忠于正统的马克思主义——其实他们对马克思主义已不那么信仰了，一面又表示，他们从根本上反对苏俄所采取的方法。"① 应该说，由在第一次世界大战

---

① ［法］雅克·德罗兹：《民主社会主义（1864—1960年）》，时波译，上海译文出版社1985年版，第202页。

中破产的第二国际的残余实际上是右翼几经曲折组成的这个"社会主义工人国际"正是未来社会党国际的雏形。"社会主义工人国际"的理论体系和政治主张比较准确地代表了未来社会党国际的基本理论主张和政治倾向。社会民主主义发展到"社会主义工人国际"，其形态已趋于成熟。

在20世纪30年代法西斯势力兴起之后，共产党人提出了与社会党人合作的愿望，但遭到社会民主主义者的拒绝。只是后来法西斯在迫害共产党的同时也迫害到社会党人，他们才在某些方面与共产党有了一定的合作。但是，随着第二次世界大战的结束和冷战局面的开始，社会民主主义者又退到资产阶级右翼立场，与帝国主义站在一起，与社会主义国家形成严峻的对抗。在这种情况下，酝酿已久的"民主社会主义"的口号正式出现，成为当代与科学社会主义对抗的意识形态。社会党人之所以把他们的思想体系的名称由社会民主主义颠倒成为民主社会主义，意在凸显它是"民主"的社会主义，根本区别于共产党人的"专政"社会主义。这种立场标志着各国社会党、社会民主党与共产党的对立进入一个新的阶段。当然，在度过了30年社会党国际与共产党人对抗的漫长岁月之后，由于德国新式社会党领导人勃兰特上台，社会党与共产党关系缓解，建立了正式的党际关系，寻找共同点进行合作。但是，随着苏联解体东欧剧变，社会主义处于低潮，社会党人的民主社会主义开始右翼化，向标准的资产阶级政党的风格和主张接近。他们甚至右到连背叛了共产党、投靠他们的东欧各国出现的社会党也不顾，拒绝接收这些新的社会党进入"社会党国际"。他们甚至右到连民主社会主义也不想坚持，而提出所谓的"社会的主义"，又从"民主社会主义"退回到"社会民主主义"。眼下，他们正在以"社会民主主义"自我标榜，不愿意再提"民主社会主义"，因为"民主社会主义"这个词里毕竟还有"社会主义"，提"社会民主主义"，就更加彻底地与科学社会主义划清了界限。

从这一全过程来看，民主社会主义起源于第二国际中从来不接受马克思主义的右派，后来集结为第一次世界大战后的"社会主义工人国际"。正是他们的思想和政治倾向，奠定了1951年社会党国际的民主社会主义和今日社会民主主义的面貌。从这种比较成熟的社会民主主义形态中，我们不难寻到民主社会主义的准确的起源。①

第二节　第二国际马克思主义与修正主义

前边说到，第二国际最初建立时以科学社会主义为主流，但是到中后期发生了严重分化。其中，国际中出现的批判马克思主义的剩余价值学说、阶级斗争学说，质疑共产主义的最终目标的修正主义起到很大作用。第二国际之所以出现否定、背离马克思主义的修正主义，究其根源，一方面是一部分原来赞同马克思主义的人把马克思主义视为某种一成不变的东西，而否认其具有自我调节的强大应变能力和因而具有的极其广阔的历史容量。另一方面是第二国际中教条主义地理解和运用马克思主义的马克思主义者也无法站在新时代的高度真正捍卫马克思主义。

在第二国际的马克思主义者当中，有许多著名的工人阶级政党的党务活动家，如李卜克内西父子、奥古斯特·倍倍尔、克拉拉·蔡特金等。但是，就对马克思主义理论发展的影响而言，最为主要的则是下述各位：格·瓦·普列汉诺夫（1856—1918）、弗兰茨·梅林（1846—1919）、卡尔·考茨基（1854—1938）、安东尼奥·拉布里奥拉（1843—1904）以及保尔·拉法格（1842—1911）。这都是一些富有个性的人，其生活道路、理论成就，尤其是晚年的政治立场差别很大。但是他们中也存在一些普遍性的共同失误，这些共同之处不是偶然的巧合，而是第二国际在准确把握和运用马克思主义理论上的整体性失误。

一　第二国际马克思主义在时代转化中落伍

第二国际马克思主义理论家的悲剧在于，尽管他们有着坚持和保卫马克思恩格斯的学说和事业的虔诚愿望及优越条件，然而最终却或多或少地偏离了马克思主义的理论传统；尽管他们在传播和普及马克思主义

---

① 刘书林：《关于民主社会主义思潮起源的考察与论辩》，《马克思主义与现实》2003 年第 4 期。

方面极为出色，然而在运用马克思主义回答新历史条件的挑战方面却极其平庸。本来，他们作为直接得益于马克思、恩格斯的亲自教诲而成长起来的第一代学生，作为马克思恩格斯理论遗产的主要继承人，作为博学多才的学者和经验丰富的社会活动家，继承并推动马克思、恩格斯的事业似乎非他们莫属。然而，跨越世纪后的历史恰恰为我们展现了另一幅图画，除了早逝的拉布里奥拉外，考茨基、普列汉诺夫均站到了无产阶级革命运动的对立面上（可悲的是他们在这样做时，还坚持认为自己是在保卫马克思主义、纠正工人运动的错误方向）；拉法格以不应有的方式自行退出了革命斗争的舞台，而梅林则因在理论上缺少创新而丧失了对于工人运动原有的重大影响。这种思想上的普遍落伍确实发人深省。

他们的失误在于没有看出时代的转变。实际上，从 19 世纪末开始，一个新的历史时代已在迅速来临。随着自由资本主义向垄断资本主义过渡的完成，出现了过去不曾存在的两大国际性现象：帝国主义和修正主义。这标志着无产阶级及其政党正面临着重大的历史性转折。

首先，帝国主义既使世界不可分离地连成一体，又加速了各国政治经济发展的不平衡。在其统治链条的某些薄弱环节，无产阶级夺取政权已被提到了历史的日程上。这就是说，无产阶级革命的方式已由以利用合法斗争形式为主积蓄革命力量和准备革命转变为诉诸革命暴力、直接进行革命。但是，第二国际马克思主义者对于帝国主义的分析仍大致停留在马克思恩格斯已指出的工业垄断趋势上，把帝国主义看作资本主义国家为了托拉斯工业的利益而实行的一种侵略性掠夺政策，而不是资本主义社会形态发展的一个相对独立的新阶段，没有发现资本主义各国为重新瓜分已经瓜分完毕的世界而进行的争斗的意义。这样，他们对于日益逼近的帝国主义战争必然缺乏思想准备，也就不可能把帝国主义战争和无产阶级革命战略的转变直接联系起来，对于把无产阶级专政和暴力革命直接付诸实践也就必然缺乏思想准备。

其次，由于世界范围内的殖民统治和高额垄断利润的攫取，垄断资本终于获得了使用收买方式分化工人阶级所必需的物质手段。因此工人贵族阶层及其政治代言人——修正主义的形成，乃是帝国主义的经济和政治的必然产物。这就是说，工人运动的主要危险已从其外部的资产阶级、小资产阶级派别，转变为其内部的机会主义派别。然而，第二国际马克思主义者把修正主义看作资产阶级、小资产阶级思想对党内的影响和一般渗透，而不是看作帝国主义时代的某种必然的国际现象。他们不懂得这些从工人阶级中生长出的修正主义的社会作用就是"在社会主义革命前夜缓和劳资之间的矛盾"，以扼杀这个革命，不懂得对修正主义的斗争除了思想上的批判，还必须采取一定的组织措施。甚至对修正主义在思想上的批判，第二国际马克思主义者都仅仅把它看作是一种暂时的理论上的退步或短暂的消极的情绪。

显然，没有对于时代转变的敏锐观察，就不可能实行无产阶级革命的这种战略转变。相反，伯恩施坦修正主义恰恰抓住了时代的某些变化作为修正和抛弃马克思主义的根据。他的力量和危险性都在于此。事实证明，停滞了的、教条式的马克思主义打不过修正主义。考茨基在1898年斯图加特党的代表大会上不得不承认："伯恩施坦迫使我们思考，为此，我们将感谢他。"第二国际的马克思主义理论家们没能及时觉察出时代的变化，因而迅速地从历史潮流的前列掉了下来。如果我们进一步考察他们在时代转变问题上失误的原因，就会发现他们的世界观存在严重缺陷。概括地说，他们没有真正理解马克思恩格斯所完成的哲学变革的世界观意义，不懂得马克思主义哲学和旧哲学的真正区别，从而用不同程度上残留着旧世界观的烙印的观点和方法去理解马克思主义，把马克思主义世界观实证化了。当他们把马克思主义哲学混同于实证科学的时候，也就这样或那样地忽视了对于历史趋势的科学预测，从而丧失了对于旧世界进行无情批判的卓有成效的价值尺度；这样或那样地忽视了革命阶级及其政党的主观能动作用，从而丧失了对于现存社会关系进行革命改造的现实力量；这样或那样地把社会矛盾及其理论概括简单化、公式化，从而丧失了推动理论发展的内在活力和自觉意识。

二 修正主义及其影响

修正主义是第二国际中出现的公然提出要修正马克思主义，并从理论上全盘否定马克思主义基本原理的，以工人贵族为阶级基础的资产阶级思潮。这种思潮的典型代表是前边谈到的，对第二国际教条主义最具震撼力的伯恩施坦主义。伯恩施坦从1896年公然在杂志上发表一组文章挑战马克思主义开始，走上了叛离马克思主义的道路，也开创了从马克思主义内部完全叛离马克思主义路线的恶劣先例。一个曾经的马克思主义理论的拥护者变成为修正主义的鼻祖，思想上的这种转变，从主观上说是其在接触马克思主义之前，已经由一套完整系统的思想体系构建了独立的世界观历史观，很难真正彻底接受马克思主义。从客观上说，当时时代转换中出现的新情况、新特点被伯恩施坦敏锐地捕捉到，并由此成为他改造马克思主义理论的事实依据。用他自己的话来说："强调今天的情况和《共产党宣言》作者在写宣言时所面临的情况不同的这一思想，若干年来一直是我的政治工作的指导思想。我想做的事情是：根据实际情况已经发生的巨大变化在社会主义理论方面作出结论。"[1] 基于伯恩施坦对马克思主义学说所作的"创造性探索"，很多人将其视为克服了马克思学说的空想性因素的"现代社会主义之父"，并将其思想作为民主社会主义的理论来源之一。那么他的思想到底能否成为民主社会主义的思想来源，要从其思想的主要内容进行分析。

伯恩施坦在他的思想观点刚刚体系化的时候，就对马克思恩格斯关于理论和实践相统一的观点深表不满，认定他们并没有解决这一关键问题，因而马克思主义者老是跟不上形势的发展变化。他在1899年出版的《社会主义的前提和社会民主党的任务》中写道："马克思和恩格斯对于被他们承认的实际情况的变化和关于实际情况的更为正确的认识对于理论的表述方式和应用必然会起的反作用，只限于部分地仅仅略提一下，部分地只就个别论点作了肯定……他们把重新使理论获得统一性和重新建立理论同实践之间的统一性的任务，留给了他们的后继者。"[2] 在他看

---

① 《伯恩施坦言论》，生活·读书·新知三联书店1966年版，第239页。
② ［德］爱德华·伯恩施坦著，殷叙彝编：《伯恩施坦文选》，人民出版社2008年版，第155页。

来，马克思学说中还缺乏不断接纳根据变化了的情况所形成的新理论新观点的机制，因而理论观点之间常常冲突，理论和实践之间常常脱节。于是，他提出了批判马克思主义学说的问题。而且他的这种批判包含着两重特定意义。其一，理论和实践相分离，根子在理论，因而批判马克思学说是解决两者矛盾的根本途径。其二，造成理论和实践相脱离的，是理论自身的空想成分，因此，批判的实质是清算马克思学说中致使其空想成分得以保存的根源。通过伯恩施坦的思索，他认定根子就在马克思学说中的"独断论成分"。他认为这种独断的表达方式首先是"唯物地"表述历史规律，使之变成了"历史的铁的必然性"；其次，为了使上述具有宿命论色调的"客观规律"成立，只能从黑格尔的"矛盾辩证法"中寻找根据，他的结论是："黑格尔辩证法是马克思学说中的叛卖性因素，是妨碍对事物进行任何推理正确的考察的陷阱。"①

不难发现，伯恩施坦在理论与实践（现实）的矛盾中，以丢弃理论、扭曲实践为解决矛盾的方法。伯恩施坦对理论的否定突出表现在如下一些观点上。第一，在马克思主义同工人运动关系的观点上，他认为，理论依赖于运动、从中汲取力量，而运动不依赖于任何理论、可以从多种学说汲取营养；马克思主义被完全抛弃，工人运动和社会主义仍可以健康地发展。他的一句名言就是：运动就是一切，目的是微不足道的。第二，在经验和"观念"关系的见解上，他认为经验和"观念"是截然不同的，前者是对事实的把握，可以证实（或证伪），而后者则只是"理智的推论"，无法加以证实；"观念"只能作为道德理想在现实中发挥作用，而它一旦力图成为科学和统一的世界观，就会陷入"概念的自我发展"的圈套、以观念发展替代现实发展。这样，通过对"观念"的限制，他否定了依靠理论去把握世界发展一般规律的可能性。换言之，伯恩施坦认为，共产主义理论只能在伦理道德层面对人产生向更高道德境界发展的影响，在现实层面却没有实践意义。第三，在科学性和党派性关系的观点上，伯恩施坦把党派性视为科学

---

① 侯惠勤：《作为世界观的马克思主义辩证法》，《马克思主义研究》2007 年第 7 期。

社会主义的障碍，这直接针对马克思主义的阶级性原则。在他看来，要么是公正的全人类性，要么是偏狭的阶级性，根本不存在能够同人类根本利益保持一致的阶级性。可见，他否定无产阶级党性原则，归根结底是否定无产阶级彻底认识世界和根本改造世界的可能性，否定科学地预见历史发展的可能性。在这一点上，伯恩施坦和一些资产阶级学者都喜欢把马克思主义关于客观规律的学说归结为"过分理智化"，但是他们又都武断地认为无须经过先进阶级的努力奋斗，每个人的内心就都具有超越阶级和时代局限性的"良知"，它一旦被唤醒就都能接受美好的事物和社会的进步。

通过上述伯恩施坦式的"批判"，必然带来取消马克思主义对革命实践的指导作用的结果。并且，与这种对理论作用进行贬低相对应的是对实践的偏狭、直观的理解。首先，伯恩施坦把实践实际上归结为"经验事实"的堆积，而不是有着自身发展规律的客观历史过程。实践对于理论的检验在他那里就成了个人经验"事实"对理论的简单比照，因而这一检验的历史过程性，以及相对性和绝对性的辩证统一等就均被丢弃了。这带来的结果是，由于个体局限性而必然对个人经验事实无法证实的理论进行否定，由于个体多样和多变而必然对有着内在统一性的严谨的理论体系进行排斥。其次，他把实践归结为一种渐进的、量的累积过程，而对作为质变、飞跃形式的革命实践则加以排斥。因此，他把"阶级合作"视为推进发展的真正强大动力，把"和平长入"视为走向社会主义的真正现实的道路，把"发展经济和加强道德训练的自然结果"视为工人阶级解放的根本途径。最后，他的实践观归根结底是个体实践观，因而反对从无产阶级革命实践的总体上去把握社会实践的总趋势。他一再强调社会主义运动是突出个人地位和自由人格的自由主义的继承者。他还反复论证阶级是个不定型的抽象的存在，随便一个人都可以在政治上代表任何阶级。①

分析到这里，以伯恩施坦主义为代表的修正主义其实就是放弃阶级

---

① 侯惠勤：《作为世界观的马克思主义辩证法》，《马克思主义研究》2007年第7期。

斗争、暴力革命、无产阶级专政的社会改良主义。在前边我们已经分析了改良主义的历史演进。社会改良主义实质上就是社会中间阶层的意识形态。而中间阶层在政治立场上常常处于摇摆不定的状态，以及对于形势的变化往往具有一定程度上的投机心理。从政治属性上，这样的中间阶层本质上属于资产阶级民主派。具体就伯恩施坦思想的阶级属性而言，德国社会民主党主席奥古斯特·倍倍尔和第二国际的领袖人物之一考茨基多次提到，伯恩施坦每换一次政治环境，就会改变政治立场。所以，正如伯恩施坦早年对自己的评价所言，他总体上是一个有社会主义倾向的激进民主主义者。即便他曾有一段时间自称马克思主义者，马克思恩格斯也对他进行过肯定，但我们也只能说他是一个宣传马克思主义的理论家，而非一个真正践行马克思主义的马克思主义者。"伯恩施坦后来在思想上彻底背离了马克思主义、背离了党的科学社会主义纲领，他在形势判断和斗争策略方面提出的见解被历史证明基本上是错误的，政治影响是消极的，特别是在革命风暴时期，这种消极作用表现突出，有时甚至发展到反动的地步。"① 当然，伯恩施坦对马克思主义的修正本身并没有产生如他对修正主义进行定义时所解释的具有创新性的理论，实际上，只是对 19 世纪以来欧洲工人运动史上各种机会主义、改良主义观点的沿袭。他自己也明确地说："修正主义，这个基本只有对理论问题才有意义的词，翻译成政治用语就成为改良主义，即系统的改良工作的政策，它同把革命灾变当作运动的、符合愿望的或被承认为不可避免的阶段的政策相对立。"② "修正主义力求为一种原则上改良主义的社会民主党政策的必要性和可能性提供理论论证并且粗略地指明这一政策的基本方针。"③ 他提出的政治路线，基本上也是马克思、恩格斯生前多次批判过的社会改良主义路线。其唯一的独特之处在于，不同于党内外那些直

---

① 张世鹏：《关于伯恩施坦修正主义研究的几个问题》，《当代世界社会主义问题》2010 年第 3 期。

② ［德］爱德华·伯恩施坦著，殷叙彝编：《伯恩施坦文选》，人民出版社 2008 年版，第 440 页。

③ ［德］爱德华·伯恩施坦著，殷叙彝编：《伯恩施坦文选》，人民出版社 2008 年版，第 477 页。

接反对马克思主义的派别，修正主义自认为是在马克思主义阵营内对马克思主义进行理论创新，但其实质是以理论创新为旗号，反对马克思主义的核心观点。我们知道，"虽然马克思恩格斯原则上并不反对工人阶级政党从事社会改良活动，特别是在资本主义相对和平发展时期。例如，他们对于德国社会民主党在19世纪下半叶参加议会竞选和参与社会立法的斗争，就给予了大力支持和高度评价。但是，马克思主义经典作家把社会改良与社会改良主义严格区分开来，他们坚决反对彻底放弃革命暴力、无产阶级革命和无产阶级专政，反对把社会改良当作唯一斗争手段的社会改良主义。即使在看来有可能和平过渡的国家，马克思、恩格斯也要求工人阶级政党作两手准备：争取和平获得政权，但也不要放弃暴力革命的准备"[①]。由此说明马克思主义与修正主义是有着本质差异的。1899年伯恩施坦的《社会主义的前提和社会民主党的任务》出版，其中关于德国社会民主党转换发展战略的建议，实质上是以否认资本主义世界会出现大的危机为前提，要求无产阶级政党改变无产阶级属性，彻底放弃革命斗争，融入资本主义民主制度的发展完善中。

"我们可以想象处于两次世界大战之间的大危机、大灾变中的社会民主党人和广大工人群众会如何看待这位多次改变立场的伯恩施坦的理论预见；我们也能理解伯恩施坦晚年的理论威信为什么会一败涂地。他起草的1921年《格尔利茨纲领》是德国社会民主党历史上最短命的纲领，仅过了一年，在1922年9月举行的纽伦堡代表大会上就通过决议宣布重新起草一个新纲领。1993年在德国出版的一本伯恩施坦传记中说：'1927年他已经抱怨，无论是《前进报》；还是希法亭主编的《新社会》杂志，都把他的文章退了回来。1923年，他的夫人去世，他已经老了，对于德国社会民主党的政策毫无影响，他几乎被人们遗忘。'英裔美籍学者利·拉贝兹也说：'修正主义有一个时期被人忘得一干二净。'"[②]

---

① 张世鹏：《关于伯恩施坦修正主义研究的几个问题》，《当代世界社会主义问题》2010年第3期。

② 张世鹏：《关于伯恩施坦修正主义研究的几个问题》，《当代世界社会主义问题》2010年第3期。

第二次世界大战以后，1951 年重建的社会党国际在其纲领性文件《民主社会主义的目标和任务》中，总结了两次世界大战和 20 世纪 30 年代大危机的历史经验教训，特别强调资本主义"激化了阶级斗争"，指出："虽然世界的物质资源可以使每个人享有一种合乎尊严的生活，资本主义却没有能力满足人类的基本生活需要。它表明自己没有能力在不产生灾难性危机和大规模失业的情况下运作。它制造了社会风险和贫富之间的截然不同的鲜明对立。它通过帝国主义扩张和殖民剥削激化了各民族和种族之间的冲突。在一些国家，在大资本的帮助下，昔日的野蛮残暴再度以法西斯主义和纳粹主义的面目抬头。"① 很明显，这段论述同伯恩施坦的无危机、无灾变论的形势判断完全对立，甚至可以说是截然不同。这也就是说，在历史事实的教训下，第二次世界大战以后，即使这个社会改良主义的国际组织也没有认可伯恩施坦的形势预测。

"不过，对于战后资本主义的繁荣，伯恩施坦还是有功劳的，不仅有，而且非常之大。但长期以来，这个功劳被很多人忘记，包括目前的翻案文章也不曾提起。其实，资本主义之所以能够在两次世界大战和 30 年代大危机中摆脱劫难，包括伯恩施坦修正主义在内的社会改良主义对拯救资本主义功不可没。这里有一个包括意识形态在内的上层建筑对于经济基础的反作用问题。拯救资本主义是社会改良主义的一个基本功能，在 19—20 世纪之交西方面临着新的战争与革命时期，伯恩施坦预言资本主义长生不死，目的在于向准备进行历史性革命斗争的左派和广大人民群众泼冷水。它在政治上的一个消极作用就是瘫痪社会民主党的革命意志和愿望。后来，社会民主党右派领导人也经常用这句话为自己在革命风暴时期的毫不作为进行辩护。正是由于资产阶级改良主义（社会自由主义）和社会民主党的改良主义（自由社会主义、民主社会主义）的联合帮助，欧洲垄断资本才像金箍棒下的白骨精一样灵魂出窍，成功地施展了脱身之计，逃离老自由主义的僵尸钻入莱茵模式的新躯体，以新的和善面孔出现。再加上 60—70 年代的教育革命和新科技产业革命为之增

---

① 《德国社会民主党纲领汇编》，张世鹏译，北京大学出版社 2005 年版，第 59 页。

添了新鲜血液，所以它在 80 年代能够生气勃勃地进行经济全球化。可以说，资本主义之所以历尽劫难、死而复生，昔日的伯恩施坦修正主义和战后的社会改良主义功不可没，正是它们充当了'在病床前挽救资本主义垂死命运的医生'。"① 总体而言，修正主义的出现，让以德国社会民主党为代表的欧洲社会民主党逐渐放弃无产阶级斗争原则，成为自由化的改良主义政党，并在第二次世界大战后以民主社会主义自称产生了推波助澜的影响。这种推波助澜也意味着，对于民主社会主义来说，修正主义是"流"而不是"源"。毕竟如前所述，伯恩施坦主义在资本主义世界性危机大爆发的那一段时间里曾经被人们淡忘，而民主社会主义者也是在第二次世界大战后出现资本主义新的繁荣期时才又想到了伯恩施坦修正主义曾经的言论并以此来给自己反对马克思主义做论证。今天，随着资本主义全球化的进一步发展，民主社会主义也出现新的变化，但总体上都是资产阶级激进派的社会民主主义思想不断自由主义化的产物。

第三节　当代民主社会主义与中国特色社会主义的本质区别

我们当前进行的中国特色社会主义实践是一项前无古人的伟大事业，我们在这个过程中所遇到的问题也是马克思主义经典作家不曾预见的。为了更好地推进这场伟大实践，我们要坚持守正创新，推进马克思主义理论的新发展、新飞跃。这要求我们既要破除对"左"倾教条主义的迷信，也要防止民主社会主义这种资产阶级思潮对我们的侵蚀。为此，我们在坚持科学社会主义基本原则的同时，一定要认清这些反马克思主义的基本主张和本质并予以有力回击，才能更好地把马克思主义基本原理与中国具体实际相结合，与中华优秀传统文化相结合，开辟马克思主义中国化时代化新境界。

---

① 张世鹏：《关于伯恩施坦修正主义研究的几个问题》，《当代世界社会主义问题》2010年第 3 期。

一 当代民主社会主义的基本主张和本质

民主社会主义发展到今天，从世界范围来说，大致有两种势力。一种势力是以欧洲的社会民主党或社会党为代表的资产阶级，小资产阶级左翼政党，这股势力在反思、变革和调整中，按德国著名学者、社会民主党重要智囊人物托马斯·迈尔教授的意见，出现了三种类型的政党。"第一种在某种意义上可以称之为传统主义的类型。它们坚持旧的社会民主主义的东西很多，这包括法国和德国的社会民主党。第二种是形成了自由主义化的社会民主主义政党。这种类型包括英国的工党，也包括爱尔兰和荷兰的社会民主党。第三种是现代化的社会民主主义政党。它们仍然坚持自己的目标，但是逐渐地改变了方法和手段，这种类型包括瑞典和丹麦的社会民主党。"① 另一股势力就是以戈尔巴乔夫为代表的社会主义国家执政党——共产党内的民主社会主义力量。这两股势力在基本理论观点上和政治主张上有相同之处，都是同科学社会主义对立的，是资本主义的思想，但是又有所差异。这就是欧洲社会民主党或社会党的民主社会主义实质上是马克思、恩格斯在《共产党宣言》中批判过的小资产阶级社会主义，是改良的资本主义。而戈尔巴乔夫一伙推行的民主社会主义是在社会主义背景下出现的，是在共产党内推行的，因此它的主旨不是改良资本主义，而是从内部颠覆社会主义，复辟资本主义。因此，相较于资本主义国家社会民主党、社会党奉行的改良资本主义，戈尔巴乔夫一伙在社会主义国家搞的民主社会主义更为反动，是历史的倒退。这里，我们从五个方面揭示民主社会主义的基本理论和本质。

第一，在指导思想上，多元混合的思想体系本质上是资产阶级意识形态。1951 年社会党国际的《法兰克福声明》在序言部分的第 11 条宣称："社会主义是一个国际性运动，它不要求观点严格一律。不论社会党人把他们的信仰建立在马克思主义或其他分析社会的方法上，不论他们是受宗教原则还是受人道主义原则的启示，他们都是为共同目标，即

---

① 何秉孟、姜辉、张顺洪：《托马斯·迈尔谈社会民主主义的理念与实践》，《国外理论动态》2008 年第 2 期。

为一个社会公正、生活美好、自由与世界和平的制度而奋斗。"① 此后，社会民主党人由于害怕共产党人在知识分子和工人中间成为马克思威信的唯一继承人，根据不同时期的需要，时而在纲领中提到马克思主义，时而又抛弃马克思主义。德国社会民主党的歌德斯堡纲领（1959 年）没有提到马克思主义。1989 年社会党国际十八大通过的《社会党国际的原则声明》也没有提马克思主义，但德国社会民主党的柏林纲领（1989年）又认为民主社会主义的思想根源包括马克思主义的历史和社会学说。但基本立场仍然是崇尚思想纲领的多元化。他们主张指导思想多元化，其根源在于他们根本否定社会历史发展的规律性和必然性。他们认为，马克思主义关于社会发展规律的理论是一种排斥人的主观能动性的宿命论，具有否定人的意志、人的主观能动性、价值观念的反伦理倾向。社会应该是多元的，决定社会存在的因素、社会发展的动力也必然是多元的。社会主义的实现不是一种必然的真理，而应把基督教学说、法国大革命的人权宣言、康德的伦理学与启蒙思想、黑格尔的辩证的历史哲学、马克思主义的批判方法、伯恩施坦的修正主义等都作为思想根源。对资产阶级经济学理论，如凯恩斯主义、福利经济学、综合经济学、自由市场经济学思想，以及新康德主义和新费边主义的哲学观点和政治学观点也都应加以汲取。总之，民主社会主义把各种思想观点熔为一炉，其思想体系是一锅杂烩汤，不顾原则，混乱不堪，前后矛盾，但本质上是资产阶级的意识形态。即便一定程度上借用马克思主义的一些观点，但对马克思主义的基本原理和核心观点进行了拆解和曲解，甚至把马克思主义与人道主义哲学、基督教和其他唯心主义的方法论并列起来，本身就是对马克思主义科学性的贬低。②

第二，在奋斗目标上，追求人道主义、自由、平等、互助等人类理性原则的实现。"在民主社会主义看来，社会主义是人道主义、自由、

---

① 参见徐崇温《论民主社会主义与科学社会主义、马克思主义的区别》，《红旗文稿》2010 年第 8 期。

② 丁宁：《民主社会主义与中国特色社会主义比较研究》，博士学位论文，新疆大学，2010 年。

平等、相助等人类理性、伦理原则的实现。"① 因此，它声称其社会主义目标是要"为一个社会公正、生活美好、自由与世界和平的制度而奋斗"，是要"建立一个自由人能以平等地位共同工作的社会"，"将自由、公正和团结结合起来的、和平民主的世界"。② 它讲的自由、公正、相助是指什么？德国社会民主党在 1975 年通过的《1975 年至 1985 年经济政治大纲》中说："自由意味着摆脱任何有损于人的尊严的依赖关系，并有可能在公正和相助的要求所规定的限度内，自由地发展自己的个性，公正是通过在社会中给每个人提供同样的权利和均等的生存机会，而实现着每个人的自由……相助表现在其成员共同反对各种依赖关系和歧视的各阶层之间的同舟共济。"③ 民主社会主义认为，这些"基本价值"，如自由、公正和团结互助，是一些"永恒的"法权和伦理原则，实现这些基本价值，可以消除资本主义社会关系中的矛盾，达到任何人和人之间的超阶级、阶层的团结。民主社会主义就是争取自由、社会公正和团结的国际运动。但是，民主社会主义作为社会改良主义，其基本功能决定了这些目标的实现不可能通过把资本主义革命地改造为社会主义来实现。社会党国际的主要领导人也多次表达了要拯救资本主义而不是废除资本主义的观点。正是因为这样，民主社会主义认为："资本主义社会的弊端和矛盾，其根源不在于资本主义制度本身，不在于阶级剥削阶级压迫的存在，而在于违背了人道主义，违背了自由、平等、公正、相助等伦理原则，'违背了社会党人的正义感'。"④ 实际上，站在历史唯物主义的基础上看，事情恰恰相反，资本主义社会的自由、平等、公正、相助等价值观念正是资本主义生产关系，资本主义制度的反映。而他们这种从抽象伦理道德信念出发，想在不改变制度的前提下通过思想观念的

---

① 曹长盛：《民主社会主义同科学社会主义的对立和区别》，《中国高等教育》1990 年第 9 期。

② 参见吕薇洲《民主社会主义的流变及与中国特色社会主义的本质区别》，《红旗文稿》2010 年第 4 期。

③ 周余云：《社会党的基本价值论》，《当代世界》2014 年第 6 期。

④ 曹长盛：《民主社会主义同科学社会主义的对立和区别》，《中国高等教育》1990 年第 9 期。

变化来改变社会关系，是历史唯心主义的典型表现。这正如马克思和恩格斯所指出的，空想社会主义之所以是空想，就在于它认为"社会主义是绝对真理、理性和正义的表现，只要它被发现了，它就能用自己的力量征服世界"①。科学社会主义从历史唯物主义原理出发，首先认为，社会历史发展是有规律的，社会主义代替资本主义是社会生产力与生产关系、经济基础与上层建筑、无产阶级同资产阶级矛盾斗争中得出的必然结果，是社会历史发展不可逆转的总趋势。马克思主义经典作家对这一点讲得很明白。恩格斯说："一切社会变迁和政治变革的终极原因，不应当到人们的头脑中，到人们对永恒的真理和正义的日益增进的认识中去寻找，而应当到生产方式和交换方式的变更中去寻找；不应当到有关时代的哲学中去寻找，而应当到有关时代的经济中去寻找。"② 其次，作为上层建筑、意识形态的一部分的伦理道德，是由经济基础决定的。在阶级社会里占支配地位的伦理道德观点只能是统治阶级的伦理道德观点。自由、平等、公正、相助等概念，似乎是永恒的，但只要回顾历史，不难发现各个时代的各个阶级都赋予它们以不同的内涵。民主社会主义把社会主义看作是理性和伦理原则的体现，否定历史发展的必然规律，否定社会主义的实现是历史发展规律作用的必然结果，旨在破坏人们对社会主义的科学信念。

第三，在道路问题上，认为资本主义民主制度的发展和完善是通向社会主义的现实道路。民主社会主义者强调，社会党人只能"通过民主手段建立一个自由的新社会"。北欧一个国家的社会民主党声称："以民主社会主义为基础的和平的社会过渡是解放全人类的唯一可行的途径。"他们认为，和平过渡是普遍运动。其理由是：其一，在资本主义同社会主义之间很难划一个明确的界限。从资本主义到社会主义不是一个突变而是一个长期的改良过程。在资本主义社会内部可以逐步实现社会主义，因而声称"民主社会主义的原则之一，即是在变革社会现实方面实行渐进主义的一步一步的战略"。社会主义是"社会与经济民主化和社会公正日益增进的持续过程"。当代民主社会主义的这一主张在一定程度上

---

① 《马克思恩格斯选集》第3卷，人民出版社2012年版，第394页。
② 《马克思恩格斯选集》第3卷，人民出版社2012年版，第654—655页。

也可以说是综合了 19 世纪末以来以伯恩施坦为代表的修正主义观点。这种不划清界限，幻想和平过渡的观点导致工人的起义和反抗遭到反动势力的大肆镇压，以至于德国社会民主党本身也曾屈服反动和保守势力而被迫退出政府，遭到很大损失。其二，国家并不必然成为阶级统治的工具。"其主要内容是：否认国家是阶级统治的工具，认为发达资本主义的国家已不再是垄断资本管理委员会，也不是中立的、超阶级的机构，而是各阶级、各种利益集团进行角逐的阵地。不承认垄断资产阶级为了保证本阶级利益的实现，必然对工人阶级及其他劳动者实施专政。他们宣称工人和工薪劳动者可以通过议会制民主和各种社会集团（如工会、教会、政党）以及社会运动的压力，防止国家成为经济上占统治地位的阶级的工具，迫使国家推行改革现存社会的政策，从而使资产阶级内部产生社会主义因素，限制和监督私人经济权力，促使社会制度朝自由、公正、相助方面发展。这就是在资本主义议会制民主的政治框架内对现行制度实行改良。"民主社会主义上述理由的荒谬性是显而易见的。从科学社会主义的观点看，国家政权问题是一切革命的根本问题。无产阶级取得政权是实现社会主义的先决条件，决不能在资产阶级社会内部通过资产阶级民主制直接进入社会主义。这样说的理由是：其一，社会主义同资本主义各自都有质的规定性，两者既不能混淆，也不能趋同。社会主义不能在资本主义内部成熟起来。其二，民主作为一种国家制度是有强烈的阶级性的。在资本主义条件下，无产阶级可以利用普选权作为训练自己的队伍积蓄革命力量反对资本主义、改善生活和条件的武器，但不能混淆资本主义民主制同社会主义民主制的原则界限，资本主义民主是资产阶级的国家形式，巴黎公社的实践经验和其他无产阶级革命的实践经验反复证明，无产阶级不能简单地利用它来达到自己的目的。因为只要国家还存在，他就无例外地是阶级统治的工具，资产阶级国家的主要职能是镇压被剥削阶级，是维护资产阶级的生产资料所有制。其三，民主与专政是辩证统一的。资产阶级的民主是对工人阶级和劳动群众的专政，无产阶级取得政权后也必须把对无产阶级和广大人民群众实行民主，同对反社会主义势力的专政辩证统一起来。其四，民主社会主义鼓吹通过民主制走向社会主义，反对一切专政，实际上是要无产阶级把争取社会主义的斗争限制在资本主义范围内，同时要求社会主义的国家放弃无产阶级专政或人民民主专政。①

第四，在所有制问题上，要求保留生产资料私有制。民主社会主义认为，生产资料归谁所有不是决定社会主义性质的基本因素，不是衡量社会主义性质的主要标准，不应把各种不同形式的公有制本身看成目的。他们认为实现社会主义是一项争取和捍卫自由公正，又在自由和公正中接受检验的持久任务，因此不需要消灭生产资料私有制。正是这样，20世纪90年代中期以后，在社会党国际的代表大会宣言中，已不再提及所有制问题。他们在这方面的主张是，在保留私有制的基础上，逐步扩大国有化和合作化经济，实行混合经济。民主社会主义认为经济决策的民主化很重要，它是对议会民主的一种必要补充。因此他们强调私有制在经济中应起到主体作用，私有制是"不可缺少"、不可触动的。因为只有私有制的竞争机制和生产效率才能为经济生活提供活力。民主社会主义避开所有制关系，在分配领域推行了某些限制垄断资产阶级权力，提高人民群众社会地位和生活水平的政策措施。其中包括劳动、就业、养老、残疾人的福利、休闲、儿童的保育、家庭维持补助金、平等的教育机会、失业保险、社会保障等，认为这是确保社会主义实现的重要方面，确保全体公民积极参加为社会服务的项目的必要基础，以此才能消除贫困，实现收入和财富的公平分配。但是这些措施都没有超出资本主义的范围，没有改变资产阶级和广大劳动群众剥削与被剥削的关系，甚至一丝一毫都没有改变垄断资本主义在经济上的统治地位。这也导致社会民主党的改良措施受到资本主义政治经济形势发展的制约，特别是受到垄断资本主义压力的制约，压力大福利措施就难以执行。从科学社会主义观点看来，生产资料公有制是社会主义在经济上最本质的特征。社会主义必须逐步消灭生产资料私有制，建立生产资料公有制为主体的经济制度。《共产党宣言》讲，共产党人强调所有制是运动的基本问题，共产

---

① 张文平：《民主社会主义与科学社会主义》，《中共福建省委党校学报》1990年第11期。

主义的特征是要废除资产阶级所有制。共产党人可以用一句话把自己的理论概括起来：“消灭私有制。”因为只有消灭生产资料私有制，才能从根本上改变资本主义剥削制度。如果离开了消灭生产资料私有制来谈论社会主义，那只能是以社会主义之名行维护资本主义之实。至于分配问题，更离不开生产资料所有制关系。马克思在批判拉萨尔机会主义在“所谓分配问题上大做文章并把重点放在它上面”时，有一段非常精彩的论述。马克思指出：“消费资料的任何一种分配，都不过是生产条件本身分配的结果；而生产条件的分配，则表现生产方式本身的性质。例如，资本主义生产方式的基础是：生产的物质条件以资本和地产的形式掌握在非劳动者手中，而人民大众所有的只是生产的人身条件，即劳动力。既然生产的要素是这样分配的，那么自然就产生现在这样的消费资料的分配。如果生产的物质条件是劳动者自己的集体财产，那么同样要产生一种和现在不同的消费资料的分配。庸俗的社会主义仿效资产阶级经济学家（一部分民主派又仿效庸俗社会主义）把分配看成并解释成一种不依赖于生产方式的东西，从而把社会主义描写为主要是围绕着分配兜圈子。既然真实的关系早已弄清楚了，为什么又要开倒车呢？”①

第五，在政党问题上，要求建立不仅仅限于无产阶级的“人民的党”“民族的党”。这是因为民主社会主义与马克思主义在党的性质、宗旨、奋斗目标、指导思想、组织原则、党的作用等一系列原则问题上都是根本对立的。民主社会主义认为，党不是工人阶级的先锋队，而是“具有不同信仰和思想的人组成的一个共同体”。党是政治多元化体制中的一个政党。其主要任务是在“民主制”条件下争取在议会中取得多数成为执政党，不谋求领导权。他们认为，由于生产力的变化，工人阶级已经丧失其作为历史动力的主导作用，社会主义将由那些随着生产力的发展而出现的社会阶层来领导，而不是由无产阶级来领导。他们还认为，为适应民主化、多元化的要求，党必须实行完全的民主和自治的原则，反对民主集中制，称民主集中制会造成党内独裁；党是“思想自由的党”，允许党内“成立不同

---

① 《马克思恩格斯选集》第 3 卷，人民出版社 2012 年版，第 365—366 页。

派别"，党内不需要有严格的组织纪律，"党内没有忠于共同的意识形态的义务"。党应该放弃发展到社会主义和共产主义这一自己的最终目标，因为这些是毫无根据的观点。显然，民主社会主义政党从根本上反对科学社会主义的建党原则，反对党成为推翻资本主义、建设社会主义的领导力量。在这一问题上，科学社会主义认为，马克思主义政党的先进性和组织纪律性是建党的原则，也是马克思主义政党区别于其他政党的重要标志。只有坚持以马克思主义为指导，由工人阶级先进分子按照民主集中制的原则组织起来的工人阶级政党，才能领导工人阶级和广大人民群众为推翻资本主义、建设社会主义和实现共产主义而奋斗。马克思主义坚决反对超阶级的"全民党"。列宁曾经指出："觉悟工人将永远反对一切关于超阶级的政党的思想，反对一切抹杀雇佣工人和小业主之间的阶级鸿沟的做法。"[1]建立"超阶级政党"的企图，"除了使人悲观失望、丧失力量、认识模糊以外，不会带来任何结果"[2]。把作为工人阶级先锋队的共产党改成"全民党"，必然导致党的毁灭。

民主社会主义的上述主张表明，民主社会主义作为一种思想体系，"是非科学的改良主义的思想体系"[3]；作为一种制度，是资本主义的一种政治模式、经济模式。它的理论和实践没有超出资本主义实际发展的框框，没有从根本上触动资本主义制度，它不仅不坚持科学社会主义原则，而且还对科学社会主义和共产主义运动起着明显的腐蚀和对抗作用。从上述分析出发，当代民主社会主义和社会民主主义有着本质上的一致性，即把社会主义目标的实现消融在资产阶级民主之中。特别是东欧剧变以后，社会民主主义和民主社会主义更不再把社会主义视为制度、目标，而是寻求所谓"第三条道路"。由于当代民主社会主义还从历史上出现的第二国际修正主义那里获取理论上的支持，所以有学者认为当代民主社会主义还有另一种类型，现代修正主义，即第二次世界大战以来，国际共产主义运动和各国无产阶级政党中，打着马克思主义和社会主义

---

① 《列宁全集》第21卷，人民出版社2017年版，第249页。
② 《列宁全集》第21卷，人民出版社2017年版，第278页。
③ 曹长盛：《民主社会主义同科学社会主义的本质区别》，《学习与研究》1990年第3期。

的旗号，借口时代变化，否定和篡改马克思主义基本原理的资产阶级思潮，是老修正主义在新的历史条件下的翻版。典型代表就是戈尔巴乔夫的"人道的民主社会主义"，其基本理论和政治主张是，其一，放弃、取消共产党的领导地位。他们的说法是苏共"是按自愿原则联合苏联公民的政治组织"，代表"苏联人的共同利益"，因此"苏共不谋求领导权"，苏共应从一党制转而实行多党制，由执政党转变为议会党。其二，颠覆无产阶级专政。戈尔巴乔夫否定阶级斗争和无产阶级专政，按他们的话说，"无产阶级专政"只是一个词儿，这个词儿在苏联"被用到荒谬的程度"，攻击苏联的政治体制是"专制制度"，声称"全民的法制国家排除任何一个阶级的专政"，主张建立"全民国家"，实行三权分立和议会制。其三，取消马克思主义的指导地位。戈尔巴乔夫一伙狂热鼓吹"公开性""新思维"及指导思想、意识形态多元化，他们明确提出，"现在必须使我们的思想库包括国内外的社会主义和民主思想的一切财富，而不单是把马列主义作为自己的思想基础"，坚持"反对共产主义、反对共产主义意识形态"。其四，鼓吹、推行私有化，反对社会主义道路。戈尔巴乔夫主张改变以公有制为主体的结构，夸大私有经济的地位和作用，强调国家财产的"非国有化"和"私有化"并通过所谓的"混合经济"向私有制过渡。其五，在对外关系上，根据抽象人道主义的原则，把所谓"全人类价值优先论"作为"新思维"的核心内容和处理国际关系的最高准则，要求以此为指导，"逐步实现非军事化和使国际关系人道主义化"。上述五个方面表明"人道的民主社会主义"在本质上同欧洲民主社会主义是相同的，但又有不同于欧洲民主社会主义的特点，这就是开历史倒车，复辟资本主义。

二　中国特色社会主义的本质特征与制度特点

一段时期内，有人提出中国应该走民主社会主义道路，甚至说，中国特色社会主义也就是民主社会主义。为了不使民主社会主义这种错误观点搞乱人们的思想，搞乱我们的意识形态，必须明确中国特色社会主义的本质特征和制度特点。

（一）中国共产党的领导是中国特色社会主义最本质的特征

2014 年 9 月，习近平总书记在庆祝全国人民代表大会成立 60 周年大会上的重要讲话中明确提出"中国共产党的领导是中国特色社会主义最本质的特征"这一科学论断。之后，他在不同场合发表的一系列重要讲话中反复强调这一论断。2018 年 3 月，第十三届全国人民代表大会第一次会议通过的《中华人民共和国宪法修正案》将该论断正式写入"总纲"第一条。"中国共产党的领导是中国特色社会主义最本质的特征"，深刻揭示了中国共产党与中国特色社会主义之间的本质联系，并结合中国特色社会主义政治优势和制度特点高度概括了中国特色社会主义的最本质特征，强调了坚持中国共产党领导的极端重要性，从而使对中国特色社会主义本质的认识有了新发展。这一论断是习近平新时代中国特色社会主义思想的重要组成部分，既是对科学社会主义理论的重要贡献，也是对马克思主义建党学说的重大发展。[①]

首先，中国共产党领导人民开创和发展了中国特色社会主义。中国共产党的诞生，彻底改变了中华民族的命运。中国共产党领导人民取得了新民主主义革命的胜利，缔造了新中国；领导人民完成了社会主义革命，确立了社会主义基本制度并取得了社会主义建设的巨大成就；推进了改革开放新的伟大革命，成功开创和发展了中国特色社会主义；推动中国特色社会主义进入新时代，中国各项事业蓬勃发展，不断从胜利走向胜利，中华民族迎来了从站起来、富起来到强起来的伟大飞跃，迎来了实现中华民族伟大复兴的光明前景。实践已经并将继续证明，坚持党的领导是党和国家的根本所在、命脉所在，是全国各族人民的利益所系、幸福所系，是中华民族的命运所系。新时代开启新征程。在坚持和发展中国特色社会主义的道路上，实现"两个一百年"奋斗目标，实现中华民族伟大复兴的中国梦，从根本上来讲还是要靠党的领导，靠党把好"方向盘"、总揽全局、协调各方。正如习近平总书记所强调的："办好中国的事情，关键在党"；"夺取全面建成小康社会决胜阶段的伟大胜利，关键在党"；"实现中华民

---

① 贺新春：《中国共产党领导是中国特色社会主义最本质特征》，2019 年 9 月 3 日，中国社会科学网，https：//baijiahao. baidu. com/s? id=1643633101956089171&wfr=spider&for=pc。

族伟大复兴，关键在党"。只有坚持中国共产党的领导，我们才能续写好中国特色社会主义这篇大文章的精彩篇章。

其次，中国共产党的领导是中国特色社会主义的"最大国情""最大特色"。中国特色社会主义是改革开放以来党的全部理论和实践主题，是党领导的伟大事业。强调中国共产党的领导，是科学社会主义基本原则在新时代的具体体现。中国共产党的领导，直接决定着中国特色社会主义的性质和发展方向。中国特色社会主义是社会主义，不是别的什么主义。搞社会主义必须由马克思主义政党来领导，搞中国特色社会主义就必须由中国共产党来领导。如果没有坚持中国共产党的领导，就不能称之为社会主义，更不能说是搞中国特色社会主义。只有坚持中国共产党的领导，才能从根本上保证中国特色社会主义不走样、不变色。中国共产党是以马克思主义为指导思想，以实现共产主义为最高理想，以全心全意为人民服务为根本宗旨。改革开放以来，中国特色社会主义道路、理论、制度、文化的开创和发展都是中国共产党以马克思主义为指导，以全心全意为人民服务为根本宗旨，不断实现理想信念的实践过程。中国特色社会主义道路是一条中国共产党领导全国人民开创和发展的社会主义现代化之路；中国特色社会主义理论体系是中国共产党的指导思想和行动指南，指导党和人民在坚持和发展中国特色社会主义的道路上实现中华民族伟大复兴中国梦；中国特色社会主义制度所具有的鲜明中国特色和明显制度优势，就体现在突出强调党是领导一切的，并涵盖经济、政治、文化、社会和生态文明各个方面；中国特色社会主义文化，熔铸于党领导人民在革命、建设、改革中创造的革命文化和社会主义先进文化。因此，坚持和发展中国特色社会主义与坚持中国共产党的领导是一个不可分割的、内在统一的有机整体。如果没有中国共产党的领导，中国特色社会主义就是"无本之木""无源之水"。要回溯到本源上去认识问题，正如习近平总书记所强调的："一定要认清，中国最大的国情就是中国共产党的领导。什么是中国特色？这就是中国特色。"①

---

① 习近平：《论坚持党对一切工作的领导》，中央文献出版社2019年版，第57页。

最后，坚决做到"两个维护""两个确立"，确保党的全面领导坚强有力。中国共产党作为中国特色社会主义事业的领导核心地位是在中国革命、建设和改革的伟大实践中逐渐形成的，是历史和人民的选择。中国特色社会主义进入新时代，意味着近代以来久经磨难的中华民族迎来了从站起来、富起来到强起来的伟大飞跃。中国共产党要实现国家"富起来"的目标，必须把发展作为执政兴国的第一要务，始终抓住重要战略机遇期；在实现国家"强起来"的目标过程中，必然会面临全方位国际博弈格局，中国共产党在"做好我们自己的事情"的同时还要致力于拓展和把握好战略机遇期。因此，大党治理大国，大国走向强国，必须有坚强有力的党中央，必须有坚强有力的领导核心，能够从全局角度观察问题，能够"一锤定音"做决策，而且一旦决策作出，中央和地方的各个部门就要坚决落实。2019 年 1 月 31 日，中共中央印发的《中共中央关于加强党的政治建设的意见》指出："坚持和加强党的全面领导，最重要的是坚决维护党中央权威和集中统一领导；坚决维护党中央权威和集中统一领导，最关键的是坚决维护习近平总书记党中央的核心、全党的核心地位。"① "两个维护"创造性地表达了社会主义社会保持历史先进性的实践原则，是新时代不断把民族复兴历史伟业推向前进必须遵循的实践要求。一是应对百年未有之大变局加速演进必须遵循的实践要求。面对世界百年未有之大变局的加速演进，要坚定共产主义的崇高信仰，坚守人民至上的根本立场，坚定不移地沿着中国特色社会主义道路继续前进，不走封闭僵化的老路，也不走改旗易帜的邪路，就需要统一全国人民的思想，凝聚全国人民的力量，集合全国人民的行动，就必须在实践上坚决维护习近平总书记党中央的核心、全党的核心地位，坚决维护党中央权威和集中统一领导。二是新时代推进中华民族伟大复兴历史进程必须遵循的实践要求。中国特色社会主义进入新时代，以习近平同志为核心的党中央继往开来，突出强调近代以来中国社会实现中华民族伟大复兴的历史主题，自觉担当实现中华民族伟大复兴的时代任务，

---

① 《十九大以来重要文献选编》（上），中央文献出版社 2019 年版，第 798 页。

实现第一个百年奋斗目标，开启实现第二个百年奋斗目标新征程。实现中华民族伟大复兴成为人民最迫切的愿望和时代最强音，成为凝聚一切力量团结奋斗最响亮的时代号角。在世界百年未有之大变局加速演进的国际环境中，我国发展面临新的战略机遇、新的战略任务、新的战略阶段、新的战略要求、新的战略环境，需要应对的风险和挑战、需要解决的矛盾和问题比以往更加错综复杂。中国人民要在乱云飞渡中保持从容，在惊涛骇浪中稳舵前行，就必须有坚强的领导核心，必须在实践上坚决做到"两个维护"。三是以伟大自我革命引领伟大社会革命必须遵循的实践要求。中国特色社会主义进入新时代，中国共产党要有效防范和化解疫情形势延宕反复、国际环境复杂严峻、改革发展稳定任务更趋艰巨繁重的风险和挑战，就必须坚持全面从严治党，不断加强党的建设，始终把党建设成为更具先进性、更具革命性，不负人民期待、勇担历史使命，善于以伟大自我革命引领伟大社会革命，更加坚强有力的马克思主义政党。坚决做到"两个维护"就是这一切在实践中具体的必然的要求。

党的十九届六中全会通过的《中共中央关于党的百年奋斗重大成就和历史经验的决议》深刻总结中国共产党百年特别是中国特色社会主义进入新时代以来踔厉奋发所取得的伟大成就、积累的宝贵经验，指出："党确立习近平同志党中央的核心、全党的核心地位，确立习近平新时代中国特色社会主义思想的指导地位，反映了全党全军全国各族人民共同心愿，对新时代党和国家事业发展、对推进中华民族伟大复兴历史进程具有决定性意义。"① "两个确立"深刻体现了中国共产党善于总结历史经验的理论品质和勇于推进理论创新的理论追求。回顾中国共产党善于总结历史经验的实践，遵义会议总结红军第五次反"围剿"失败和长征初期严重受挫的经验教训，开始形成以毛泽东同志为核心的党的第一代中央领导集体。延安整风运动深入总结历史经验，通过了《关于若干历史问题的决议》，使全党对中国革命基本问题的认识达到一致，以此为基础，党的七大进一步总结以往革命经验，确立了毛泽东思想在全党的指导地位，

---

① 《中共中央关于党的百年奋斗重大成就和历史经验的决议》，人民出版社2021年版，第26页。

使全党在思想上政治上组织上达到空前统一和团结。之后，根据中国特色社会主义建设事业的需要，又先后确立邓小平理论、"三个代表"重要思想、科学发展观在全党的指导地位。党的十九届六中全会通过的《中共中央关于党的百年奋斗重大成就和历史经验的决议》强调"两个确立"的决定性意义，就是对中国共产党百年奋斗的历史经验、中国特色社会主义进入新时代取得的历史性成就、实现的历史性变革的经验总结和理论创新。回顾中国共产党勇于推进理论创新的历程，以毛泽东同志为主要代表的中国共产党人，把马克思主义基本原理同中国新民主主义革命、社会主义建设的具体实际相结合，坚决反对本本主义、教条主义，坚持推进实践基础上的理论创新，创立、丰富和发展了毛泽东思想；以邓小平同志、江泽民同志、胡锦涛同志为主要代表的中国共产党人，着眼改革开放和社会主义现代化建设的伟大实践，坚持解放思想、实事求是，不断推进马克思主义理论的创新发展，形成中国特色社会主义理论体系，实现了马克思主义中国化新的飞跃；以习近平同志为主要代表的中国共产党人，坚持把马克思主义基本原理同中国具体实际相结合、同中华优秀传统文化相结合，坚持毛泽东思想、邓小平理论、"三个代表"重要思想、科学发展观，深刻总结并充分运用党成立以来的历史经验，从新的实际出发，创立了习近平新时代中国特色社会主义思想，实现了马克思主义中国化新的飞跃。"两个确立"深刻体现了中国共产党理论创新的自觉和追求，是立足新时代中国特色社会主义实践，对马克思主义政党必须确立自己的领导核心和指导思想这一原则的遵循与创新发展。

（二）中国特色社会主义制度具有多方面的显著特点和优势

制度优势是一个国家最大优势，制度竞争是国家间最根本竞争，制度稳则国家稳，制度兴则国家兴，制度强则国家强。大国由大变强，保持制度的稳定延续尤为重要。新中国成立70多年来的发展进步，特别是改革开放40多年来的迅速崛起，充分彰显了社会主义制度的优越性。回顾中国特色社会主义制度的形成和发展过程，总结中国特色社会主义制度的建设经验，可以看到这一过程呈现出许多显著特点和优势。

第一，在承接历史的基础上继续发展。从形成和发展过程来看，新中国的政治制度具有鲜明的内生性特点，即其不同于一些西方国家的政治制度，不是设计出来的，而是内生于中国革命的进程，带有中国革命的特点，同时也带有中华文化的基因。新民主主义革命是中国共产党领导的人民大众的"联合革命"，工人、农民、小资产阶级和民族资产阶级都是革命的参与者。革命的进程和结果决定了中国共产党是新中国的领导核心，工人、农民、小资产阶级和民族资产阶级都属于人民的范畴，都是新社会的主人。人民代表大会制度作为各阶级、各阶层代表参与治国理政的政权组织形式，充分体现了人民民主的广泛性，是"具有中国特色的'代表制'民主"①。以小资产阶级、民族资产阶级为主要阶级基础的民主党派，因其目标追求与中国共产党的理想一致，支持中国共产党的主张，也自愿接受中国共产党的领导，由此孕育产生了中国共产党领导的多党合作和政治协商制度。正是因为这样，习近平总书记把这一制度称为"从中国土壤中生长出来的新型政党制度"②。民族区域自治制度的产生也具有这样的内生性特点，这一制度的形成及发展过程，反映了中华优秀传统文化中求同存异思想的久远影响。具有内生性的制度符合国情，符合社会发展要求，但其形成以后，还需要在实践中不断改进和完善。在承接新中国确立的政治制度格局的基础上，中国特色社会主义政治制度不断完善和发展。党的十七大在总结新中国群众自治性组织在民主实践经验的基础上，将基层群众自治制度与人民代表大会制度、中国共产党领导的多党合作和政治协商制度、民族区域自治制度一起，纳入了中国特色政治制度范畴。"政治制度为政治提供重要的秩序基础"③，中国特色社会主义政治制度的形成，使当代中国的政治运行、政治发展整体进入有序状态。

　　第二，在实践探索的过程中不断改革创新。如果说新中国政治制度的

---

　　① 李铁映：《论民主》，人民出版社、中国社会科学出版社 2001 年版，第 173 页。

　　② 习近平：《在中央政协工作会议暨庆祝中国人民政治协商会议成立 70 周年大会上的讲话》，人民出版社 2019 年版，第 5 页。

　　③ ［美］詹姆斯·G·马奇、［挪］约翰·P·奥尔森：《重新发现制度：政治的组织基础》，张伟译，生活·读书·新知三联书店 2011 年版，第 52 页。

产生更多地体现了内生性，那么，社会主义经济制度及相应体制的确立更多地则带有移植性特点。在我国社会主义经济制度及经济体制的确立过程中，我们党搬用了苏联的一些经验和做法。毛泽东曾明确说过："因为我们没有经验，在经济建设方面，我们只得照抄苏联"①。但面对这种不得不照抄苏联经验的做法，毛泽东"总觉得不满意，心情不舒畅"②。在积累了一些自己的经验以后，围绕完善社会主义经济制度和经济体制问题，以毛泽东同志为主要代表的中国共产党人开始进行独立探索，并取得了一些初步成果。这些探索成果集中体现在毛泽东的《论十大关系》《关于正确处理人民内部矛盾的问题》等重要著作中。在社会主义革命和建设时期，我们党对社会主义经济制度和经济体制进行了局部修补和完善，但未能实现全面革新。中国特色社会主义基本经济制度是在改革开放的实践中创立发展起来的。这一制度的形成，实现了对传统公有制经济制度、按劳分配制度和计划经济体制的全面革新。也可以说，改革开放催生了中国特色社会主义基本经济制度。改革开放以后，以邓小平同志为主要代表的中国共产党人在深刻总结社会主义建设经验的基础上，根据时代发展和社会主义现代化建设的需要，推动了以市场为取向的经济体制改革，并逐步确认改革的目标就是要建立社会主义市场经济体制。与此同时，我们党根据发展社会主义市场经济的必然要求，在坚持公有制主体的前提下，推动多种所有制经济共同发展，形成了新的所有制格局，即以公有制为主体、多种所有制经济共同发展的格局。在分配制度方面，也形成了新的分配格局，即以按劳分配主体、多种分配方式并存的格局。党的十四大明确把建立社会主义市场经济体制作为经济体制改革目标，由此加快了全面改革的进程。党的十九届四中全会指出："公有制为主体、多种所有制经济共同发展，按劳分配为主体、多种分配方式并存，社会主义市场经济体制等社会主义基本经济制度，既体现了社会主义制度优越性，又同我国社会主义初级阶段社会生产力发展水平相适应，是党和人民的伟大创造。"③ 中国特

---

① 《毛泽东文集》第 8 卷，人民出版社 1999 年版，第 305 页。
② 《毛泽东文集》第 8 卷，人民出版社 1999 年版，第 117 页。
③ 《十九大以来重要文献选编》（中），中央文献出版社 2021 年版，第 280-281 页。

色社会主义基本经济制度，涵盖了改革开放以来我们党在所有制、分配方式和经济体制三个方面的制度创新，这一创新集中体现为社会主义制度与市场经济的有机结合。我们党创立的中国特色社会主义基本经济制度，体现了社会主义制度的内在要求，也反映着解放和发展生产力的时代要求、历史要求，是中国特色社会主义制度体系的重要组成部分，也是中国特色社会主义制度体系的重要支柱。中国特色社会主义基本经济制度的确立，不仅使中国经济社会发展充满生机活力，也更新了社会主义建设的基本思路，深化了我们对社会主义的认识。

第三，在经验教训的总结中不断深化规律性认识。坚持依法治国，建立健全中国特色社会主义法律和法治体系，是我们党深刻总结我国社会主义法治建设正反两方面经验作出的重要选择。新中国成立以后，我们党和国家在建构社会主义制度的过程中，制定了以宪法为核心的一系列法律法规，但因受到多种因素的影响，后来产生了忽视法律和法治建设的问题。在相当长的一个时期里，忽视法治建设成为社会主义国家中一个比较普遍的现象，并且到后来大都发生了法治遭受破坏的现象，不仅中断了国家制度建设的进程，而且使社会主义事业遭受严重挫折。"特别是'文化大革命'十年内乱使法制遭到严重破坏，付出了沉重代价，教训十分惨痛！"[①] 这场灾难的发生，给党和国家造成了严重创伤，给我们的人民造成严重伤害。正是因为有社会主义发展中的这种经验教训，特别是有"文化大革命"的伤痛，我们的国家和人民对加强法治建设有着十分深刻的认识，对我们党把依法治国作为治国理政的基本方略有着高度认同。在总结我国社会主义法治建设正反两方面经验的基础上，我们党提出了依法治国，建设社会主义法治国家的战略思想、战略举措，加大了社会主义法治建设的步伐，完善、制定和实施一系列法律法规，并形成了以宪法为核心的中国特色社会主义法律体系。党和国家各项事业发展步入了法治化轨道，国家治理和社会各项改革发展都逐步有法可依、有章可循，从根本上消除了社会发展中的人治纷扰，摆脱了用阶级斗争思维和方式处理和解决社会矛盾的做法。

---

① 《习近平关于全面依法治国论述摘编》，中央文献出版社 2015 年版，第 8 页。

　　进入新时代，以习近平同志为核心的党中央在完善和发展中国特色社会主义制度的过程中，明确提出了全面推进依法治国的重大战略思想，并推出了一大批具有标志性、基础性、关键性的法律法规，使我国社会主义法律体系更加完备，使依法治国、完善和发展社会主义制度迈向一个新的历史高度。中国特色社会主义制度的成熟、完善及最终定型，在很大程度上也体现为制度的法治化。中国特色社会主义制度在新时代的完善和发展不仅有法律和法治的保障，而且制度建设同法治建设相互促进、共同发展，使中国特色社会主义制度不断走向成熟和定型。中国特色社会主义形成"五位一体"的总体布局也是我们党不断深化对中国特色社会主义建设规律认识的重要体现。这个总体布局的形成，促进了中国特色社会主义制度的发展，也推动了国家治理体系和治理能力现代化。总体布局和制度的发展延伸是相辅相成、相互促进的。民生保障制度、社会治理制度、生态文明制度及相应治理体系，都是适应中国特色社会主义总体布局的拓展而确立和发展起来的，它们作为中国特色社会主义制度体系中的重要制度，在促进社会公平正义、保持社会稳定、维护国家安全、促进人与自然和谐共生等方面，起着重要的保障作用。

　　第四，在对优秀传统文化和人类文明成果的传承吸纳中不断实现新的超越。中国特色社会主义制度的形成和发展，坚持了科学社会主义基本原则，同时也博采众长、兼收并蓄。这种开放性包容性发展，也是中国特色社会主义制度的一个显著特点。正是有了这样的传承和借鉴，中国特色社会主义制度才能在思想理念和治理成效上超越以往社会制度，并与当今世界其他社会制度形成显著的比较优势。中国特色社会主义制度的完善和发展，在很多方面都体现着对中华优秀传统文化的融会贯通，在融会贯通中使许多思想观念得到了时代性的提升。如坚持党对国家的集中统一领导，实行单一制国家结构形式，就体现了对大一统历史传统及思想观念的继承和提升。正是这样的集中统一领导制度和单一制国家结构，有效维护了国家统一、社会稳定，避免和防止了民族分裂，并促进了各地区经济社会的共同发展。再如我们党和国家更加重视人与自然的和谐发展，建立严格的生态文明制度，也是遵循天人合一、道法自然理念的实际体现。我们党强调坚持走和平发展道路，携手世界各国共同构建人类命运共同体，其中就蕴含着中华优秀传统文化中的天下情怀，凝结协和万邦、有容乃大的中国智慧，也是对以和为贵、求同存异思想的传承与延伸。同时，中国特色社会主义制度在其完善和发展过程中，也充分借鉴了世界其他国家在制度建设方面积累的经验、形成的有益成果，并进行了以我为主的创造性运用。如在建设法治国家方面，在建立市场经济体制和运行机制方面，建立公务员制度方面，建立权力运行制约和监督机制等方面，都有对人类文明成果及各国制度建设经验的学习和借鉴。

第五，在基本原则和根本制度的一贯坚持中不断完善。我们党是马克思主义政党，我们国家是中国共产党领导的社会主义国家，我们从事的事业是科学社会主义事业，为此，在坚持和发展中国特色社会主义的过程中，必须通过顶层设计，把长期以来始终坚持的科学社会主义基本原则和社会主义根本制度固化下来，发展成为立党立国不可动摇的制度化原则。坚持马克思主义在意识形态领域指导地位的根本制度就是这样的制度化原则。毛泽东很早就指出："领导我们事业的核心力量是中国共产党。指导我们思想的理论基础是马克思列宁主义。"[1] 没有马克思主义，就没有中国共产党，也就没有中国特色社会主义。对于我们党来说，在意识形态领域确立和坚持马克思主义的指导地位，是不可动摇的原则。苏东共产党垮台的原因是多方面的，但放弃或背离马克思主义，不能不说是其中一个重要原因。对于马克思主义政党来说，放弃或背离马克思主义，就意味着自我否定、自我毁灭，也必然会引发思想混乱、政治动荡。面对意识形态领域的复杂斗争，面对西方国家在意识形态领域对我们进行的思想渗透及其推行的"颜色革命"，我们更要保持清醒头脑，毫不动摇地坚持马克思主义的指导地位，牢牢掌握意识形态工作的领导权、主动权，保证全党思想统一、社会团结一致。在当代中国，马克思主义不仅是我们党的指导思想，也是中国社会发展进步的思想灵魂。习近平总书记指出："马克思主义为中国革命、建设、改革提供了强大

---

① 《毛泽东文集》第 6 卷，人民出版社 1999 年版，第 350 页。

思想武器"；"马克思主义的命运早已同中国共产党的命运、中国人民的命运、中华民族的命运紧紧连在一起"。① "实践告诉我们，中国共产党为什么能，中国特色社会主义为什么好，归根结底是马克思主义行，是中国化时代化的马克思主义行。"② 由此出发，坚持马克思主义的指导地位，关键在于不断推进马克思主义中国化时代化。中国共产党人深刻认识到，只有把马克思主义基本原理同中国具体实际相结合、同中华优秀传统文化相结合，坚持运用辩证唯物主义和历史唯物主义，才能正确回答时代和实践提出的重大问题，才能始终保持马克思主义的蓬勃生机和旺盛活力。在新时代，坚持马克思主义的指导地位，就要用发展着的马克思主义指导新的实践，用习近平新时代中国特色社会主义思想武装全党、教育人民。③

课后思考

1. 社会主义运动中的改良主义是怎样形成和演变的？
2. 如何认识社会民主主义和民主社会主义的关系？
3. 修正主义的实质和危害是什么？
4. 民主社会主义与中国特色社会主义的本质区别是什么？

推荐阅读

恩格斯：《〈英国工人阶级状况〉1892 年英国版序言》，载《马克思恩格斯全集》第 29 卷，人民出版社 2020 年版。

恩格斯：《恩格斯致爱德华·伯恩施坦（1879 年 6 月 17 日）》，载《马克思恩格斯文集》第 10 卷，人民出版社 2009 年版。

恩格斯：《工人政党》，载《马克思恩格斯全集》第 25 卷，人民出版社 2001 年版。

---

① 《十九大以来重要文献选编》（上），中央文献出版社 2019 年版，第 427 页。
② 习近平：《高举中国特色社会主义伟大旗帜　为全面建设社会主义现代化国家而团结奋斗——在中国共产党第二十次全国代表大会上的报告》，人民出版社 2022 年版，第 16 页。
③ 秦刚：《中国特色社会主义制度形成和发展中的显著特点》，《当代世界与社会主义》2020 年第 5 期。

恩格斯：《致奥古斯特·倍倍尔（1883 年 8 月 30 日）》，载《马克思恩格斯全集》第 36 卷，人民出版社 1975 年版。

恩格斯：《伦敦的 5 月 4 日》，载《马克思恩格斯全集》第 29 卷，人民出版社 2020 年版。

《恩格斯论历史唯物主义书信选编》，人民出版社 2021 年版。

列宁：《一个德国人对战争的评论》，载《列宁全集》第 26 卷，人民出版社 2017 年版。

列宁：《论无产阶级在这次革命中的任务》，载《列宁选集》第 3 卷，人民出版社 2012 年版。

列宁：《无产阶级在我国革命中的任务（无产阶级政党的行动纲领草案）》，载《列宁选集》第 3 卷，人民出版社 2012 年版。

列宁：《俄共（布）第七次（紧急）代表大会文献》，载《列宁全集》第 34 卷，人民出版社 2017 年版。

列宁：《自由派和民主派》，载《列宁全集》第 21 卷，人民出版社 2017 年版。

毛泽东：《在扩大的中央工作会议上的讲话》，载《毛泽东文集》第 8 卷，人民出版社 1999 年版。

习近平：《在中央政协工作会议暨庆祝中国人民政治协商会议成立 70 周年大会上的讲话》，人民出版社 2019 年版。

［德］爱德华·伯恩施坦著，殷叙彝编：《伯恩施坦文选》，人民出版社 2008 年版。

《第二国际第二、三次代表大会文件》，《国际共产主义运动史文献》编辑委员会编译，中国人民大学出版社 1991 年版。

［美］詹姆斯·G·马奇、［挪］约翰·P·奥尔森：《重新发现制度：政治的组织基础》，张伟译，生活·读书·新知三联书店 2011 年版。

［法］雅克·德罗兹：《民主社会主义（1864—1960 年）》，时波译，上海译文出版社 1985 年版。

第四章

新自由主义思潮
——资本主义的空想与现实

新自由主义是 20 世纪六七十年代一再爆发的资本主义经济危机让资本主义国家扩张性的宏观经济政策陷入两难境地的条件下，自由主义的死灰复燃。"自由主义是自近代以来一直在西方占据理论主导地位的思想前提，它把个体逻辑在先作为基本前提通过其基础理论形态影响哲学社会科学理论的方方面面，以思想前提的方式与各种理论发生'接合'，形成以自由主义作为思想背景和价值前提的诸多理论形态，构造起了以自由主义为基础的西方主流的哲学社会科学理论体系。"① 在全球化时代，西方国家通过垄断人类文明话语权将自由主义上升为全人类共同理想和价值追求。然而，不论是过去自由主义因资本主义经济危机被迫蛰伏，还是后来新自由主义借资本主义经济危机再次蔓延，世界不仅看不到资本主义主流意识形态对经济增长的贡献，人类甚至还不得不面对环境问题、气候问题、贫富分化等问题的无奈。中国特色社会主义进入新时代，要想在更高起点上全面深化改革开放，需要明确全面深化改革的目标是完善和发展中国特色社会主义制度，推进国家治理体系和治理能力现代化。为此，我们的改革开放必须摆脱以新自由主义为标志的资本主义自由主义意识形态的影响，绝对不能仅局限于对自由、民主的经验性探讨，既不能无批判地接受西方现代文明体系中的诸多理论预设，更不能颠覆基本经济制度，丧失维护经济主权和经济安全的能力。

---

① 韩喜平、刘岩：《自由主义的无奈与思想的变革》，《求索》2022 年第 2 期。

第一节　新自由主义思潮的由来及实质

"2008 年全球金融危机后，新自由主义所创造的市场均衡神话被打破，围绕新自由主义危机的讨论日益增多。这些讨论似乎形成了一个共识，那就是由美国所开创并代表的新自由主义发展模式走到了一个新的转折点，甚至是遭遇了严重危机。在对新自由主义危机的原因及其未来走势的分析中，西方主流国际关系理论围绕'美国秩序终结论'展开辩论。一些学者认为美国主导的自由主义世界秩序正在走向终结，未来世界是一个多元共存的'复合'世界；而另一些学者则强调，虽然美国主导的自由主义国际制度和国际秩序已经走向失范并遭遇了严重危机，但自由主义秩序本身并没有受到根本挑战，而且还有旺盛的生命力，自由主义秩序仍是未来美国社会乃至国际社会的唯一选择。"① 不可否认，上述讨论都从理论上一定程度地回应了美国社会正在经历的巨变，但也都有意无意地回避了一个根本性的问题，就是自由主义国际秩序能否存在并如何发挥作用是由资本主义发展不同阶段，资本主义生产关系出现的新特点及其对社会生产关系的影响决定的。

一　西方自由主义的流变

"新自由主义是一套基于自由主义的制度设计、政策体系和意识形态。自由主义是近代西方文明的根基。它的核心是抽象的理性人概念。"② 在自由主义观念体系中，人被理解为具有自我意识和理性能力的独立个体，是能够自我认识、自我判断、自主选择、自我决定的自由个人。几百年来，自由主义思想形态各异，但作为其核心理念的自由个人

---

① 武海宝：《金融垄断资本积累与美国新自由主义的历史演变》，《理论与改革》2022 年第 4 期。

② 武海宝：《金融垄断资本积累与美国新自由主义的历史演变》，《理论与改革》2022 年第 4 期。

却始终坚持同一个前提逻辑：首先制造一个关于个人的在进入社会生活之前的自然状态的认定，社会是由这些自然存在的个体加总起来的，通过契约的方式结合起来的。由此，个体就是逻辑上先在的。自由主义在其几百年的演变中，由于价值理想、理论方法、制度模式的不同，形成了各种各样的思想派别，但围绕其核心理念形成的基本主张却是一致的，主要包括以下几个方面。

其一，计算单位上的个人性。对自由主义的个人性基础，国内学者早有相关的专著从西方自由主义的思想谱系角度作过系统的梳理。[①] 自由主义最核心的主张就是每个人都是理性的，都是"计算的个人"，都知道自己的利益所在，所有的行为选择都能以个人为单位的利益计算得出衡量优劣的一种尺度，并以此说明"人类是自由的行为者"，社会都要以维护个人自由为目的，一个国家的公民越拥有自由，则这个国家越强大等观点的合理性。自由主义无论有多少种变体，个人性一直都是它们共享的主要特征。

其二，平等理念的无效性。尽管启蒙运动发端处就有"自由"和"平等"的概念，但一直以来都是以"自由"作为哲学社会科学领域的核心概念，加之个体自由在逻辑上和价值上的优先性，造成了巨大贫富差距的问题。这也意味着自由主义宣称的群体中所有个体皆受益的良好生活根本无法实现。而平等讨论的核心问题就是分配问题。20 世纪 70 年代罗尔斯发表《正义论》使得平等开始受到广泛的理论重视和深入讨论，也正是因为自由主义在其作为合理性基础的目标承诺破产后，平等日益成为具有紧迫性的重要问题。

其三，市场中的竞争性。当个体作为逻辑上和价值上都先在于群体的计算单位后，竞争性就成为必然。因为群体是个体的结合，因此群体最好的状况也只能是"在有限的、充满冲突与危机的世界中，通过节制与平衡而保持一种体面、人道的生活"[②]，这段对自由主义重要思想人物伯林的思想的总结同时也是自由主义的逻辑必然。个体与个体之间就只

① 李强：《自由主义》，东方出版社 2015 年版，第 146—169 页。
② ［加拿大］叶礼庭：《伯林传》，罗妍莉译，译林出版社 2019 年版，中译本"序"第 4 页。

能是工具性的，他者和他者组成的群体是"我"的意义实现的质料来源。于是个体要获得意义的体现，核心就是首先需要一个界限意识，即其意义的落实必须是"我的"。个体逻辑上先于群体，个体的意义就不可能是落脚在群体上，个体也就只能是在与群体的他人的讨价还价和试错磨合、"平衡"彼此利益，"节制"个体无限欲望的行动中确定下来。恩格斯在《国民经济学批判大纲》中对竞争和私有制的分析，正是对于自由主义这一逻辑和困境的深入剖析。分工的复杂使得生产走向了社会化，人被普遍联系在一起，但同时商品的流动需要个体间的区隔。区隔的绝对化正是通过个体性的逻辑先在和价值先在实现的。

其四，生产中的合作性。自由主义并非不能产生合作。如果从理论自身的角度来看，个体所具有的这种相对于群体的逻辑上的先在地位，是以在群体中通过设定自我的边界来完成的，也就是说这个过程就像是费希特关于自我的生成所作的分析那样，在群体中的个体通过设定自身的界限形成一个自我和非我的结构而产生。个体之自我之所以存在是因为必须同时存在自我之外的非我与之形成一组否定—共生关系。[①] "我的权利止于你的鼻尖"这样的法谚就在表征着这样的否定—共生关系，停下来不是有什么先验的道德规则，而是功利主义对个体利益计算的结果，即不停下来就是斗争，斗争损害个人利益，之所以停下来是自我利益最大化的算计。这背后蕴含深厚的私有制根基，对此除了恩格斯的《国民经济学批判大纲》外，在马克思的《资本论》第一卷中有着更为系统深入的分析。商品之所以能够运动起来，首先就需要它们为不同的个体所拥有。在使用价值的需求下，交换才会产生。交换能够产生，是因为不同的物品之间可以通过普遍化的价值衡量存在可换算的度量（价值）。当商品交换开始变得越加频繁的时候，当人们从为了使用价值而生产，走向为了交换、为了价值而去生产的时候，资本就成为推动社会发展和支配社会关系的核心。[②]

"自由主义中个体性的不断强化唤醒了人们的主体意识，社会生活实现了'从身份到契约'的转变，在思想和意识形态上为大量自由劳动者

---

① ［德］费希特：《全部知识学的基础》，王玖兴译，商务印书馆1986年版，第19—20页。
② 韩喜平、刘岩：《自由主义的无奈与思想的变革》，《求索》2022年第2期。

的出现提供了文化基础，同时在自由主义价值支配下构建起来的规则系统、制度模式在生产力发展方面发挥了巨大的效能。"① 具体而言，在物质生产活动中，个体主体性的自由归根结底要通过对物的所有权来实现，"就像黑格尔曾经抽象论证的那样，人的自由离不开一块土地，土地作为人的主体性之外的对象，承载着人的自由理念，是人的主体性自由的外化和实现。这种抽象人对物的占有，就是私有财产权。私有财产权具有永恒性，是神圣不可侵犯的，因为人的自由通过对物的占有来实现也是永恒的必然性"②。在自由主义理念影响下，社会制度变革促进生产力的迅速发展并带来了产业革命，"资产阶级在它的不到一百年的阶级统治中所创造的生产力，比过去一切世代创造的全部生产力还要多，还要大"③。然而，诚如马克思曾对黑格尔批判的那样，每个人都想占有一块土地来实现自己的自由意志，但是，土地数量必然是有限的，因此，自由意志与自由意志之间会因为物质利益而产生冲突和矛盾。自由主义恰恰回避这种物质利益矛盾，而只满足于抽象地谈论人的主体性和自由选择能力。在私有财产权之上，自由主义确立了缔结契约、交易自由的权利，也就是说，自由地从事商品买卖的权利。在这种权利中，每个人都是自己产品和货币的所有者，是市场上自由的买者或者卖者，虽然商品的私人交换的动机和目的都只是私人利益，但是，社会利益会通过一只"看不见的手"而自动得到实现。这就是自由主义经济学的鼻祖亚当·斯密所构建的自由竞争和自由市场理念。在这种市场自由主义体系中，缔结契约的权利、自由交易的权利是至高无上的，因为它是"自由的个性在生产和交换领域内的绝对存在形式"④，是人的自由本质的真正实现。即使是国家这种公共权力，也不得对市场中的自由交易进行过多的干涉，相反，国家只需要做一个市场的守夜人和看护者即可。⑤

---

① 韩喜平、刘岩：《自由主义的无奈与思想的变革》，《求索》2022 年第 2 期。

② 武海宝：《金融垄断资本积累与美国新自由主义的历史演变》，《理论与改革》2022 年第 4 期。

③ 《马克思恩格斯选集》第 1 卷，人民出版社 2012 年版，第 405 页。

④ 《马克思恩格斯文集》第 8 卷，人民出版社 2009 年版，第 178 页。

⑤ 武海宝：《金融垄断资本积累与美国新自由主义的历史演变》，《理论与改革》2022 年第 4 期。

　　自由主义不仅在经济上表现为抽象的个人，在政治上同样表现为抽象的个人。自由主义的政治信仰是公民权。公民权同样对现实的人进行了抽象，因为现实的人存在出身、阶级、文化程度和职业等实际的差别，但这些差别都被资产阶级国家承认为"非政治的差别"①，因此，在这样的国家中，每个人都是公民，都有选举权和被选举权，而且一人一票、票票等值绝不是虚构，而是现实。马克思认为，只有在（资产阶级）政治国家中，人才能摆脱自己利己的物质生活而过上共同体当中的类生活。当然，由于这种在政治国家中实现的类生活并没有真正克服市民社会中人与人之间的普遍对立，因此在本质上是虚幻的。② 对此，马克思指出："摆脱了宗教的政治解放，不是彻头彻尾、没有矛盾地摆脱了宗教的解放，因为政治解放不是彻头彻尾、没有矛盾的人的解放方式。政治解放的限度一开始就表现在：即使人还没有真正摆脱某种限制，国家也可以摆脱这种限制，即使人还不是自由人，国家也可以成为自由国家。"③

　　自由主义所谓的自由从本质上说只是一种形式上的自由。所谓形式自由就是个体作为主体具有自主选择、自我决定的能力，但这种自主性只是形式，而不是内容，因为主体的自我选择和决定的内容本身不是自由的。就像马克思所说，工人固然可以选择受雇于这个资本家还是受雇于那个资本家，从这个角度来说，他是自由的，但是他不受雇于这个资本家就得受雇于那个资本家，因为工人作为总体是必然受雇于整个资本家阶级的，而资本家也不是作为个人而是作为阶级来进行统治的，因此雇佣工人虽然形式上是自由的，但在事实上是不自由的。马克思也曾把这种形式自由称为"唯灵论的自由"④"个人唯灵主义"⑤。

　　那么，形式自由中是否就没有真实内容呢？答案是有的。马克思在批判自由主义的"自由竞争"这个概念时曾一针见血地指出：自由竞争绝不

　　① 《马克思恩格斯文集》第 1 卷，人民出版社 2009 年版，第 30 页。
　　② 武海宝：《金融垄断资本积累与美国新自由主义的历史演变》，《理论与改革》2022 年第 4 期。
　　③ 《马克思恩格斯文集》第 1 卷，人民出版社 2009 年版，第 28 页。
　　④ 《马克思恩格斯文集》第 1 卷，人民出版社 2009 年版，第 297 页。
　　⑤ 《马克思恩格斯全集》第 42 卷，人民出版社 1979 年版，第 252 页。

是抽象的个人对个人之间的关系，而是"资本同作为另一个资本的它自身的关系"，是"以资本为基础的生产方式的自由发展"。①工人之间虽然也存在所谓自由个人之间的相互排斥和吸引，但"工人之间的竞争仅仅是各资本竞争的另一种形式"，因此，归根结底，"在自由竞争中自由的并不是个人，而是资本"。②自由主义所谓的个人自由、竞争自由、契约自由都是资本自由的外在表达，它们与资本的统治并行不悖，甚至政治上的选举自由也不仅不能颠覆资本的统治，反而沦为资本统治的一种形式。资本的统治奠基于形式上自由的个人，这是一个基本的历史事实。③

"近代以来自由主义已经不仅仅是某一个学科的一种理论流派，它是弥散在哲学社会科学系统之中，作为价值承诺和理论前提而存在的一种思维方式，以一种思想范式影响、支配和覆盖于各个学科之上，在其基础上形成了解释资本主义发展的历史过程，同时破解了资本主义发展过程中的各种问题，并因此在整体上构造起发挥作用的包罗甚广的思想体系。"④同时，西方社会以民族国家形态进行军事征服、殖民统治、跨国贸易积累的竞争优势使得自由主义被视为"先进"思想，西方国家也因此扮演着"先进"文明的"传播者"，用自由主义冲击着后发国家的原生文化。这使得后发国家在发展上不得不受制于以西方思想理论为规则主导构建起来的世界秩序。

近代以来自由主义之所以能够产生如此广阔而深远的影响，究其根源，与"主体的觉醒"和人性的张扬关联密切。中世纪一切思想都是神学的附庸，人因此是神的附庸。人性异化在上帝这一永恒形象中，失去了自我。自由主义思想是对神的颠覆，同时也是对人性的张扬。人面对世界上纷繁复杂的现象，不再需要求助于神来合理化和秩序化自己生活于其中的这个世界，而是以自身的理性去拷问自然，让自然给人以答案。自然在这个意义上第一次真正成为人的"无机的身体"。人也因此失去

① 《马克思恩格斯文集》第8卷，人民出版社2009年版，第179页。
② 《马克思恩格斯文集》第8卷，人民出版社2009年版，第179页。
③ 武海宝：《金融垄断资本积累与美国新自由主义的历史演变》，《理论与改革》2022年第4期。
④ 韩喜平、刘岩：《自由主义的无奈与思想的变革》，《求索》2022年第2期。

了人的超越性标准，变得全"无所畏"。人已经不再是单纯地通过小心地侍奉上帝以求取彼岸幸福的仆人，而是确立了主体性，成为"为自然立法"也"为自身立法"的主体性的大写的人。人的需求也因此得到了前所未有的重视。需求的满足从"自在"状态的存在，进展到意识到需求，关注到需求，反思出需求的"自为"的存在状态。自由主义思想正是契合了人们改善物质的现实需求，从理论上观照到了需求，从思想层面解释这种需求，对需求进行合理化。从另一方面来说，需求作为人所固有的一种状态下寻求解释和合理化的"需要"，也为自由主义的发展提供了展示自身的舞台和充分发展的土壤。所以，从以神为逻辑起点的解释世界的思路，转向从以人自身的理性为逻辑起点来解释世界，在一定程度上解放了人的实践能力，同时，解放了的实践能力和发展了的生产水平也需要更为适应的主体意识和更强的自由主义思想。①

自由主义在它几百年的演变中，也有着复杂的演变过程，复杂的现实及其各种各样的思想派别也对其产生了多种影响，自由主义内部有关自由与平等、自由与法律、自由与正义等认识的不一致，导致自由主义本身的分化与反复。在古典经济学时期，自由主义的经典表述是亚当·斯密的"看不见的手"的比喻。"看不见的手"是假定每个人以自利的方式来行动，最终能够形成一种社会群体整体向好的局面。而这个自利行为的合理性就建立在这个假定的"神话"之上，管得越少的政府越是好政府。然而，生产的社会化和资本主义私有制带来了频繁的经济危机，市场失灵导致经济停滞，在自由主义主导的思想体系下的扭转办法是修补"漏洞"，即在"看不见的手"之外用"看得见的手"，用国家干预来应对经济危机，这在一定程度上是对自由主义的个体性的突破与否定。然而，随着市场的扩大，政府越来越难以作为，政府失灵问题更为突出，哈耶克新自由主义又成为主流的理论支撑，他强调自由主义与人的理性有限性的适配，上承休谟，把自由主义的核心价值与理性的有限性——"理性不及"勾连在一起，从而消解了"计划"的合理性，向"看不见

---

① 韩喜平、刘岩：《自由主义的无奈与思想的变革》，《求索》2022年第2期。

的手"回归。这一理论在里根——撒切尔夫人时期开始，成为英美的主流思想和重要经济政策的理论依据。这一方面是冷战持续几十年、两种意识形态之间斗争的需要，另一方面也是苏联解体后、迎合美国在一定程度上突破民族国家并以全球化的方式对世界施加影响的理论需要。①

自由主义进入中国是在 19 世纪末 20 世纪初，现代自由主义理论开始出现于中国的思想领域。在当时，它在反对封建专制，特别是反对封建文化专制的斗争中，起过一定的积极作用。但它的资产阶级立场和唯心史观决定了中国的自由主义者从新文化运动开始，就表现出与马克思主义的对立。以后在整个新民主主义革命时期，随着国内外形势的变化，他们的政治态度和社会影响在各个时期有所不同。抗日战争胜利后，自由主义者追求"中间路线"、建立资产阶级共和国的政治梦想被国民党击碎，其内部发生分化，一部分追随了国民党，另一部分开始反对国民党，并同中国共产党携手合作。中华人民共和国成立后，在社会主义革命和建设时期，两大阵营对立的情况下，自由主义在国内式微。进入改革开放和社会主义现代化建设新时期，西方自由主义加紧对我国思想领域的渗透。特别是 20 世纪 90 年代以后，古典自由主义和新自由主义在我国经济学、政治学、哲学、法学、社会学、文学等多个领域都有所表现，力图影响我国改革开放和社会经济发展的决策。②

二　以三大经济政策为标志的新自由主义全盛期

新自由主义学派林立，形形色色的经济理论和为数众多的政策主张基本面虽然相似，但差异不小。西方国家政府采取和推行的新自由主义政策体系主要有：英国的"撒切尔主义"或"撒切尔经济学"，美国的"里根经济学"，被美国等西方国家向全世界特别是向广大发展中国家推行的"华盛顿共识"。

（一）英国撒切尔政府的新自由主义经济政策

英国是凯恩斯的故乡。以凯恩斯主义为代表的国家干预主义在英国

---

① 韩喜平、刘岩：《自由主义的无奈与思想的变革》，《求索》2022 年第 2 期。

② 梅荣政、杨军：《西方自由主义的流变、实质与危害》，《红旗文稿》2014 年第 3 期。

影响广泛而深远。从 20 世纪 30 年代到 70 年代，英国历届政府基本上都奉行凯恩斯主义的国家干预政策。第二次世界大战后，英国经济得到较快的恢复和发展。但是，如前所说，长期交替实行扩张性和紧缩性财政和货币政策，导致经济停滞和通货膨胀并存，使凯恩斯主义政策失灵。

撒切尔于 1979 年出任英国首相。信奉新自由主义的撒切尔在 20 世纪 70 年代末和整个 80 年代，全面推行新自由主义的自由市场经济政策。撒切尔政府的新自由主义政策体系被称为"撒切尔主义"或"撒切尔经济学"，主要包括下列对内对外政策：对国有企业实行私有化；力推自由市场经济，解除政府对市场的调控和监管，其中包括对金融的监管；打击和削弱工会力量；削减社会福利；减税，主要是对大公司和富人减税；取消汇率管制，实行汇率自由浮动；推行旨在削弱和瓦解苏联的政策。撒切尔竭力对外推销其新自由主义政策，她曾颇为得意地说："人们不再担心染上英国病，他们排队来领取新的英国药方。"但是，作为新自由主义经济学的推行者，撒切尔对于新自由主义从无为政府主张出发提出的废除中央银行方法却从不理会。因为这将使英国老牌金融业成为美国资本的附庸。由此可见，"撒切尔主义"是撒切尔政府在利用新自由主义打击工会，关闭国企，维护特定私有集团利益过程中形成的经济政策。

（二）美国里根政府的新自由主义政策

美国自罗斯福新政以来，历届政府长期实行凯恩斯主义的国家干预政策。经济衰退时，实行扩张性财政政策和货币政策；通货膨胀时，实行紧缩性财政政策和货币政策。但是，面对 20 世纪 70 年代出现的经济停滞和通货膨胀并存的滞涨，凯恩斯主义束手无策。这时美国新自由主义思潮从非主流地位上升到主流地位，并走向高峰期，其中的货币学派和供给学派直接对美国政府的政策产生重大影响。

里根于 1981 年出任美国总统。他笃信货币学派和供给学派的经济理论和政策主张。他有一句名言："政府不能解决问题，政府本身才是问题。"里根政府的新自由主义政策主要包括：实行"大市场"和"小政府"，大力减少政府对市场的干预，解除政府对市场的调控和监管；降低税率，主要是大幅降低富人所得税税率，所得税最高税率从 20 世

80 年代初的 70%降低到 1982 年的 28%；削减社会福利支出；镇压工会领导的罢工运动；推动"星球大战"计划，大幅度增加军费支出，图谋通过军备竞赛拖垮苏联。

（三）"华盛顿共识"的新自由主义政策

"华盛顿共识"，是美国国际经济研究所约翰·威廉姆森以新自由主义为理论依据，于 1989 年拟定的先对拉美、随后对苏东转轨国家经济改革提出的系列政策，这些政策在华盛顿召开的研究会上得到美国政府以及国际货币基金组织和世界银行的确认与支持，因而被称作"华盛顿共识"。

"华盛顿共识"的新自由主义经济政策，涉及企业政策、财政政策、货币政策、税收政策、贸易政策、利率政策、汇率政策、外资政策等一系列政策。

美国著名经济学家斯蒂格利茨把"华盛顿共识"的核心内容概括为"三化"："政府的角色最小化""快速的私有化"和"快速的自由化"。华盛顿共识的"政府的角色最小化"，与里根经济学的"大市场"和"小政府"实质相同；"快速的私有化"，与撒切尔主义的国有企业私有化一样；"快速的自由化"包括投资自由化、贸易自由化、利率自由化和汇率自由化，与撒切尔主义和里根经济学的解除调控和监管相一致。[①]就投资自由化来说，"华盛顿共识"第 7 条规定，要"全面开放，让外国进入直接投资，取消各种障碍"。这对于发展中国家来说，无异于是要自己完全敞开国门，放弃独立自主地兴办和发展民族经济的权利。虽然引进外资有利于吸收外国，特别是发达国家的资金和先进技术、管理经验，但若无条件、无选择地任由外资进入，由于发达国家一般在资金、技术和管理方面都占有竞争优势，发展中国家的企业就很容易被外资所控制而处于依附地位。因此，发展中国家对外资既不能一律拒之门外，又不能无条件地任其进入，而应有适度的规模和限制。就贸易自由化来说，"华盛顿共识"第 6 条规定："贸易自由化，清除非关税壁垒，并实行低关税率"。这实际是发达国家对发展中国家的要求，以使自己过剩

---

① 吴易风：《西方经济学中的新自由主义》，《红旗文稿》2014 年第 5 期。

的产品能抢占发展中国家的市场。由此看近几十年来在拉美地区相继诞生的左翼政权，一个很大的契机，就是与通过"华盛顿共识"强行进入拉美市场的美国以及美国支持的国际经济机构进行抗争。①

美国学者罗伯特·W·迈克杰尼斯认为，"华盛顿共识"旨在进行"经济体制""政治体制"和"文化体制"的改革。这就是说，"华盛顿共识"不仅要把西方资本主义经济制度推广到全世界，而且企图把西方资本主义政治制度和文化制度强加于世界各国。这显然是代表国际垄断资本主义的利益和要求。②

以1990年"华盛顿共识"的形成为标志，西方新自由主义逐渐成为国际垄断资本主义的"国家意识形态"。这主要表现为新自由主义核心观点和基本主张已经渗透进经济、政治、文化、社会、历史等多个领域，并与宪政民主、公民社会、"普世价值"等思潮进行结合，不断强化服务于新自由主义所代表的国际垄断资本主义的经济制度、政治制度、社会基础、价值观念。

三　新自由主义的实质

"新自由主义实质上代表西方大垄断资产阶级的利益。资本主义市场经济是强势经济，谁拥有更多的资本谁就拥有话语权，谁就更自由。实际上只有大资本拥有者，特别是金融资本垄断者，才能自由地赚大钱，美国华尔街的大资本家就是自由地赚全世界的钱。有人说自由是对所有人的，但根本无钱或者只有很少的钱怎么能在市场上'自由'起来？当年反对封建制度时，资本主义刚刚兴起，古典自由主义确有进步意义，到了社会财富集中在大资本垄断集团手里时，这种新自由主义只能代表他们少数人的利益。这个道理很浅显。"③

从认识论上看，新自由主义是片面地夸大市场自发功能和个人主义

---

① 丁冰：《失灵的药方——看西方学者如何批评新自由主义》，《红旗文稿》2009年第3期。
② 吴易风：《西方经济学中的新自由主义》，《红旗文稿》2014年第5期。
③ 刘国光、杨承训：《关于新自由主义思潮与金融危机的对话》，《红旗文稿》2009年第4期。

的趋利性。就市场调节的特点来说，自发性确有它积极的功能，追求利益最大化产生追求效益的动力。但是，真理夸大了一步就会变成谬误，使得人们的认识直线化、片面化，把事物的某种特性推到极端，否定了事物的另一面。恩格斯把这种思维称为"有缺陷的推理"。比如说，市场的自发调节有利于资源配置，但如果忘记了它的缺陷，忘记了市场自身会失灵，便会造成严重后果（经济畸形化、两极分化严重、经济危机丛生），尤其是"外部不经济"现象便会凸显（资源浪费、环境污染、社会不公平）。生产社会化的规律要求用好"两只手"，而不是只用一只"看不见的手"。人们容易接受一些片面的东西，尤其是改革计划经济体制时，从一个极端走向另一个极端，这也叫认识上的陷阱。①

20 世纪 70—80 年代后，西方大资本、金融资本、虚拟资本对自由放任体制的需求越发强烈，美国等强国利用手中极其雄厚的资本对发展中国家的经济自由出入也需要这种"便利"，所以新自由主义才开始流行。因此，我们要认清新自由主义的意识形态本质。"资本主义国家之所以不遗余力地在全球范围内传播、推广新自由主义，正是因为它在经济上代表了国际垄断资本的阶级利益，满足了国际垄断资本实现全球扩张，利用经济科技优势到世界各地攫取超额剩余价值的需要。新自由主义为资本的增值提供了理论基础，论证了资本逐利性的正当性与合理性。同时，新自由主义主张的自由在现实中就是垄断资本利益最大化的自由，就是西方资本主义发达国家在世界范围获取超额利润的自由。新自由主义谋求建立的国际经济秩序绝不是促进每个国家经济良性发展的自由竞争的经济体系，而是在国际垄断资本绝对控制下的经济体系。在政治和文化上，西方发达国家在全球范围内推行新自由主义，妄图用资本主义制度代替社会主义制度。其一，以经济援助、提供贷款为途径，在其中附加政治条件，要求发展中国家实行以新自由主义为导向的经济政治制度改革；其二，通过文化交流和教育培训，利用发展中国家派人到西方国家学习交流的机会，以学习培训的名义开展意识形态渗透，从思想观

① 刘国光、杨承训：《关于新自由主义思潮与金融危机的对话》，《红旗文稿》2009 年第 4 期。

念入手培养影响一些亲西方的新自由主义者；其三，在国际世界推行霸权主义，将资本主义的政治制度、意识形态、价值观念和发展模式神圣化、普世化和唯一化，以人权高于主权为借口，干涉别国内政，培育和扶植亲西方政府和势力，打压不符合新自由主义价值理念的民族国家，支持有关国家亲西方势力发动政变，或利用街头政治煽动群众闹事，迫使不与西方合作的领导人下台。"① 21 世纪以来从东欧到西亚北非国家陆续上演的颜色革命就是对这种行径最典型的诠释。

第二节　新自由主义的实践后果

新自由主义承袭古典自由主义的自由个体理念，把个体在经济活动中的有限理性进一步发展到管理活动中的有限理性，从而为政府宏观调控在市场经济中的低效甚至无效提供了理论依据。由此，市场化、自由化、私有化是经济繁荣的最终选择。然而，为垄断资本肆意扩张打开大门的新自由主义自 20 世纪 70 年代兴起以来，给世界经济社会发展带来十分严重的消极后果，对此，西方不少学者都毫不隐讳地承认。

一　世界经济发展不均衡、不平等

"新自由主义主张消除国家在贸易、金融等领域的壁垒，实现资本、商品等要素在国际市场的自由流通，这客观上会促进经济全球化，加强世界各国在经济上的相互联系。但是，世界经济结构不平衡问题突出，具体表现为发展中国家与发达国家经济、科技等方面的不平衡发展和国际分工的畸形化，而发达国家内部也存在实体经济与虚拟经济发展的不平衡。一方面，发达国家在科技上占有巨大优势，掌握先进技术和核心技术，出于利润最大化的考虑，往往以保护知识产权为借口，垄断先进技术和核心技术，在商品国际化生产中始终处于上游地位。而发展中国家只能以低廉的

---

① 王永贵：《新自由主义思潮的真实面目》，《红旗文稿》2015 年第 5 期。

土地和劳动力价格参与商品的国际化生产，为国际垄断资本'打工'，从事简单加工，始终处于商品国际化生产的下游，也使得发达国家和发展中国家之间在世界生产总值和出口市场中占有的比例形成鲜明的对比，世界经济健康协调发展受到严重影响；同时，欧美等发达国家在经济全球化中处于优势地位，以新自由主义为主要价值取向的国际组织在制定世界经济贸易规则时，表面上要求各个国家平等、开放、自由，但其出发点和效果是有利于扩张发达国家的经济霸权。而发展中国家由于在经济全球化中处于被动受支配地位，没有相应话语权。另一方面，在发达国家内部也存在虚拟经济与实体经济之间的发展失衡问题。为了寻求更大的利润空间，过剩资本一部分转到土地和劳动力相对便宜的发展中国家，另一部分则转向金融业。美国工业产值和增长速度不断下降，经济发展长期以来依靠债务推动，结果造成金融泡沫。"① 近年来，美国政府提出重振实体经济，设立贸易壁垒，打压别国新兴技术产业，企图扭转自身经济过度金融化带来的金融危机，但是在全球化的大趋势下，这种逆全球化行为效果不但不明显，还有损于本国经济的发展。

从全世界范围来看，新自由主义促进了世界贫富的两极分化。实际上，"贫富差距是资本主义市场经济的固有矛盾，即使是完善的市场经济也不可能解决这一问题。新自由主义认为贫富差距反映了经济贡献的不同，因此是合理的；其支持者们提出所谓'涓滴效应'，认为富人更富后会增加投资，从而带动劳动生产率提高、创造更多就业岗位，因此穷人也从中受益。然而事实是，工人工资长期停滞，增长率远低于劳动生产率增长率；富人收入份额的快速增长并未如其许诺的那样向下滴流，反而都投向投机性的金融部门中"②。"美国经济学家詹姆斯·佩特拉斯认为，在我们的时代，新自由主义私有化关注的是利润而不是生产，它仅仅导致国际垄断资产阶级在全球范围内对现有财富和资产进行掠夺，

① 王永贵：《新自由主义思潮的真实面目》，《红旗文稿》2015年第5期。
② 蔡万焕：《新自由主义的兴衰——大卫·科兹对新自由主义的批判》，《红旗文稿》2015年第14期。

'在任何地方都没有带来生产力的蓬勃发展'。"①

新自由主义给拉美等转型国家带来了重大灾难。其一，国有企业私有化，使一些产业向私人资本和外国资本集中，使失业问题更为严重。其二，收入分配不公的问题越来越突出，两极分化和贫困化十分严重，其三，民族企业陷入困境。这种情况在开放度较高的墨西哥和阿根廷等国更为明显。国家职能明显削弱，社会发展被严重忽视。其四，金融自由化导致金融危机、财政危机频发。1994 年的墨西哥金融危机、1999 年的巴西货币危机、2001 年的阿根廷债务危机以及后来的国际金融危机和2019 年厄瓜多尔、智利、玻利维亚等国的社会动荡，都与金融自由化密切相关。拉美和欧洲一些知识分子 1997 年 2 月在荷兰举行的一次会议上指出：最近 20 年"结构性失业严重，得不到保护的工人不断增加和社会紧张形势不断加剧，是新自由主义造成的恶果"；"为全球的新自由主义付出的代价，不仅是造成欧洲和美国劳动力的贫困化和大量失业，而且导致大部分第三世界国家的贫困化和经常侵犯人权"。这个论点无疑是正确的，世界银行提供的数据也支持了这个论点，世界最富国家与最穷国家人均收入差距，在新自由主义刚兴起时期的 1973 年为 44：1，仅仅过了不到三十年，2000 年就扩大为 727：1，足足扩大了 15.5 倍。②

二　助长垄断，阻碍技术的进步

新自由主义主张市场化、自由化，将市场竞争这个外部因素神化为促进企业技术进步、效率提升及经济结构升级的动力来源，反对包括自然垄断等在内的各种形式的垄断，试图构建一个完全自由竞争的市场环境。但从现实来看，新自由主义旨在市场化、自由化的政策与其理论相矛盾，不仅为垄断企业的垄断地位辩护，也使得反垄断法案实施力度不断弱化，为大资本、垄断大企业提供政策保护。

第一，新自由主义强调缩小政府规模的重要性，但数据表明，新自

---

① 丁冰：《失灵的药房——看西方学者如何批评新自由主义》，《红旗文稿》2009 年第 3 期。
② 丁冰：《失灵的药房——看西方学者如何批评新自由主义》，《红旗文稿》2009 年第 3 期。

由主义时期政府支出规模在 GDP 中所占比重与前一时期相比变化不大，政府甚至更为积极地调节经济，只不过调节的目标从使大多数人受益转向使大企业和富人受益。

第二，新自由主义认为国企是垄断的，低效的，国企应从原来占据的领域中退出而由私人资本进入。但在面对私人企业垄断时，保护大多数企业免受垄断企业垄断优势干扰的反托拉斯法案实施力度被不断弱化，其支持者更提出"可竞争市场"理论，认为即使一个行业中只有一家企业，也可以是竞争性的，因为该企业还面临众多潜在进入者。

新自由主义以自由为幌子，实则以此要求小资本、发展中国家放开对资本的限制，从而凭借自己的垄断优势行进一步垄断之实。在这个意义上，新自由主义所谓的自由，不仅对于工人个人是遥不可及的，对于小资本而言也是难以实现的。①

在新自由主义的影响下，整个资本主义经济向金融经济转移重心。这在美国经济中尤为显著，但这并不是经济的现代特征。相反，它反映出以美国为代表的资本主义的产业基础在衰退。美国钢铁、汽车、电机等产业曾经称霸世界，但自从把金融经济看作获得利润的主要舞台后，现在的制造量明显下降，技术和设备落后，以至于产业的落后状况成为美国资本主义的历史特征。这可以看作是列宁指出的，垄断必然产生腐朽性的典型事例。②

三　渗透瓦解社会主义制度

美国不仅把新自由主义作为国家的指导思想，而且还以它作为其实现全球霸权的战略工具。此后，西方世界开始改变了对苏联社会主义国家的战略。美国前中央情报局局长罗伯特·盖茨说过："我们知道，无论施加经济压力还是进行军备竞赛，甚至用武力也拿不下来。只能通过内部爆炸来毁灭它。"俄罗斯科学院院士、社会政治研究所所长根·

---

① 蔡万焕：《新自由主义的兴衰——大卫·科兹对新自由主义的批判》，《红旗文稿》2015年第 14 期。

② ［日］不破哲三：《新自由主义的后果及走向》，郑萍编译，《红旗文稿》2010 年第 23 期。

瓦·奥希波夫证实了这一说法，他指出："西方国家原来每年针对社会主义国家的媒体宣传资金达 600 亿美元。美国政府著名顾问基辛格讲：'干什么还要进行宣传？不如直接在苏共党内建立第五纵队，培养代理人'。"新自由主义旗手之一英国首相撒切尔夫人也证实说："我们一直采取行动，削弱苏联经济，但是遗憾的是，无论我们怎么努力，苏联的政治形势长期保持十分稳定，我们陷入了困境。不过很快我们得到情报，说苏联领袖逝世后，经我们帮助的人可以继任，借助他能够实现我们的想法，这个人就是戈尔巴乔夫。"①

应该说，培养以戈尔巴乔夫为代表的"代理人"是新自由主义登上西方政治舞台后从内部瓦解苏联最成功的战略。实际上，冷战开始后，苏联共产党领导的社会主义阵营就受到包括修正主义等错误思想的影响。在诸多错误思潮中，新自由主义的影响是最为严重和直接的。新自由主义通过在共产党内部培养"代理人"，其一，实现了苏联共产党主动放弃马克思列宁主义的指导思想，在"人道的民主的社会主义"的旗帜下，苏共领导人大肆鼓吹"民主化、公开性和多元论"，否认阶级和阶级斗争，模糊社会主义同资本主义的界限，无视生产资料所有制而大谈"人道主义"，同资本主义国家进行无原则的妥协。指导思想的这种变化其实就是在为政治改革上去社会主义并向资本主义蜕变作准备。其二，实现共产党主动放弃对国家的领导。以戈尔巴乔夫为代表的苏联共产党内的新自由主义者把权力中心从党组织转移到苏维埃，取消了党对国家机关、社会团体的直接领导，使苏共从实际的政治领导核心变成了政治先锋队，沦为多党制中的一个议会党。这就使共产党完全丧失制定和实施政策的权利。其三，实现共产党放弃对军队的绝对领导。20 世纪 80 年代，戈尔巴乔夫推行的军队改革，实质上是取消了苏共对军队的最高领导权和指挥权，搞所谓的军队国家化。这带来的直接后果是军队在国家危难关头倒戈。其四，实现了从公有制为基础的社会主义经济向私有制为基础的私有化自由化资本主义市场经济的转变。在这个过程中，一大批受新自由主义影响的经济学家刻意混

---

① 参见黄星清《从苏联解体看新自由主义对社会主义改革的危害性》，《红旗文稿》2015年第 11 期。

淆社会主义与资本主义的本质区别，从极少数垄断资产阶级的利益出发，向广大苏联人民论证实行私有制的合理性和必要性，把经济状况不佳的根本原因归于公有制的垄断和社会主义经济体制的僵化。① 随后的经济改革在苏联掀起了"私有化、自由化、市场化"浪潮，这导致苏联社会主义经过几十年建设积累起来的社会财富瞬间被垄断资本吞噬殆尽。其五，实现意识形态的多元化。从意见多元化到舆论多元化再到意识形态多元化，苏联社会主义意识形态领域就逐渐混乱和失控。各种反马克思主义反党反社会主义的言论连篇累牍，历史虚无主义由此开始盛行。这样，整个社会的思想就被彻底搞乱了。其六，使得民族分裂势力频频抬头。新自由主义思想在民族政策上表现为突出强调地方民族主义，大兴民族分裂运动。这使得本就存在的民族矛盾日益激化，多民族国家的认同感和凝聚力降低，最终导致民族危机和国家解体。

第三节　认清新自由主义与中国改革开放的根本区别

一　新自由主义服务于国际垄断资本

新自由主义作为一种政策体系和价值理念，其背后不是一般的资本，而是资本的高级形态——金融垄断资本。在马克思主义发展史上，金融垄断资本理论是由列宁和希法亭创立的。他们认为，随着资本主义从自由竞争发展到垄断阶段，资本形态发生了重大变化，即在产业资本的基础上形成了金融垄断资本。金融垄断资本是"银行和工业日益融合或者说长合在一起"② 的产物，是银行资本和产业资本在垄断基础之上融合而成的一种更高级的资本形态，是资本的特殊形式所联合形成的"总体"③ 资本。

---

① 黄星清：《从苏联解体看新自由主义对社会主义改革的危害性》，《红旗文稿》2015 年第 11 期。

② 《列宁选集》第 2 卷，人民出版社 2012 年版，第 613 页。

③ ［德］鲁道夫·希法亭：《金融资本——资本主义最新发展的研究》，福民等译，商务印书馆 1994 年版，第 265 页。

在列宁和希法亭之后，"美国马克思主义学派"保罗·巴兰（Paul A·Baran）、保罗·斯威齐（Paul M·Sweezy）、哈里·马格多夫（Harry Magdoff）、福斯特（John Bellamy Foster）等人又结合战后垄断资本主义发展的新变化，进一步丰富了金融垄断资本理论，创立了垄断—金融资本的分析范式，因此他们又被称为"垄断资本学派"。垄断资本学派关注的重点在于资本过剩与金融投机之间的关系。在他们看来，战后西方资本主义社会矛盾的主要表现形式是资本过剩。① 也就是说，金融资本在垄断条件下生产出越来越多的利润，这些利润难以再被生产过程资本化而成为过剩资本，过剩资本为了继续增殖，于是只能转向投机。这样，在实体经济长期趋于停滞或萧条的条件下，金融资本的投机性迅猛发展起来。因此，一方面是生产相对停滞，另一方面是投机盛行，其典型表现就是产业的空心化、经济的金融化和债务化。福斯特将其称为"投机金融"的崛起。在这种研究范式下，垄断资本学派阐述了他们对新自由主义的理解。在他们看来，新自由主义鼓吹资本的自由流动，尤其是跨国流动，鼓吹经济的私有化，鼓吹市场原教旨主义，鼓吹金融创新和政府的自由放任，其根本目的是服从和服务于金融垄断资本在民族国家乃至全球范围内榨取利润的需求。因此，新自由主义在本质上是反映金融资本利益的政治经济策略，是"应对停滞——金融化困境的政治形式"。垄断资本学派的上述分析在继承经典马克思主义金融资本理论的基础上深刻揭示了金融资本在当今整个资本主义社会和世界体系中的统治地位，为我们理解当今的金融全球化时代及其新自由主义意识形态提供了一个基本的逻辑枢纽。因此，只有从金融垄断资本积累体系发展的内部矛盾及其导致的危机出发，才能科学判断新自由主义危机的性质及其发展趋势。②

新自由主义主张一切遵从市场原理，认为由人们的自由意志进行买

---

① ［美］保罗·巴兰、保罗·斯威齐：《垄断资本———论美国的经济和社会秩序》，南开大学政治经济学系译，商务印书馆1977年版，第111页。

② 武海宝：《金融垄断资本积累与美国新自由主义的历史演变》，《理论与改革》2022年第4期。

卖的"市场"决定资源分配，由个人竞争决定的社会定位，是"民主的"、最恰当的。他们极力主张私有制，反对公有制；主张自由经营，反对国家干预；主张自由贸易，鼓吹经济全球化。但是作为从资本主义生产关系中生长出来的新自由主义，是以资本增殖为目的的贪婪利益的追求者的意识形态。它之所以支持自由贸易，是因为这有利于垄断资本主义国家和私有垄断集团的利益。在多元化、全球化的市场中，市场机制和自由竞争给垄断资本主义披上了平等和民主的外衣。但是，由于信息的不对称性和可操控性，必定会让资源和信息的垄断者处于优势地位。在这种情况下，市场越是自由，越会让金融资本的垄断不受限制。

美国通过领导新自由主义变革，使得美国金融垄断资本控制了全球实体经济的产业链，同时也使本国产业发展日益走向空心化。在这一轮新自由主义全球扩张中，美国金融资本获得完全的主导地位。它通过资本输出大量投资、控制其他国家的实体产业，并在此基础上重塑了全球产业的价值链：美国金融资本只掌握核心技术和知识产权等产业链高端环节，而中低端的制造和生产业务则逐步转移到广大发展中国家尤其是中国这样的新兴经济体国家。通过这种分工，美国金融垄断资本从世界市场中带回大量的投资利润。据有关资料介绍，"1960 年国外盈利占美国公司总利润的7%，到 1990 年国外利润比升到 18.5%，到 2000 年国外利润占 24.8%，到 2007 年第四季度，美国公司在海外的利润占其总利润 33.33%"[1]。与此同时，美国本土的工业生产日益出现空心化趋势，它的制造业在 GDP 中的占比一路下滑，以致最后只占 GDP 的 10% 左右，这已经与第二次世界大战后美国工业产值占世界工业产值的半壁江山不可同日而语了。除此之外，美国以证券资本为主要形式的虚拟经济获得迅猛发展。[2] 随着过剩资本涌入金融市场，金融风险不断增加。

美国领导的新自由主义变革使美国自由民主制度的运行也发生了重大变化。正如前文所述，新自由主义的背后是金融垄断资本的利益。美

---

① 陈志武：《从美国次贷危机中学到什么》，《21 世纪经济报道》2008 年 5 月 10 日第 16 版。

② 武海宝：《金融垄断资本积累与美国新自由主义的历史演变》，《理论与改革》2022 年第 4 期。

国金融垄断资本不是自由竞争的小资本，而是垄断性的大资本；不是美国这个民族国家范围内的资本，而是全球性的资本；它不只控制着全球实体经济的产业链，同时也控制着全球的虚拟资本市场；它不仅要控制市民社会，还要染指和操纵国家权力，使国家成为赤裸裸的资本积累的工具。在这种背景下，美国民主制度也越来越货币化、金融化，变得越来越形同虚设，最终沦为金钱政治。① 据统计，2020 年美国总统和国会选举总支出高达 140 亿美元，是 2016 年的 2 倍和 2008 年的 3 倍，被称为"史上最烧钱的大选"。其中，总统选举花费再创历史纪录，达到 66亿美元；国会选举花销超过 70 亿美元。2018 年中期选举中，巨额政治献金占到了竞选资金的 40% 以上，这些巨额资金主要来自占美国总人口0.01% 的富豪。② 金钱政治的这种极度发展使美国这个所谓的民主灯塔黯然失色。就连诺贝尔经济学奖得主保罗·克鲁格曼也说："比起想象中的民主国家，美国更像一个寡头政权。"③

二 中国特色社会主义改革开放以解放和发展生产力为目的

改革开放是决定当代中国命运的关键一步，是坚持和发展中国特色社会主义的必由之路。改革开放是我们党的历史上一次伟大觉醒，正是这个伟大觉醒孕育了新时期从理论到实践的伟大创造。但是，伴随着改革开放的不断推进和全面深化，总有人把中国的改革开放视为向西方资本主义市场经济的靠拢或转型，把我们所说的"市场在资源配置中起决定性作用"等同于新自由主义的"市场化""市场决定论"，把我们采取的供给侧结构性改革等同于西方供给学派的发挥自由市场的调节作用。这是完全错误的认知。在中国特色社会主义改革开放的伟大实践之中形成的习近平新时代中国特色社会主义思想，特别是习近平经济思想，对

---

① 武海宝：《金融垄断资本积累与美国新自由主义的历史演变》，《理论与改革》2022 年第 4 期。

② 《美国民主情况》，2021 年 12 月 6 日，人民网，http：//usa. people. com. cn/n1/2021/1206/c241376-32300299. html。

③ 参见《十问美国民主》研究报告，2021 年 12 月 6 日，环球网，https：//baijiahao. baidu. com/s？id＝1718370699233089002&wfr＝spider&for＝pc。

社会主义市场经济条件下正确发挥市场作用，处理市场和政府关系作出了科学的阐释，为不断提高我国整体经济效率和保持经济健康稳定可持续发展提供了正确指引。习近平总书记指出："使市场在资源配置中起决定性作用和更好发挥政府作用，二者是有机统一的，不是相互否定的，不能把二者割裂开来、对立起来。"① 新时代条件下强调发挥市场配置资源的决定性作用，与新自由主义主张的市场决定论有着本质上的不同。在全面深化改革中，我国要主动划清与新自由主义"市场化""自由化""私有化"的界限。

"强调发挥市场在资源配置中的决定性作用，是由我国经济社会发展的问题导向决定的，也是马克思主义'坚持一切从实际出发'观点的体现。当前中国特色社会主义的最大实际，是由我国的最大国情决定的。从历史的坐标看，当前我国仍处于社会主义初级阶段，而且在未来较长的时期内还将处于社会主义初级阶段，这个最大的国情并没有发生变化。因此，我国仍然需要根据生产力发展水平不平衡、不充分的现实，从实际出发采取适合生产力发展要求的生产关系及其实现形式。"② 这从制度上来说，就是要坚持中国特色社会主义基本经济制度。习近平总书记指出："公有制为主体、多种所有制经济共同发展的基本经济制度确立以来，我们党一再明确和深化了坚持基本经济制度的重要政策原则。在功能定位上，公有制经济和非公有制经济都是我国经济社会发展的重要基础。"③ 只有全面和科学理解公有制经济和非公有制经济二者的功能，才能更准确地认知市场配置资源决定性作用的基础条件及其运作机制，才能更明确地区分社会主义市场经济与一般意义上的市场经济。

"在资源配置中市场机制发挥着决定性作用，是由商品生产和交换的一般经济规律所决定的。公有制经济和非公有制经济作为市场的微观主

---

① 《习近平谈治国理政》第 1 卷，外文出版社 2018 年版，第 117 页。

② 侯为民：《两种不同"市场决定性作用"的理论辨析——兼评新自由主义"市场决定论"的谬误》，《毛泽东研究》2018 年第 3 期。

③ 《关于〈中共中央关于全面深化改革若干重大问题的决定〉的说明》，《人民日报》2013 年 11 月 16 日第 1 版。

体，都服从于上述客观规律，都需要自主经营和自负盈亏，都需要在市场竞争中提高效率和效益。市场化是其以微观经济主体身份参与社会生产所必经的途径。但是，不能将市场化等同于私有化。"① 公有制经济与非公有制经济在功能定位上有差别，从性质上来说，更是两种完全不同性质的所有制。邓小平同志在改革开放之初就指出，"公有制以及由此产生的最大限度满足人民需要这一生产目的，是社会主义的特点，也是资本主义永远不可能有的优越性"②。应当说，确立和巩固公有制经济决定着我国社会主义事业的经济基础，也决定着社会主义现代化强国目标最终能否实现。当下，强调发挥市场在资源配置中的决定性作用，必然要对公有制经济进行改革，探索和完善公有制经济的具体实现形式。但这种改革，不是将公有制经济改"小"、改"弱"、改"无"，不能打着改革的名义把公有制私有化。"我们强调把公有制经济巩固好、发展好，同鼓励、支持、引导非公有制经济发展不是对立的，而是有机统一的。我们国家这么大、人口这么多，又处于并将长期处于社会主义初级阶段，要把经济社会发展搞上去，就要各方面齐心协力来干。公有制经济、非公有制经济应该相辅相成、相得益彰，而不是相互排斥、相互抵消"③。鼓吹只有私有制经济才能适应现代市场经济、只有私有化才能提高资源配置效率的论调，不仅已经被东欧剧变后的现实所否定，而且也与我国改革开放历史实践所取得的巨大成就不符。

"发挥市场在资源配置中决定性作用，要坚持两点论。不能一提市场化配置资源，就只能主张推行自由化和非调控化。马克思主义认为，政治和经济的关系密切相关，相互作用并相互制约。从社会结构层面看，现代社会已经完全脱离了自由资本主义阶段的无组织化阶段。国家作为巨大的经济力量，已经深度融入现代经济生活。"④ "在世界上所有的政

---

① 侯为民：《社会主义基本经济制度的整体观与显著优势》，《晋阳学刊》2020 年第 2 期。

② 《划清"四个界限"学习读本》编写组编：《划清"四个界限"学习读本》，人民出版社 2010 年版，第 52 页。

③ 《习近平关于全面建成小康社会论述摘编》，中央文献出版社 2016 年版，第 66 页。

④ 侯为民：《两种不同"市场决定性作用"的理论辨析——兼评新自由主义"市场决定论"的谬误》，《毛泽东研究》2018 年第 3 期。

治制度中，大部分政治是经济性的，而大部分经济亦是政治性的"①。将经济和政治完全视作彼此割裂、相对独立甚至对立的领域，是一种逆历史潮流而动的观点，也是一种完全无视现实的观点。在现代国家中，政治功能如果契合经济基础的要求，则可以大大地推动生产力发展；反之，则损害生产力发展和社会总体福利。为此，习近平总书记在党的十九大报告中指出："中国特色社会主义最本质的特征是中国共产党领导，中国特色社会主义制度的最大优势是中国共产党领导"②。这一论断显然更科学地反映了政治对经济的反作用，也更深刻地体现了共产党作为无产阶级政党组织的先进性质，是对新时代中国特色社会主义条件下政治和经济之间相互作用关系的科学说明，是对现代经济生活中政府和市场关系的深刻总结和阐释。③ 我国的供给侧结构性改革就是从市场经济一般规律出发，既发挥市场配置资源的决定性，也更好发挥政府作用，在适度扩大总需求的同时，加强供给侧结构性改革，着力提高供给体系质量和效率，增强经济持续增长动力。实际上是通过去产能、去库存、去杠杆、降成本、补短板，也就是"三去一降一补"的改革，实现我国经济转型和社会的可持续发展。供给侧结构性改革，重点是解放和发展社会生产力，用改革的办法推进结构调整，减少无效和低端供给，扩大有效和中高端供给，增强供给结构对需求变化的适应性和灵活性，提高全要素生产率。④ 供给侧结构性改革在一定程度上借鉴了西方供给学派的一些重要政策思路和成功经验，但绝非简单地任由自由市场自发调节。

三　坚持全面深化改革开放的正确方向

党的十一届三中全会深刻把握党和国家前途命运，深刻总结社会主

---

① ［美］查尔斯·林德布洛姆：《政治与市场：世界的政治—经济制度》，王逸舟译，上海三联书店、上海人民出版社 1984 年版，第 8 页。

② 《中国共产党第十九次全国代表大会文件汇编》，人民出版社 2017 年版，第 16 页。

③ 侯为民：《两种不同"市场决定性作用"的理论辨析——兼评新自由主义"市场决定论"的谬误》，《毛泽东研究》2018 年第 3 期。

④ 宁阳：《深化经济体制改革须认清新自由主义的本质与危害》，《思想理论教育》2018 年第 6 期。

义革命和建设实践，深刻洞察时代潮流，深刻体悟人民群众的期盼和需要，作出实行改革开放的历史性决策，推动我国社会主义事业进入新时期。改革开放使中国社会焕发出强大的生机活力，我国用几十年时间走完了发达国家几百年走过的工业化历程，创造了经济快速发展和社会长期稳定两大奇迹，极大改变了中国的面貌、中华民族的面貌、中国人民的面貌、中国共产党的面貌，中华民族以崭新姿态屹立于世界的东方。实践证明，改革开放是党和人民大踏步赶上时代的重要法宝。只有社会主义才能救中国，只有改革开放才能发展中国、发展社会主义、发展马克思主义。新时代坚持和发展中国特色社会主义，实现"两个一百年"奋斗目标，实现中华民族伟大复兴，必须以改革开放为强大动力。中国要前进，必须全面深化改革开放。

如今，我们已迈上全面建设社会主义现代化国家新征程，向着第二个百年奋斗目标进军。这一时期，机遇和挑战都前所未有，要破解发展中面临的新的难题、化解来自各方面的风险挑战，推动各项事业全面进步和人的全面发展，必须全面深化改革开放。党的十八届三中全会对全面深化改革进行了顶层设计、系统规划和总体部署，明确以完善和发展中国特色社会主义制度，推进国家治理体系和治理能力现代化为全面深化改革的总目标。全面深化改革必须牢牢把握总目标，实施好"六个紧紧围绕"的路线图。即，紧紧围绕使市场在资源配置中起决定性作用和更好发挥政府作用，深化经济体制改革；紧紧围绕坚持党的领导、人民当家作主、依法治国有机统一，深化政治体制改革；紧紧围绕建设社会主义核心价值体系、社会主义文化强国，深化文化体制改革；紧紧围绕更好保障和改善民生、促进社会公平正义，深化社会体制改革；紧紧围绕建设美丽中国，深化生态文明体制改革；紧紧围绕提高科学执政、民主执政、依法执政水平，深化党的建设制度改革。这六个方面明确了经济、政治、文化、社会、生态文明体制和党的建设制度深化改革的分目标，规定了各领域各方面改革的主要任务，是落实全面深化改革总目标、推进各领域各方面改革的基本遵循，构建新时代全面深化改革的系统工程。

为了更好地落实各方面各领域的主要任务，使各领域各方面改革沿着正确方向顺利推进，必须旗帜鲜明地反对新自由主义。如前所述，新自由主义作为国际垄断资本主义的国家意识形态，其核心观点和基本主张已经渗透到多个领域，但对经济领域的影响是最直接和主要的。在深化经济体制改革过程中，如果不能有效抵制新自由主义的影响，将会危害改革开放的基础。为此，要做到以下几点，以确保经济体制改革沿着正确方向前进。

（一）坚持基本经济制度，做强做优做大国有资本国有企业

社会制度是决定一个社会基本性质和发展方向的根本因素。社会主义制度是满足人民日益增长的美好生活需要的制度保障。以公有制为主体是社会主义制度的根基，也是全面深化改革的立足点，更是社会主义区别于资本主义的本质特征之一。只有以公有制为主体，才能真正解放和发展生产力，实现社会主义的生产目的。否定作为主体的公有制经济，否定国有经济的主导地位，就等于丧失了社会主义的经济基础，其结果必然会催生出新的资产阶级，加剧收入分配的两极分化，破坏社会的安定和谐，人民群众就会丧失主人翁地位，中国特色社会主义事业的根基就会动摇，中国特色社会主义的大厦就会轰然倒塌。因此，坚持公有制的主体地位，不仅是一个经济问题，也是一个事关国家前途命运的政治问题。①

坚持公有制为主体，必须弄清楚公有制经济的范围和公有制为主体的具体表现形式。公有制经济不仅包括国有经济和集体经济，还包括混合所有制经济中的国有成分和集体成分；不仅包括生产领域的国有经济，还包括流通、金融、文化等领域的公有制经济；不仅包括属于中央管理的公有制经济，还包括各级政府所有的公有制经济。此外，还应当包括许多新型的公有制形式，如各种新型的农村合作制等。② 公有制的主体地位主要体现在两个方面：一是公有资产在社会总资产中占优势，这是就全国而言，有些地方、有的产业可以有所差别；二是国有经济控制国民经济命脉，

---

① 宁阳：《深化经济体制改革须认清新自由主义的本质与危害》，《思想理论教育》2018年第6期。

② 张宇、谢地、任保平、蒋永穆等：《中国特色社会主义政治经济学》，高等教育出版社2017年版，第89页。

对经济发展起主导作用，这种主导作用表现在控制力上，即控制国民经济发展方向、控制经济运行整体态势、控制重要稀缺资源的能力。①

坚持公有制为主体，就要进一步巩固和发展公有制经济。首先，要积极探索公有制的有效实现形式。实践证明，公有制实现形式可以而且应当多样化。要积极发展混合所有制经济，培育具有全球竞争力的世界一流企业。② 其次，"要完善各类国有资产管理体制，改革国有资本授权经营体制，加快国有经济布局优化、结构调整、战略性重组，促进国有资产保值增值，推动国有资本做强做优做大，有效防止国有资产流失"③。需要特别强调的是，国有企业是中国特色社会主义的重要物质基础和政治基础，是党执政兴国的重要支柱和依靠力量。党的十九届六中全会审议通过《中共中央关于党的百年奋斗重大成就和历史经验的决议》指出："支持国有资本和国有企业做强做优做大，建立中国特色现代企业制度，增强国有经济竞争力、创新力、控制力、影响力、抗风险能力"④。迈上第二个百年奋斗目标的新征程，国有企业要在做强做优做大中更好履行职责、担当大任，需要做到，一，把牢党的领导"定盘星"。坚持党的领导、加强党的建设，是我国国有企业的光荣传统，是国有企业的"根"和"魂"，是我国国有企业的独特优势。国企要保证党和国家的方针政策、重大部署的贯彻执行。确保企业发展到哪里，党的建设到哪里，党支部的战斗堡垒作用体现在哪里，为做强做优做大国有企业提供坚强组织保证。二，筑稳经济发展"压舱石"。国企要聚焦主责主业，提升产业链供应链支撑和带动能力。加快推动传统产业转型升级，系统推进数字化转型，发展壮大战略性新兴产业，形成具有更强创新力、更高附加值、更安全可靠的产业链体系。三，当好改革攻坚

---

① 宁阳：《深化经济体制改革须认清新自由主义的本质与危害》，《思想理论教育》2018年第6期。

② 宁阳：《深化经济体制改革须认清新自由主义的本质与危害》，《思想理论教育》2018年第6期。

③ 《中国共产党第十九次全国代表大会文件汇编》，人民出版社2017年版，第27页。

④ 《中共中央关于党的百年奋斗重大成就和历史经验的决议》，人民出版社2021年版，第35页。

"排头兵"。坚持"集约化发展、专业化运营、精益化管理"原则，有序推动内部重组整合，确保国有资产保值增值。深入开展对标世界一流管理提升行动、创建示范行动和价值创造行动，以管理的不断深化带动企业治理能力的不断提升，着力创新体制机制，加快建立现代企业制度，发挥国有企业各类人才积极性、主动性、创造性，激发各类要素活力。四，打造原创技术"策源地"。企业持续发展之基，市场制胜之道在于创新。国企要主动融入国家基础研究创新体系，加强基础研究和应用基础研究，突出行业关键技术、共性技术、前沿技术攻关，集中力量突破关键核心技术"卡脖子"问题。围绕数字化、智能化、低碳化，聚焦主业、做强实业、做精专业，培育更多的专精特新企业，实现核心技术与产业链关键环节的自立自强；依托国家重大科研项目和重大工程，做强做实各类科技创新平台，着力打造高层次创新型科技人才培养基地，牢牢把发展主动权掌握在自己手中。改革的一系列措施，旨在促进国企质的提升，绝不是要实行私有化或让国有企业退出竞争领域。

（二）正确处理政府和市场关系，更好发挥政府作用

早在市场经济发展初期，西方经济学的鼻祖亚当·斯密就着重论述过政府和市场的关系问题。他认为，管得最少的政府就是最好的政府，经济活动要由市场这只"看不见的手"自动进行调节，政府的角色只是一个"守夜人"。1929—1933年的世界经济危机充分暴露出单纯市场调节的弊端，强调政府干预的凯恩斯主义开始被重视，并在经济政策中被实施。此后，政府和市场的关系一直是市场经济中一个无法回避的核心理论问题，也是所有实行市场经济的国家必须面对的重大理论和现实问题。

建立完善的社会主义市场经济体制是经济体制改革的目标。因此，深化经济体制改革也必须按照社会主义市场经济的逻辑展开。经济体制改革是全面深化改革的重点，核心问题是处理好政府和市场的关系，使市场在资源配置中起决定性作用和更好发挥政府作用。这是十八届三中全会对于政府和市场关系的新认识。将市场的作用从"基础性"修改为"决定性"，这是对市场的地位和作用的升级，体现了对市场决定资源配置这一规律的

深刻认识，凸显了市场这只"看不见的手"的巨大作用。社会主义市场经济体制经过 20 多年的实践发展，取得了显著成绩，但仍然存在市场主体缺乏活力、市场作用得不到充分发挥的诸多弊端，必须积极稳妥从广度和深度上推进市场化改革，大幅度减少政府对资源的直接配置，推动资源配置依据市场规则、市场价格、市场竞争实现效益最大化和效率最优化。要以完善产权制度和要素市场化配置为重点，实现产权有效激励、要素自由流动、价格反应灵活、竞争公平有序、企业优胜劣汰。全面实施市场准入负面清单制度，清理废除妨碍统一市场和公平竞争的各种规定和做法，支持民营企业发展，激发各类市场主体活力。①

市场虽然在优化资源配置方面具有独特优势，但市场并非万能，其自发性、盲目性、滞后性等弊端容易导致市场失灵。克服市场失灵，离不开政府作用的积极发挥。社会主义市场经济体制的完善必须充分发挥社会主义政治制度的强大优势，更好发挥政府作用，强化政府的长期规划、微观规制和应对国际风云变幻的能力。只有划定政府与市场的合理边界，政府把该管的管好，该放的放下，让"无形之手"和"有形之手"相得益彰，实现市场高效、政府有为，才能迸发出强大力量。更好发挥政府作用，旨在为市场创造良好环境、提供优质服务，而并非替代市场的作用。政府放权也不意味着政府职能的弱化，而是要努力寻求市场机制与政府干预的最佳结合，使政府在调节经济、弥补市场失灵的同时，防止出现"越位""缺位"和"错位"。②

（三）巩固马克思主义指导地位，坚持以习近平经济思想为指引

1978 年至今，我国的市场经济之路已经走过 40 多年的历程。回顾 40 多年的改革之路，每个时期每个阶段的改革都伴随着理论的纷争，改革越深化，难度越加大，理论的争鸣也会越激烈。社会主义的改革，一个本质要求就是"改"与"不改"的统一。"问题的实质是改什么、不

---

① 宁阳：《深化经济体制改革须认清新自由主义的本质与危害》，《思想理论教育》2018
年第 6 期。

② 宁阳：《经济体制改革要处理好政府、市场、社会的关系》，《光明日报》2014 年 7 月 9
日第 16 版。

改什么，有些不能改的，再过多长时间也是不改。"① 当前我国经济发展进入新时代，改革进入攻坚期和深水区，只有巩固马克思主义指导地位，才能确保经济体制改革的社会主义方向，才能保证改革不犯颠覆性的错误。马克思主义政治经济学始终是我国改革开放和经济建设的基本指导思想。

深化经济体制改革，绝不能简单套用西方经济学理论。2017 年中央经济工作会议认真总结了党的十八大以来我国经济发展取得的历史性成就和发生的历史性变革，首次提出习近平经济思想。习近平经济思想是五年来推动我国经济发展实践的理论结晶，是运用马克思主义基本原理对中国特色社会主义政治经济学的理性概括，是中国特色社会主义政治经济学的最新成果，是党和国家十分宝贵的精神财富。习近平经济思想引领我们摆脱长期以来对西方经济理论尤其是新自由主义的迷信和崇拜，增强防范和抵御新自由主义对我国经济体制改革渗透和干扰的能力，提升独立思考和理论创新的能力，对解决困扰经济学界的诸多难题提供了根本指引。实际上，我国市场经济体制改革始终体现着马克思主义政治经济学理论的创新发展。如果我们把马克思主义简单化教条化，这是一种"僵化"，而把改革开放以来经济快速发展说成是西方经济理论指导带来的，则是一种对于西方经济理论的"迷信"。我们不能僵化，更不可迷信。在对待改革方向的大是大非面前，过去我国改革开放取得的成果不能用新自由主义解构，未来全面深化改革更要警惕新自由主义的肆意侵扰。②

课后思考

1. 如何认识自由主义思想与新自由主义的关系？
2. 新自由主义思潮的实质和危害是什么？
3. 中国在构建高水平社会主义市场经济体制的改革过程中如何避免

① 《习近平关于全面深化改革论述摘编》，中央文献出版社 2014 年版，第 15 页。
② 宁阳：《深化经济体制改革须认清新自由主义的本质与危害》，《思想理论教育》2018 年第 6 期。

新自由主义的危害？

推荐阅读

马克思：《论犹太人问题》，载《马克思恩格斯文集》第1卷，人民出版社2009年版。

马克思：《〈政治经济学批判（1857—1858年手稿）〉摘选》，载《马克思恩格斯文集》第8卷，人民出版社2009年版。

列宁：《帝国主义是资本主义的最高阶段》，载《列宁选集》第2卷，人民出版社2012年版。

习近平：《"看不见的手"和"看得见的手"都要用好》，载《习近平谈治国理政》第1卷，外文出版社2018年版。

习近平：《决胜全面建成小康社会 夺取新时代中国特色社会主义伟大胜利——在中国共产党第十九次全国代表大会上的报告》，载《中国共产党第十九次全国代表大会文件汇编》，人民出版社2017年版。

《划清"四个界限"学习读本》编写组编：《划清"四个界限"学习读本》，人民出版社2010年版。

李强：《自由主义》，东方出版社2015年版。

［德］费希特：《全部知识学的基础》，王玖兴译，商务印书馆1986年版。

［德］鲁道夫·希法亭：《金融资本——资本主义最新发展的研究》，福民等译，商务印书馆1994年版。

［加拿大］叶礼庭：《伯林传》，罗妍莉译，译林出版社2019年版。

［美］查尔斯·林德布洛姆：《政治与市场：世界的政治—经济制度》，王逸舟译，上海三联书店、上海人民出版社1984年版。

第五章

历史虚无主义思潮

——扭曲社会历史观的政治思潮

第一节　当代中国历史虚无主义思潮的特定内涵

从词源上看"虚无主义"一词来源于拉丁文动词"虚无化"，指的是完全毁灭和无的过程。雅柯比在 1799 年第一次使用该词，后来经由屠格涅夫而流行开来，意指唯有我们的感官所获得的存在者才是现实地存在着，其余的一切皆为虚无。从深层次来看，"虚无主义"准确无误地切中了西方现代性的历史进程。马克思、恩格斯在《共产党宣言》中精辟地指出："生产的不断变革，一切社会状况不停的动荡，永远的不安定和变动，这就是资产阶级时代不同于过去一切时代的地方。一切固定的僵化的关系以及与之相适应的素被尊崇的观念和见解都被消除了，一切新形成的关系等不到固定下来就陈旧了。一切等级的和固定的东西都烟消云散了，一切神圣的东西都被亵渎了。"① 也就是说，伴随着资产阶级时代的到来，以资本为主导的物的世界成为人们普遍追求的对象，"超验"的价值世界随之坍塌，从而体现为"虚无主义"的历史进程。② 我们所讨论的历史虚无主义是在我国影响较大的错误思潮之一。这股思潮以"重评""反思"和"还原"历史的面貌出现，有时

① 《马克思恩格斯选集》第 1 卷，人民出版社 2012 年版，第 403 页。
② 许恒兵：《历史虚无主义思潮的演进、危害及其批判》，《思想理论教育》2013 年第 1 期。

甚至打着"学术研究"的幌子和"理论创新"的旗号,片面引用剪裁史料,随意歪曲历史,精心设置一个个"历史陷阱"具有很大的欺骗性、迷惑性和渗透性。其目的是通过否定历史,尤其是歪曲和否定中国共产党的历史和新中国的历史,进而否定中国共产党的领导地位和中国的社会主义制度。

一 中国历史虚无主义的出现及原因

历史虚无主义是一个在中国近现代历史上反复出现的社会思潮。它最早出现并影响中国,是在 19 世纪后半期中国因西方列强的入侵而被迫步入现代性的进程中,集中表现为 20 世纪二三十年代的全盘西化思潮,其典型代表是陈序经和胡适。不能否认,作为关心中华民族未来走向的知识分子,陈序经和胡适提出"全盘西化"的主张体现了对中国应该走什么路的深切思索,但就该主张要求中国彻底归入西方社会发展的洪流,则必定堕入历史虚无主义的泥淖中,必定会在意识层面衍生出对中国传统文化的轻视和否定。陈序经的"一刀断根"论认为中华文化"样样都不如人","中国之趋于全盘西化不过是时间的长短问题,我们若不自己赶紧去全盘西化,则必为外人所胁迫而全盘西化",① 胡适的中国"百事不如人"论认为中华文化的出路在于"努力全盘接受这个新世界的新文明",无不体现了对待中国传统文化的虚无主义态度。"全盘西化"论的最大特点在于彻底割裂了中华民族的历史进程,从而抹杀了历史发展连续性的本质特征。② 针对这种将东、西,传统、现代,根本对立的观点,李大钊指出:"东洋文明既衰颓于静止之中,而西洋文明又疲命于物质之下,为救世界之危机,非有第三新文明之崛起,不足以渡此危崖。俄罗斯之文明,诚足以当媒介东西之任"。"宇宙的进化全仗新旧二种思潮,互相挽进,互相推演","我确信这两种思潮,都是人群进化必要的,缺一不可"。③ 早期马克思主义者的上述认识和判断,有效地纠正了

① 陈序经:《陈序经学术论著》,浙江人民出版社 1998 年版,第 291 页。
② 许恒兵:《历史虚无主义思潮的演进、危害及其批判》,《思想理论教育》2013 年第 1 期。
③ 《李大钊文集》第 2 卷,人民出版社 1999 年版,第 205 页。

虚无主义"割裂"历史、"虚无"历史的倾向，从而为中国马克思主义史学发展开辟了道路。

在抗日战争大背景下，伴随着革命形势的发展，历史虚无主义也表现出新的特点。毛泽东指出，"为着适应抗战的需要，或者为着准备投降的宣传以及作为侵略中国的根据。无论抗战营垒中那一学派或日寇御用学者以及汉奸、投降妥协分子，都注视到中国社会的历史的发展规律或历史上可资借鉴的史迹"[①]。这使得历史虚无主义在中国大行其道。在当时，日本为实现其侵略、奴役中国的野心，更是大肆鼓吹这一历史虚无主义观点，"在过去和现在都竭力搜集证据"，而"国内一部分醉心欧化的学者也曾盲目地附和了这种论调"，"在抗战的过程里，部分的准备投降妥协的顽固分子"，也"利用这样的论调一笔抹杀那悠久的中华民族的史迹"。[②] 为发动侵华战争找借口，日本还大肆宣传它的侵略，是给中国"补血""增元气"，"犹如行荷尔蒙之注射"。持这一派言论的代表是日本法西斯文人秋泽修二。在《东方哲学史》和《中国社会构成》两书中，秋泽认定中国社会具有"亚细亚的停滞性"，鼓吹"皇军的武力"是打破中国社会"停滞性"的根本途径。其核心观点是"侵略有利健康"论。在抗战期间，这一历史虚无主义论调很快受到国内投降派和部分反动文人的追捧和响应。它迫切要求党的理论工作者举起"历史主义"旗帜，对历史虚无主义展开针锋相对的思想批判。毛泽东提出贯彻历史唯物主义的号召，并用"古今中外法"概括历史唯物主义的基本内涵。中国马克思主义者还通过思想批判，揭示中国历史发展的真实规律，阐释新民主主义革命的基本观点。这集中体现在毛泽东和延安几位马克思主义史学家合作撰写的《中国革命与中国共产党》中。文章坚持历史主义的原则和方法，分析中国自周秦以来封建社会的矛盾和特点，揭示近代帝国主义侵略中国的历史事实，总结中国半殖民地半封建社会的性质和主要矛盾，阐明中国革命的对象、任务、动力、性质和前途等一系列基本问题。这既为中国马克思主义史学研究确立了重要的指导思想，

---

① 叶蠖生：《抗战以来的历史学》，《中国文化》第3卷第2期。

② 参见周良书《中国共产党反对"历史虚无主义"的历史考察》，《中国高校社会科学》2017年第2期。

也为中国共产党反对历史虚无主义提供了新的理论武器。①

1949 年中华人民共和国成立后，理论界曾发生过两次关于"历史主义"的激烈论争。中国共产党本可借此宣传历史主义的立场、原则和方法，抵制和克服新形势下历史研究中各种非历史主义的倾向。但是由于受客观环境的影响，这两次论争均未能取得预期效果。第一次论争发生在新中国初期，由艾思奇、黎澍等人发起，主要针对历史研究中的非历史主义倾向问题。范文澜、翦伯赞等马克思主义史学家也参与其中，并就各自史学著作中的问题作了自我批评。比如在《关于〈中国通史简编〉》一文中，范文澜自我检讨说："这本书里，有些地方的叙述就有这种非历史主义的缺点"；而对封建统治阶级、封建制度一律加以否定，也存在"片面反封建"的倾向。翦伯赞也指出："我在解放前，也常用以古喻今的方法去影射当时的反动派。其实这样以古喻今的方法，不但不能帮助人们对现实政治的理解，而且相反地模糊了人们对现实政治的认识。"第二次是在知识分子"思想改造"大背景下，一些学者急于获得新政权的认同，在一定程度上暴露出对历史的"过度解读"之弊，从而引发关于"历史主义与阶级观点"的新论争。这场新论争由翦伯赞、郭沫若等人发起，主要针对历史研究中的"片面性、抽象性、简单化、绝对化、现代化"等问题，认为阶级观点不能替代历史主义，"只有把二者结合起来，才能对历史事实作出全面的公平的论断"。对此，林甘泉等人表示反对，认为"阶级观点是唯物史观的基本核心，它本身包含着深刻的历史主义要求"，"在马克思主义的理论中，阶级观点和历史主义是完全一致的，统一的"。于是一场关于"历史主义与阶级观点"的大讨论由此展开。从 1963 年下半年到 1965 年年初，一年多的时间里，全国十多家报刊直接就这个问题发表的文章达 30 多篇。翦伯赞等人意在表明，单纯的阶级观点会导致历史认识的片面性，历史主义有其单独存在的价值。而林甘泉等人则认为，历史主义可包含在阶级观点中，没有

---

① 周良书：《中国共产党反对"历史虚无主义"的历史考察》，《中国高校社会科学》2017 年第 2 期。

独立存在之必要。这作为一个学术问题讨论本无可厚非，但随着政治形势的恶化，特别是在以"阶级斗争为纲"的认识前提下，主张历史主义有独立存在价值的观点，便被认为是怀疑以至反对阶级观点了。这也成为后来"文革史学"攻击的目标。①

党的十一届三中全会后，在我们党总结历史经验，重新调整工作重心的前提下，我国与西方国家在经济和政治方面的交往不断增多的同时，以资产阶级自由化思潮为主的西方思潮对我国社会的影响也在逐渐增强，历史虚无主义伴随着资产阶级自由化思潮在我国思想文化界重新泛起。在这一历史时期，以党拨乱反正开启改革开放和社会主义现代化建设为特定历史条件，资产阶级自由化分子叫嚣着要"清算毛泽东主义""清算毛泽东主义的影响"②。有人甚至鼓吹"中国的改革只有彻底否定毛泽东后才能获得成功"，"中国总有一天是会像苏联彻底否定斯大林一样地彻底否定毛泽东的"。③ 特别是 1991 年苏联解体、苏共瓦解，使国际共产主义运动遭受巨大挫折，在国际上掀起一股反社会主义、反共产主义运动的逆流。其间，福山的"历史终结论"喧嚣一时。由此，历史虚无主义首先体现为诋毁毛泽东和毛泽东思想，为宣扬西方自由主义思想扫清障碍，以达到"西化"分化社会主义的战略图谋。与政治上诋毁毛泽东及其思想相呼应，20 世纪 80 年代中期以后，在掀起的"文化热"中，我国出现了全盘否定中华优秀传统文化、鼓吹全盘西化的文化虚无主义和民族虚无主义错误思潮，以 1988 年播放的《河殇》为代表。90年代否定中国近现代革命史、党史、新中国史，甚至否定源远流长的民族文化的言论在国内不断蔓延发酵，"告别革命"论是其中的典型代表。④ 进入 21 世纪以后，历史虚无主义思潮在我国一度泛滥成灾，借助于互联网流毒甚广，影响到我国思想文化领域和社会生活的方方面面。

---

① 周良书：《中国共产党反对"历史虚无主义"的历史考察》，《中国高校社会科学》2017 年第 2 期。

② 《王震传》，人民出版社 2008 年版，第 640 页。

③ 《王震传》，人民出版社 2008 年版，第 644 页。

④ 周良书：《中国共产党反对"历史虚无主义"的历史考察》，《中国高校社会科学》2017 年第 2 期。

新时代以来，中国特色社会主义制度优越性不断彰显，中国特色社会主义道路自信、理论自信、制度自信、文化自信不断坚定。具体在思想文化领域，党把意识形态工作作为一项极端重要的工作，加强意识形态领域的建设和管理，旗帜鲜明地批判以历史虚无主义为代表的错误思潮，使得历史虚无主义思潮难以继续泛滥。但与此同时，历史虚无主义思潮并未消退，相反，新媒体环境下，历史虚无主义思潮的表现手段和形式也有了新的特点，加之国内外综合因素的作用，它仍然有可能造成新的思想混乱，对中国特色社会主义理论和实践的发展构成严峻挑战。因此，我们应在梳理历史虚无主义演进历程的基础上，认清历史虚无主义思潮形成的原因，把握这一思潮出现的前提，以便积极主动地应对回击历史虚无主义的种种挑战。

首先，以唯心史观为基础的西方社会科学理论为历史虚无主义思潮的泛起提供了理论基础。改革开放以来，我国与西方国家的文化交流不断扩大，西方社会科学理论对我国人文社会科学研究产生了深刻影响。以唯心史观为哲学基础的西方人文社会科学理论普遍否认马克思主义历史理论，否认人类社会普遍规律的存在。20 世纪 80 年代，西方史学研究中出现的否定革命、鼓吹改良的思潮就是唯心史观的典型代表。这一思潮否定革命的必然性和革命成果的积极意义，重点否定俄国十月社会主义革命，这对我国历史虚无主义思潮的泛起起到很大的推动作用。国内一些学者效仿西方学者的研究方法和路径，对中国近现代史进行"颠覆性"研究。例如，他们主张用所谓的"现代化史观"取代"革命史观"，把革命同现代化对立起来，借以否定中国近代史上的革命斗争。①当然，从理论和实践上探讨中国现代化的源流、曲折和发展，不失为近代史研究的一种角度，但问题在于，持"现代化史观"论者往往是以否定争取民族独立和人民解放这一近代中国主旋律为前提的，这就从根本上违背了近代中国的基本国情、主要矛盾和主要任务。不同于唯心史观这种不尊重历史事实的做法，对于中国革命和中国现代化，唯物史观主

---

① 姜迎春：《论历史虚无主义思潮的成因、表现及其危害》，《南京政治学院学报》2014年第 5 期。

张全面、客观地反映历史事实之间的普遍联系，同时分清主次，把握主流。事实表明，革命同现代化绝对不是相互矛盾、相互对立的，革命是现代化最强劲、最重要的推动力，如果没有革命为现代化创造民族独立、人民解放这个前提，中国的现代化就永无实现之日。①

其次，新自由主义在我国的发展为历史虚无主义泛起和蔓延创造了思想环境。20 世纪 80 年代后，国内外自由主义势力利用我国对外开放和发展社会主义市场经济这一新的机会，不断拓展思想空间，逐渐成为具有广泛影响力的社会思潮。新自由主义以"西化"中国为目标，在经济上主张全盘私有化，在政治上主张多党制和宪政民主，在价值观上宣扬西方"普世价值"。出于否定当代中国现实社会制度和主流意识形态的需要，一些自由主义学者竭力从中国近现代历史中寻找依据和支撑，主张重新解说中国近现代史、清算革命传统，不仅为历史虚无主义思潮的泛起创造了思想氛围，也确定了历史虚无主义思潮的主旨和核心观点。②

再次，世界社会主义运动处于低潮，是历史虚无主义思潮泛起的国际背景。20 世纪 80 年代末 90 年代初，社会主义运动遭受巨大挫折，东欧剧变、苏联解体，世界社会主义运动处于低潮。在这一背景下，国际上从不同角度对马克思主义和社会主义的攻击、诋毁盛行一时。发达资本主义国家主导的全球化迅速发展，显示了资本力量的强大和西方大国的强势。整个世界形成了"资"大"社"小、西强东弱的格局。在这样的国际背景下，我国一些缺乏正确的历史观、不能科学反思历史的人，逐步形成否定中国革命史、否定马克思主义指导、否定社会主义发展道路、否定中国共产党的理论主张。这些历史虚无主义观点在我国人文社会科学各学科均有不同程度的存在，这股思潮对青少年学生影响也不小。随着网络的快速发展，历史虚无主义思潮找到了新的存在场所和传播渠道。直到今天，历史虚无主义思潮仍呈蔓延

---

① 梁柱：《历史虚无主义思潮的泛起、特点及其主要表现》，《马克思主义研究》2013 年第 10 期。

② 姜迎春：《论历史虚无主义思潮的成因、表现及其危害》，《南京政治学院学报》2014 年第 5 期。

之势。从这里可以看出，当代历史虚无主义思潮的泛滥同世界社会主义的曲折发展是密切相关的，一些社会主义国家在实践上的失误和挫折给历史虚无主义提供了借口。①

最后，全球化背景下，西方国家通过多种手段推行和平演变战略，为历史虚无主义思潮的蔓延提供了外部支持。东欧剧变之后，西方国家把中国作为主要对手，他们在经济和军事上打压中国，在政治上分化中国，其基本手段之一就是分化中国民众的思想，破坏中国主流意识形态的影响力和凝聚力。比如，美国将主张"告别革命"的学者请到美国，让他们在美国安心著书立说、扩大影响；美国毫不掩饰地支持"藏独""疆独"，支持歪曲中华民族历史的错误言论；美国一些机构用"请进来"和"送出去"的方法，培养中国学者的自由主义"理论素质"，支持中国学者"向过去告别"。在西方国家的支持下，一些自由主义学者被打扮成国际知名学者，一些学者主动认同和信仰唯心史观，积极传播历史虚无主义观点。可以说，西方国家的支持是历史虚无主义长期存在的重要原因之一。②

二　当代中国历史虚无主义思潮的内涵和主要表现

在当代中国，历史虚无主义思潮有着特定的内涵。其观点主要包括：一是否定革命，认为革命是一种破坏性力量，只起到破坏作用，五四运动以后救亡压倒了启蒙，只有资产阶级性启蒙才具有建设性作用；二是把五四运动以来中国人民选择社会主义方向视为偏离了人类文明主流并走上了歧路；三是认为经济文化落后国家没有资格搞社会主义，新中国建设的社会主义是"农业社会主义""封建社会主义"和空想社会主义；四是认为中国共产党的历史是一系列错误的延续和堆积。一句话，历史虚无主义思潮对中国近现代史进行"两个否定"和"一个肯定"：否定中国人民反抗外国侵略和封建压迫的革命斗争历史；否定中国共产党领

---

① 姜迎春：《论历史虚无主义思潮的成因、表现及其危害》，《南京政治学院学报》2014年第 5 期。

② 姜迎春：《论历史虚无主义思潮的成因、表现及其危害》，《南京政治学院学报》2014年第 5 期。

导中国人民进行的革命斗争史和社会主义建设史；肯定近代中国剥削阶级的统治。历史虚无主义之所以着重在中国近代史、中华人民共和国史、党史上大做文章，并非"发思古之幽情"，而是打着"重新评价"和"还原历史"的旗号，攻击、否定中国共产党的历史，试图以历史为切入口，来质疑、削弱中国共产党执政的历史合法性，从历史依据和逻辑前提上否定马克思主义在当代中国的指导地位，否定中国共产党在现实政治中的执政地位，否定中国的社会主义制度。其名在历史，其剑锋却指向当今社会现实。①

历史虚无主义在宣扬上述错误观点的过程中，惯用的手法主要有以下几种。

第一，否定人类社会发展是有规律可循的。历史虚无主义的唯心史观决定了他们看待各种历史事件和历史现象，都具有很大的偶然性和不可预测性，因而没有规律可言。马克思主义认为，人类社会是按照原始社会、奴隶社会、封建社会、资本主义社会、共产主义社会的发展规律不断地从低级到高级发展的。这是人类社会发展的一般规律。中国的封建主义时间太长，在西方普遍进入资本主义阶段时，中国仍然处于封建社会末期，面对资本主义列强入侵，封建的生产关系被逐渐摧毁，同时符合帝国主义殖民需要的资本主义经济关系逐渐兴起，中国由此进入了半封建半殖民地的社会。这是中国社会发展的特殊性。在面临民族危亡的时候，中国向何处去？各种主义和思潮都进行过尝试，改良主义、自由主义、社会达尔文主义、无政府主义、实用主义、西方民粹主义、工团主义等"你方唱罢我登场"，但都没有解决中国的前途命运问题，说明资本主义道路走不通。是中国共产党在马克思主义指导下，领导人民起来进行革命，推翻了压在中国人民头上的帝国主义、封建主义、官僚主义三座大山，建立了中国人民自己当家作主的中华人民共和国，又逐步探索确定了中国特色社会主义制度、道路、理论体系，并不断坚定中国特色社会主义道路、制度、理论、文化自信。这是中国社会发展的基

① 张海鹏、龚云：《马克思主义是历史虚无主义吗?》，《红旗文稿》2014年第16期。

本规律，是历史和人民的必然选择。历史虚无主义却总是以历史的偶然性来否定革命的必然性。企图通过否定革命的历史必然性来否定中国共产党的历史和中国走社会主义道路的选择。①

第二，以假设推断代替历史事实。历史虚无主义经常提出"假设不搞五四运动""假设不向苏联学习而向英美学习"，"假设当年不出兵抗美援朝"，等等，尔后推论可能产生的效应和结果，证明自己判断的正确。其实，历史是不承认"假设"的，我们分析认识问题只能是对已经发生的历史事实进行分析判断，而不能以尚未发生的想象作为依据。②

第三，抓住历史枝节无限夸大。我们党是经过艰苦奋斗，在不断地同各种困难作斗争，不断地同敌对势力作斗争，同时也不断地同自己的缺点错误作斗争中探索出中国特色社会主义道路的。毋庸讳言，在这个艰苦的过程中我们犯过不少错误，有"左"的也有右的失误，有些失误甚至还是全局性的。但是这些错误和失误放在中国特色社会主义伟大事业中，都是前进道路上的有益探索和宝贵经验，是主流中的支流。尤其需要强调的是，中国共产党没有任何特殊的利益，因此她能够站在代表最广大人民根本利益的立场上，依靠群众、为了群众去正视并改正自己的错误。历史虚无主义却专门搜集、罗列党工作中的错误，无限夸大，以否定我们党带领人民所取得的成绩，以历史的个别现象来否定历史的本质。比如，有的地主本人很勤奋也很节俭，是靠几代人积攒家产发迹的；有的农民翻身后腐化变质，③有的党员干部贪污腐化脱离群众。历史虚无主义就拿这些做例子说明剥削阶级并不反动，共产党以及劳动阶级并不代表先进生产力。

第四，用今天的标准去衡量历史的事件。列宁说过："判断历史的功绩，不是根据历史活动家没有提供现代所要求的东西，而是根据他们比他们的前辈提供了新的东西。"④党的十九大报告指出，全党要更加自觉

---

① 李殿仁：《认清历史虚无主义的极大危害性》，《红旗文稿》2014年第20期。
② 李殿仁：《认清历史虚无主义的极大危害性》，《红旗文稿》2014年第20期。
③ 李殿仁：《认清历史虚无主义的极大危害性》，《红旗文稿》2014年第20期。
④ 《列宁全集》第2卷，人民出版社2013年版，第154页。

地增强道路自信、理论自信、制度自信、文化自信，既不走封闭僵化的老路，也不走改旗易帜的邪路，保持政治定力，坚持实干兴邦，始终坚持和发展中国特色社会主义。历史虚无主义借此更加肆无忌惮地宣扬我们社会主义初步探索时期"是闭关锁国"，早就应该"跟英美学习"，"不要跟着苏联与美国和西方为敌"，等等。其实，历史地分析中国走社会主义道路的探索过程就能明白，新中国成立时首要问题是巩固新生的政权，而当时国际国内环境从政权安全角度上看是岌岌可危的。以美国为首的西方世界根本不承认我们政权的合法性，对新生的社会主义中国采取军事围堵、经济封锁、政治歧视，愿意和我们建交的只有以苏联为首的社会主义国家。在这种情况下，如何进行对外开放呢？我们不信邪，不怕压，经过几十年独立自主的斗争，站稳了脚跟，在广大第三世界国家的支持下获得联合国合法地位，同时在美苏争霸的国际环境中，敏锐把握形势变化，积极尝试与美国建立平等的外交关系，从而打开了更主动的外交局面，也改变了第二次世界大战后的大国关系。即便是改革开放后，一方面随着中国和国际社会交流日益密切，中国不断提升的国际地位和世界影响力使得西方世界不得不接受我们，另一方面西方敌对势力想要遏制中国发展颠覆社会主义制度的图谋也一刻没有停止。面对西方在经济政治科学技术乃至军事方面对中国发起的一次次挑衅，我们必须清醒地认识到如何统筹发展和安全仍然是个十分严峻的问题。对此，历史虚无主义却不讲任何条件地说中国对西方的开放搞得晚了，中国长期封闭环境中形成落后的传统思想让中国始终不能彻底地融入现代文明。中国今天能被世界认可和接纳，并为构建新型国际关系作出自己的贡献，靠的是独立自主的艰苦奋斗，靠的是中国共产党的领导，靠的是发挥中国特色社会主义制度的优越性，绝对不可能简单地靠开放大门纳入西方的经济政治文化制度体系而得到。

第五，把探索中的不同认识说成是个人之争。中国特色社会主义是前无古人的崭新事业，没有现成经验可以借鉴，只能在实践过程中不断探索，有所发明有所创造有所前进。既然是探索，在党内领导层面就难免有不同意见。历史虚无主义把我们党内的历史说成是个人恩怨的斗争，是整人的历史，是勾心斗角，和封建宫廷争权夺利没有什么区别，等等。王光美曾经说过："主席和少奇没有什么个人恩怨。两个人都是想把新中国建设搞好，让人民过上好日子。只不过是思路不同。主席主张搞快一点，少奇主张搞稳一点，主席想通过抓阶级斗争、上层建筑推动生产力发展，少奇想通过抓经济建设推动生产力发展。应该说两个人的主张都有正确的一面也有片面的一面，如果两个意见结合起来就好了。主席和少奇的出发点都是想把中国的事情办好。而且长时间的历史证明还是毛主席想得深一些，考虑远一些，多年证明主席对得多。所以当时全党都是拥护主席的决策的。"这个活生生的事例可以使历史虚无主义无地自容。①

第六，披着学术外衣谋求政治诉求。历史虚无主义一个很迷惑人的手法就是利用学术研究做幌子，"挖掘新材料"，"还原历史真相"，"用新的视角"，"重新审视历史"，利用所谓"学术无禁区"，发扬"学术要民主"来宣传自己的错误观点。比如清政府1908年颁布的《钦定宪法大纲》中提出了教育、司法、经济制度、政治体制、外交一系列社会改革，就断言说这属于"革命性改革"，"使中国社会成为民主社会的雏形"，遗憾这个进程被辛亥革命打断了。如果按慈禧太后、光绪皇帝的宪政路子走下去，中国会走上英国式的民主化道路，所以辛亥革命其实是不必要的。实际上这是根本经不住分析的。其一，《钦定宪法大纲》所提改革目的是维护清朝封建皇帝的统治；其二，因为它代表的是封建统治者的利益，得不到广大人民的认同和支持，所以根本就没推开；其三，正是辛亥革命推翻了封建王朝才掀开了中国历史的新篇章。②

第七，利用文学艺术诋毁和否定中华传统文化和社会主义先进文化。历史虚无主义利用电影、电视、小说、讲座、研讨会等形式贬低甚至否定我们祖先创造的优秀传统文化，提出传统思想都是落后的，民族精神都是低劣的，对革命伟人、英雄模范更是大加贬损，相反，对汉奸叛徒、民族罪人却歌功颂德。一些历史虚无主义文艺创作常常以社会现实为题材，创作一些反映社会阴暗、人心险恶、道德沦丧的作品，看似是就现

---

① 李殿仁：《认清历史虚无主义的极大危害性》，《红旗文稿》2014年第20期。
② 李殿仁：《认清历史虚无主义的极大危害性》，《红旗文稿》2014年第20期。

实问题说现实问题，和历史不相关，但是人们在厌恶现实的同时，往往也会对孕育出这个现实的过去产生怀疑和否定的情绪。

第八，集中攻击党的重大事件和领袖人物。怎么看待党的失误，怎么看待领袖的过失，历史唯物主义和历史虚无主义有着截然不同的立场和态度。众所周知，毛泽东同志一生当中做了很多事关党的事业、事关国家前途、事关民族命运的大事。他是中国共产党、中国人民解放军、中华人民共和国的主要缔造者。"他是伟大的马克思主义者，伟大的无产阶级革命家、战略家、理论家，是马克思主义中国化的伟大开拓者、中国社会主义现代化建设事业的伟大奠基者，是近代以来中国伟大的爱国者和民族英雄，是党的第一代中央领导集体的核心，是领导中国人民彻底改变自己命运和国家面貌的一代伟人，是为世界被压迫民族的解放和人类进步事业作出重大贡献的伟大国际主义者。"[1] "不能否认，毛泽东同志在社会主义建设道路的探索中走过弯路，特别是发动和领导'文化大革命'这个严重错误。对毛泽东同志的历史功过，我们党已经作出了全面评价，他的功绩是第一位的，错误是第二位的，他的错误是一个伟大的革命家、伟大的马克思主义者所犯的错误。"[2] 对此，历史虚无主义却罔顾历史事实，无限扩大毛泽东同志的错误，把工作上的失误说成是个人品质问题，把探索中的不足说成是主观行为，把过失说得比功绩大，目的就是通过否定毛泽东来否定中国共产党，否定中国的社会主义伟大事业。[3]

第九，利用互联网等碎片化历史。历史虚无主义利用微博、微信等互联网手段宣扬他们的错误观点，有的断章取义，有的伪造历史事件，有的移花接木，有的散布政治谣言，特别是把一些历史事件不讲前因后果地任意剪裁，把一部完整的历史碎片化、简单化加以宣扬，造成了恶劣影响。《解放军报》曾经报道我军潜水艇上一名士官，技术过硬，几

---

① 习近平：《在纪念毛泽东同志诞辰130周年座谈会上的讲话》，人民出版社2023年版，第1—2页。

② 习近平：《在纪念毛泽东同志诞辰130周年座谈会上的讲话》，人民出版社2023年版，第13页。

③ 李殿仁：《认清历史虚无主义的极大危害性》，《红旗文稿》2014年第20期。

次在潜艇出现故障的情况下，成功排障，使潜水艇得以顺利运行。可在网上却出现了题目为"我军潜水艇事故频发，风险极大"的报道，同一个内容，题目一变主旨全变了。这种手法对历史的客观真实性危害极大，同时在不了解情况的人群中造成舆情。①

第十，有所虚无有所不虚无。历史虚无主义虚无的是正史，是事件的真相和本质，而不虚无的则是负面的反动势力、错误思潮和它虚构的历史。历史虚无主义提出的口号就是"还历史真面目"，"告诉你一个真实的历史"，要"重建历史"，"再塑历史"。通过虚无革命，提倡改良主义；通过虚无共产党领导，提倡资产阶级领导；通过虚无社会主义建设成就，提倡走英美式的资本主义道路；通过虚无党的领袖，提倡崇拜封建主义资产阶级的代表人物。②

第二节　警惕历史虚无主义新变种

近年来，随着对历史虚无主义的持续批判，这一错误思潮在其传统表现形式上似乎有所收敛，但与此同时，历史虚无主义也在与主流意识形态交锋过程中出现一些新的动向。这不仅是历史虚无主义表现手法的调整，更意味着我们与历史虚无主义的斗争进入到一个新阶段。面对历史虚无主义的新变种，和我们反对历史虚无主义过程中出现的新局势新问题，必须保持高度警惕。

一　软性历史虚无主义

自软性历史虚无主义作为一个有关历史虚无主义的新概念被提出后，③逐渐得到关注和重视。学界普遍认为软性历史虚无主义与以往直白、明目的历史虚无主义相区别，更加隐晦含蓄、曲折迂回，更具迷惑性、欺

---

① 李殿仁：《认清历史虚无主义的极大危害性》，《红旗文稿》2014 年第 20 期。
② 李殿仁：《认清历史虚无主义的极大危害性》，《红旗文稿》2014 年第 20 期。
③ 董学文：《揭一揭软性历史虚无主义的真实面目》，《红旗文稿》2018 年第 16 期。

骗性和危害性，对其进行辨识与批判的难度大大增加。① "世界不是既成事物的集合体，而是过程的集合体"②，软性历史虚无主义是历史虚无主义在长期纵深发展过程中生成的一种进行式状态，也是历史虚无主义未来一段时间的演化趋势。

从唯物辩证法的质量互变和对立统一规律来看，软性历史虚无主义是历史虚无主义的阶段性部分质变。③ 唯物辩证法的质量互变规律认为，任何事物发展都是连续性量变与阶段性质变的统一，量变和质变相互渗透，在总的量变过程中有着事物根本性质未变而比较次要性质变化的情况，即"阶段性部分质变"④。软性历史虚无主义是历史虚无主义思潮在长期量变积累的基础上发生的"阶段性部分质变"，是历史虚无主义的新变种、新样态与新阶段。在网络社会崛起等有利条件的加持下，"管网治网"逐步加强、法律法规日益完善等外界批判的制约下，以及自身谋求更多受众等内在动力的推动下，历史虚无主义不断调整流变，用尽各种柔性的方法掩盖自身的意识形态色彩，寻找生存空间。在朝着"隐蔽化"方向的演变过程中，其内容、手法、阵地、批判应对等方面的演化突破了一定的"度"。在虚无内容方面，其素材更加"碎片化"，议题设置更加广泛，同时假借"关注时政""解读政策"等名义来虚无国家的重要战略部署与政策，将"虚实"与"虚史"相结合；在虚无手法上，其深谙隐性传播之术，善于综合运用暗示、留白、隐喻等巧妙手法，迎合社会心理，调动个体的非认知、非理性的情感心理因素，诱导"自发虚无"；在虚无阵地上，其转战至网络听书、直播、新型问答社区等，夹杂于网络评论之中，培育新的代言人与自媒体品牌，同时向农村、境外、文艺等"免疫力"低的地区和领域渗透；在批判应对上，其不仅被动做出调整，还通过"污名化"批判代表人物，在"历史虚无主义的边

---

① 郑志康：《软性历史虚无主义：现实成因、基本样态与纠治进路》，《思想教育研究》2020 年第 8 期。

② 《马克思恩格斯文集》第 4 卷，人民出版社 2009 年版，第 298 页。

③ 孟可强、吴博文：《软性历史虚无主义出场及其批判策略转变》，《思想政治教育研究》2023 年第 3 期。

④ 王瑞生、薛文华主编：《马克思主义哲学原理》，高等教育出版社 1993 年版。

界是什么"等问题上引起争议等方式，主动干扰正常批判程序的运行，同时与"泛娱乐主义""网络民粹主义"等与日常生活贴近的思潮相融合。以上种种，意味着历史虚无主义自身的内部结构发生重大变化，明显与以往不同，进入新的发展阶段，"软性历史虚无主义"概念的提出是对这种演变的追踪和指认。①

事物量变和质变根本上是由矛盾双方力量对比的变化引起的，把握软性历史虚无主义的生成，还应从历史虚无主义和反历史虚无主义力量的"此消彼长"入手。唯物辩证法的对立统一规律认为，矛盾是事物发展的源泉和动力，要善于从矛盾双方关系探析事物的变化。软性历史虚无主义的出场，意味着历史虚无主义与反历史虚无主义力量的"敌弱我强"，反对历史虚无主义斗争进入到"常态化"阶段。历史虚无主义作为一股否定党的领导、中国特色社会制度和道路的反动思潮，人民的、社会主义的力量一直与其相斗争。改革开放初期，历史虚无主义通过书籍等传统媒介开始崭露头角，宣扬"非毛化"等特定错误观点，影响限于一定的范围，其力量此时处于"萌发"阶段。进入21世纪后，由于互联网的发展、有效监管的缺乏等因素的影响，历史虚无主义一度全面泛起，历史虚无主义观点和热点事件层出不穷，俘获了大批受众，其力量在此时期进入"疯长"阶段，严重影响人们的思想和社会舆论环境。党的十八大以来，在党和国家的领导下，社会各界"立破并举"地对较为泛滥的历史虚无主义展开了"决战攻坚"。此时期历史虚无主义整体上作为一个负面词汇被频繁曝光并进入大众视野和认知，一些长期以来对重要历史的模糊认识和错误评价得到了纠正，批判历史虚无主义的人员队伍逐渐扩增，历史虚无主义力量得到极大的打击和削弱，反历史虚无主义力量日益强大并占据压倒性优势。但"历史虚无主义的本质和诉求决定了其不可能也不会主动退出历史舞台"②，其通过自我调整、钻营批判薄弱环节等方式寻找新的"滋生点"，等待新的时机。"软性历史虚

---

① 孟可强、吴博文：《软性历史虚无主义出场及其批判策略转变》，《思想政治教育研究》2023年第3期。

② 孟可强、方琴：《反对历史虚无主义要立破并举》，《红旗文稿》2018年第21期。

无主义"概念的提出是对近年来批判历史虚无主义取得重大阶段性成果，迎来"敌弱我强"优势的确认，同时也是对历史虚无主义并未全然退场，批判形势依然复杂的澄清和提醒。因此，"软性历史虚无主义"是上述基于对批判历史虚无主义全局和整体形势研判而提出的概念，需要从更宏观的层面对其内涵进行把握。软性历史虚无主义概念的深层指向和意蕴是，历史虚无主义已出现"阶段性部分质变"，与反历史虚无力量对比发生重大变化，反历史虚无主义进入"后半场"的常态化批判阶段，面临着新的批判目标任务、重难点，需要及时调整批判策略。需要注意的是，唯物辩证法的"阶段性部分质变"并不是事物根本性质的根本变化，软性历史虚无主义依然植根于历史虚无主义的"母体"之中，依然是一种危害极深的错误思潮。同时，矛盾的同一性是有条件的、相对的，斗争性是无条件的、绝对的，虽然软性意味着历史虚无主义日趋衰落，但其将是一个长期而动态的存在，必须持续反复地对其进行批判，在坚定批判信心的同时不可以掉以轻心。①

从特定角度上看，软性历史虚无主义的批判难度更加大。一个重要原因就是根据我们过往采取的批判策略的特点而变，形成了与以往批判策略逆向存在的样态，从而达到挑战以往整个批判策略的效度，使对其的批判"失灵"，进而获得较大生存空间。具体来说，软性历史虚无主义从以下方面消解以往批判策略的效度。

其一，掣肘以往"应急式"的批判策略。党的二十大报告指出："十年前，我们面对的形势是……拜金主义、享乐主义、极端个人主义和历史虚无主义等错误思潮不时出现，网络舆论乱象丛生，严重影响人们思想和社会舆论环境。"②此时期的历史虚无主义问题具有突出性与急迫性。因此，党的十八大以来，在党的领导下，充分发挥社会主义的制度优势和政治优势，通过自上而下的强大社会动员方式，集中各条战线

---

① 孟可强、吴博文：《软性历史虚无主义出场及其批判策略转变》，《思想政治教育研究》2023 年第 3 期。

② 习近平：《高举中国特色社会主义伟大旗帜　为全面建设社会主义现代化国家而团结奋斗——在中国共产党第二十次全国代表大会上的报告》，人民出版社 2022 年版，第 4—5 页。

力量，大规模地采取超常规措施，对汹涌的历史虚无主义迅速出击。在一系列应急措施的作用下，历史虚无主义得到极大遏制。在历史虚无主义力量比较集中、突出的形势下，采取上述批判策略是必要的，也是必需的，且在短期内具有极大优势。然而，随着绝对的"硬性"历史虚无主义问题的基本解决，软性历史虚无主义的出场意味着其将会是长期的、动态的存在，反对历史虚无主义斗争将由应急的"攻坚战"转向常态化的"持久战"。如若仍采取"运动式""应急式"的批判策略，可能在一定程度上产生路径依赖，耗费社会资源，产生批判倦怠，使批判"空转"，难以发挥长期的、稳定的批判效果。因此，应对软性历史虚无主义的出场，亟须构建常态化、长效性的批判机制，推动批判的可持续。①

其二，削弱以往"单一式"批判策略的精准性。以往历史虚无主义虽处于高发势态，但具有一维性、同质性。对其进行识别的标准、批判的目标等也较为明确、单一，即在马克思主义理论和史学学科的主导下，较为统一地采取揭露、反驳等批判手段进行遏制。然而，随着软性历史虚无主义的出场，其成为一种综合而复杂的社会现象，具有明显的多维性、异质性、个体差异性。软性历史虚无主义既是一种社会思潮，与意识形态与史学领域的主流相悖；其同时也是一种心理与认知现象，与个体求新、求异、猎奇的心理特点和偏好，以及焦灼、压力大、不信任的社会心态密切相关；其还是一种传播学现象，巧妙借助新型议题设置、人工智能等实现躲避监管与隐性传播。软性历史虚无主义具有多重的面向、表现与成因，背后有着不同学科的议题，对于软性历史虚无主义可以有着不同的定位和解读。面对软性历史虚无主义的出场，原有的以马克思主义理论和史学学科为主导，以揭露和驳斥为主的单一批判手段，可能无法"对症下药""包治百病"，略显得捉襟见肘。例如，应对网络软性历史虚无主义应以法治网，但"马克思主义理论学者和历史学者往往只能一般性提出法治思维，对于具体法律的制定以及技术层面的支撑，难免空泛"②。因此，亟须

① 孟可强、吴博文：《软性历史虚无主义出场及其批判策略转变》，《思想政治教育研究》2023年第3期。

② 郭昌文：《马克思主义历史观视域下历史虚无主义批判研究述评》，《毛泽东邓小平理论研究》2021年第11期。

树立复杂性、开放性思维，改变以往"单一式""碎片式"的批判策略，加强跨学科深入合作，提高精准化的批判能力。①

其三，降低以往"外源式"批判策略的实效性。毛泽东指出："外因通过内因而起作用"②。因此要高度重视内因对事物发展的作用。历史虚无主义无论如何演进，都需要通过扰乱"人心"而产生危害，对历史虚无主义的批判无论推进到何时，同样也需要通过"人"这一因素而产生良好效果。群众不仅是历史虚无主义可能侵袭的客体，被"武装"了的群众亦是批判历史虚无主义的主体，是反历史虚无主义的关键内因。在软性历史虚无主义出场前，批判历史虚无主义主要遵循的是一种依靠外部力量推动的逻辑，即推行自上而下的政策布局，发挥其在目标规划、社会动员等方面的主导作用，以外部密集的推力来拉动批判，进而帮助个体防范历史虚无主义。"授人以鱼，不如授人以渔"，这种批判策略可以迅速起作用，但未能真正激发个体参与批判的内生动力，切实提高个体自我批判的能力和本领。正因如此，以"软性"面目出场的历史虚无主义仍可以俘获不少受众，通过"人"这一中介实现自身的生产与再生产。应对软性历史虚无主义的出场，如若仍采取原有的"外援式""纯粹帮扶式"的批判策略，可能弱化批判的内生动力，造成软性历史虚无主义防不胜防的批判窘境，还可能产生已有批判成效反弹的"钟摆效应"，为"硬性"历史虚无主义的卷土重来埋下隐患。因此，要高度重视软性历史虚无主义批判中"人"这一主体性、能动性因素，增强批判的内生动力。③

其四，质疑以往"高压式"批判策略的合理性。习近平总书记指出："注意区分政治原则问题、思想认识问题、学术观点问题，旗帜鲜明反对和抵制各种错误观点。"④ 在批判历史虚无主义的过程中，如何处

---

① 孟可强、吴博文：《软性历史虚无主义出场及其批判策略转变》，《思想政治教育研究》2023 年第 3 期。

② 《毛泽东选集》第 1 卷，人民出版社 1991 年版，第 302 页。

③ 孟可强、吴博文：《软性历史虚无主义出场及其批判策略转变》，《思想政治教育研究》2023 年第 3 期。

④ 《中国共产党第十九次全国代表大会文件汇编》，人民出版社 2017 年版，第 34 页。

理好三者的辩证关系，是一个难点问题。基于此，有学者区分了认知型、价值型、政治型三种类型的历史虚无主义，这三种历史虚无主义虽然客观上都会造成严重的政治危害，但由于初始立场与动机不同，应区别对待、针对施策。① 在软性历史虚无主义出场前，历史虚无主义有其特定的代言人，善于"抹黑"，主要是以"否定党的领导和社会主义"为目的的政治型历史虚无主义。其动机险恶，对其批判必须运用严厉的政治话语，敢于亮剑，保持高压态势，避免将其等同于一般的学术与认识问题。然而，软性历史虚无主义的虚无动机更加多样复杂，三种类型纠缠与杂糅在一起。软性历史虚无主义除仍有政治型外，还有善于利用普通大众"唯物史观和唯物辩证法不扎实"与"娱乐至死"的短板，诱导一般民众的认知型和价值型的历史虚无主义。面对软性历史虚无主义的出场，如不仔细考虑虚无动因，仍囫囵地采取"高压式"的批判策略，可能会流于泛泛批判，"打不到痛处"，或产生"误伤"，引起受众的逆反，为软性历史虚无主义"妖魔化"正常批判留下可乘之机。例如，对价值型历史虚无主义的批判，不能一味地打压，流于强行灌输，而应遵循规律，注重春风化雨的历史认同教育。因此，批判软性历史虚无主义要科学区分政治原则、思想认识、学术观点问题，更新批判话语，增强批判的民众理解性与支持性。②

　　针对上述软性历史虚无主义在应对传统批判策略时表现出的新特点，我们不仅要因势而动，在具体应对举措上做出调整，更应顺势而为，坚持马克思主义系统观，以历史主动精神对批判方向、原则、重点等进行新的谋划，推动批判策略转型升级，夺取批判的制高点和主动权。

二　用文艺手法隐晦地输出历史虚无主义

　　文艺历来是社会思潮的晴雨表。"文艺上的历史虚无主义，是一种与历史唯物主义文艺观相对立的形而上学的否定性思想倾向。当前我国文

---

　　① 张有奎：《三种类型的历史虚无主义及其批判》，《马克思主义与现实》2019 年第 1 期。

　　② 孟可强、吴博文：《软性历史虚无主义出场及其批判策略转变》，《思想政治教育研究》2023 年第 3 期。

艺上的历史虚无主义，是以集中否定、消解中国共产党的历史，否定革命的、进步的、面向人民的优秀作家和作品为其特征的。"① 习近平总书记在文艺工作座谈会上的讲话中指出，"在有些作品中，有的调侃崇高、扭曲经典、颠覆历史，丑化人民群众和英雄人物"②。他还批评有些创作"热衷于'去思想化'、'去价值化'、'去历史化'、'去中国化'、'去主流化'那一套"。③ 这五个"去"，实际上就是对一些文艺作品通过臆想和独断对"五四"以来的进步历史、对共产党领导的革命历史和社会主义的历史进程加以回避、稀释，加以扭曲、否定和妖魔化现象的凝练概括与表述。④

文艺创作上的历史虚无主义，在编造和歪曲历史的时候，往往声称自己是在进行"艺术创造"，是在实现"审美范式"的转换。实际上，它是以"审美""娱乐"之名，行拆解历史（特别是党史）、否定马克思主义、否定党的领导之实。文艺上的历史虚无主义，同艺术上的现实主义精神和浪漫主义情怀是背道而驰的。它是一种伪现实主义、伪浪漫主义。因为它在否定革命的正义性和必要性，把推动历史前进的政党、领袖、群众加以丑化、边缘化、碎片化之后，歌颂的却是阻碍历史前进的反动势力，对其代表人物极尽吹嘘、夸赞和颂扬之能事。也就是说，它对历史不是完全"虚无"，而是有所"虚无"，有所"不虚无"。这根本上扭曲和颠倒了历史真相，扰乱了读者或观众的历史认识。文艺上的历史虚无主义，善于从个人好恶出发评判历史，喜欢以个人想象来虚构历史情境。它往往在"创新""探索""翻案""戏说"的名义下，采取极端不尊重历史事实的态度；它往往片面引用史料，取其一点、不计其余，无中生有、胡编乱造，任意改变对历史中重大事件、人物和问题的科学结论；它往往貌似"客观""公正""中立"，实则将人物写成"好人不好""坏人不坏"的"中性人"，混淆人们对于是非的判断。⑤ 比如，李

① 董学文：《让文艺上的历史虚无主义没有藏身之地》，《红旗文稿》2016 年第 3 期。
② 习近平：《论党的宣传思想工作》，中央文献出版社 2020 年版，第 99 页。
③ 习近平：《论党的宣传思想工作》，中央文献出版社 2020 年版，第 114 页。
④ 董学文：《让文艺上的历史虚无主义没有藏身之地》，《红旗文稿》2016 年第 3 期。
⑤ 董学文：《让文艺上的历史虚无主义没有藏身之地》，《红旗文稿》2016 年第 3 期。

鸿章虽然代表清政府与列强签订不平等条约，但是他仍然为争取国家利益做出了最大的努力。再比如，国民党军队虽然在全面抗日阶段节节败退，但是仍然不能否认他们尽一切可能做了最后的斗争。与此同时，它极力主张一切都要过"人性"的筛子，要求按照抽象"人性论"的原则来描写事件、刻画人物，否则就是"概念化""脸谱化"。在这些强调"人性"的作品中，我们会发现推动历史发展的是人性，决定某一历史事件的关键性因素也是人性，如此一来，历史在历史虚无主义者的笔下就被严重扭曲变形了，主流意识形态也被解构了。"《中共中央关于繁荣发展社会主义文艺的意见》明确提出，要旗帜鲜明反对文艺创作中的历史虚无主义倾向，'抵制否定中华文明、破坏民族团结、歪曲党史国史、诋毁国家形象、丑化人民群众的言论和行为，反对以洋为尊、唯洋是从，引导人民树立和坚持正确的历史观、民族观、国家观、文化观，不断增强中国特色社会主义道路自信、理论自信、制度自信'。在今天这个视频时代，文艺作品，特别是影视文艺作品，对于整个民族的历史观、文化观、审美观的形成至关重要。坚持唯物史观反对唯心史观，坚持实事求是反对形而上学，严肃、认真地清除文艺创作中的历史虚无主义刻不容缓。"①

历史虚无主义反映到文艺研究领域，就是否定五四运动以来的革命文艺史，尤其是1942年毛泽东的《在延安文艺座谈会上的讲话》发表以后的革命文艺史。比如，一直以来都有人提出所谓"重写文学史"的主张。对于历史研究而言，不论是经济社会史还是文学艺术史，人们的历史认识都是随着社会的发展进步不断深化的。从这个角度出发，重写历史是一个无止境的认知发展过程。其中，马克思主义科学世界观方法论以及贯穿其中的立场观点方法，是帮助我们不断深化对历史发展的规律性认识的总钥匙。但是，这些"重写"论者，重点不在运用马克思主义科学世界观方法论深化对历史发展规律的认知，而是否定构建在唯物史观基础上的文学史，企图把文学历史从社会历史，特别是从革命历史中剥离出去，认为只有这样才还原了文学自身的纯粹性。持否定革命文

---

① 仲呈祥：《清除文艺创作中的历史虚无主义刻不容缓》，《红旗文稿》2015年第21期。

艺史论调的人的"理论依据"主要是：一，唯启蒙论。启蒙就是人由蒙昧无知的自在状态变得自觉自为，本质上看是让人认清国情、认清自身与社会的关系，发挥自身的主观能动性参与到社会实践中。就其手段而言，可以通过学习思想文化，也可以通过参与社会实践。对于已逐步沦为半殖民地半封建社会的近代中国，单纯地靠学习西方先进文化根本无法改变中国命运。这就需要启迪大众以革命实践的方式夺取自身的生存权、发展权。但是唯启蒙论者却简单地把启蒙和学习西方先进文化画等号。由此，反抗西方就等于反对启蒙，革命文化就等于反对先进文化。二，唯个性论。什么是个性？就是个体的特殊性。就文艺创作来说，个性是个体精神世界的特定结构，其在创作中占有重要地位。没有作家的个性，就没有风格，没有独特的审美发现，因而也就没有创作可言。然而，个性不可能独立存在。它的形成和发展必须依赖一定的群体、一定的社会实践。正如马克思恩格斯所说："只有在共同体中，个人才能获得全面发展其才能的手段"[①]。大批作家成长的经历也证明，丰富的社会实践，鲜活的群众生活，是培养作家健康个性，砥砺作品深刻内涵的沃土和舞台。而那些集体泯灭"个性"的说法，只不过是想把自己与社会、群众刻意进行区别，把自己的利益与大众的需要进行对立。三，唯艺术论。在一些人看来，所有革命作家的作品，都因服务于政治需要而不能称其为艺术。文艺应该是一门独立审美的学科。这种纯粹的文学看不到人围绕物质生产活动而形成的社会关系，更看不到人在物质生产活动中形成的利益关系是复杂社会关系中各种矛盾的根源及其对人的思想认识和情感的直接决定作用。事实上，这些否定社会历史与文学历史关系的人，没有一个是身处桃花源中，与世隔绝地进行文学创作。既然如此，文学艺术的发展怎能脱离特定的社会历史背景呢？具体而言，五四运动以来最大的社会历史背景，就是中国共产党领导的反帝反封建的新民主主义革命。离开这一中国现代史的本质方面，一切文艺的发展变化都会变成无稽之谈。比如，陈独秀为什么会提出"文学革命"的口号，

---

① 《马克思恩格斯选集》第 1 卷，人民出版社 2012 年版，第 199 页。

李大钊为什么要"导以平民主义的旗帜",左翼文艺阵营为什么要发起无产阶级文学运动;五四运动之前流行的鸳鸯蝴蝶派小说、后期文明戏等为什么会衰亡,赣南的山歌为什么在1927—1937年如火如荼,延安的秧歌剧为什么在抗日战争时期空前繁荣,所有这些体裁的兴废、内容的变化,离开革命历史能够说得清吗?难道仅靠某些个体或组织的强力就能扭转整个社会意识吗?所以,我们必须承认,五四运动以来,文学史的发展与革命史的发展是相辅相成的。革命事件发展到一定阶段,必然要催生新的文艺内容和形式,新的文艺内容和形式又反过来推动革命实践的发展。正是在这个意义上,鲁迅把左翼文艺称为革命的"一翼",毛泽东把革命文艺看作"团结人民、教育人民、打击敌人、消灭敌人的有力武器"。新中国成立以后,以马克思主义史学观为基础的现代文学史在现在看来尽管还有待完善的地方,但是基本上贯彻了唯物史观原则,实现了历史与艺术的统一。[①] 今天的学者重写文学史,应当在继承之前的科学方法、宝贵经验和优秀成果的基础上,把不完善的地方完善起来,把未曾探究到的问题不断深入研究下去。如果全盘否定前辈的研究成果,甚至否定作为研究基础的科学世界观方法论以及立场观点方法,就不仅否定了革命文学史,也否定了中国社会的革命历史,结果形成的只能是伪文学史。

三 数字化智能化时代历史虚无主义的新样态

近年来,在"人类第四次工业革命"的宏大叙事背景下,历史虚无主义借助数字化技术和智能化技术的赋能,综合应用大数据、人工智能、5G通信、物联网等一系列关键技术,实现话语叙事的数智化转向。这种叙事新转向在其信息生产、传播模式、呈现方式、内容形式等多方面呈现出新样态、新表征,更具迷惑性、隐蔽性和危害性。[②] 具体来说,数智化时代历史虚无主义的新样态呈现出以下一些特点。

---

① 刘润为:《文艺上的历史虚无主义思潮》,《红旗文稿》2016年第6期。
② 董敏、张士海:《论历史虚无主义的数智化叙事转向及应对路向》,《思想教育研究》2023年第8期。

　　第一，"人机协同"迅捷化生产与弥散效果裂变化潮涌相结合。大数据和智能算法技术颠覆性重构了历史虚无主义的信息生产主体、传播载体和传播效果，实现"虚无"信息的速便化生产和裂变化传播效果的统一。一是信息生产方式呈现"人机协同"速便化生产。"随着人工智能时代的到来，以智能化算法技术为基础的写作机器人成为现实，机器学习技术被广泛应用于人类社会领域中。"① 依托于承载着开发者思想理念和价值倾向的智能机器、算法推荐等技术赋能话语权，这进一步延拓了意识形态话语的生产主体，提升了意识形态话语生产的信息化协作力、数据化决策力、可视化表达力，使得意识形态工作机制实现了向"人机协同"模式的过渡。历史虚无主义以文本挖掘、信息聚类等人工智能算法为武器，通过对海量数据和信息进行排序、筛选、分类、过滤等方式，在网络上大量制造并散布虚假消息或恶意谣言，对主流思想进行抨击，具有很强的隐蔽性和便捷性。智能机器人与历史虚无主义的"意识形态家"联合创造，炮制自我术语，从而使"虚无"话语的生产更为高效、便捷。二是传播效果呈现裂变化潮涌。相对于传统媒体而言，互联网的传播速度与影响都呈指数级增长的趋势。在"媒体融合一体化"的大背景下，"虚无"信息的扩散途径变得愈加多样化。历史虚无主义利用智媒平台的开放性、即时性、隐蔽性等特征，通过学术、政治、娱乐、艺术等多重话语形态中不遗余力地攻击"四史"，使虚无主义话语流在多中心 N 次网状传播中实现核裂变式、纵深式扩散。同时，智媒圈层化传播易引发网络群体走向非理性的极端。在裂变式传播中，智媒圈层化将原本分散各地的人集聚起来建构起喧嚣的网络舆论场，使网络民意演变为情绪化和非理性的负面舆论，甚至在像诸如微信群之类的封闭网络空间里，肆意讨论那些突破道德与法律底线、毫无历史根据的话题。这样一个"圈层"型封闭空间成为历史虚无主义蔓延的"回音室"，在不正确思想观念的引诱下极易形成挑唆对立、干扰舆论等现象，从而使历史虚无主义思潮利用网络社群效应在"偏见共同体"中实现迅速扩散的纵

---

　　① 范洁、张志丹：《人工智能时代意识形态工作面临的机遇与挑战》，《南通大学学报》（社会科学版）2020 年第 5 期。

深化传播效果。①

　　第二，信息"泛众化"流播与用户"靶向化"数字识别相结合。随着数字化技术和智能化技术的发展，信息数据的传播形态与意识形态的政治生态都发生了翻天覆地的变化。较之传统叙事的思想教育和信息传播，历史虚无主义借助数智技术和智媒匿名交互的特性不断优化信息传播结构和信息发送精准度，短时间内即可将其观点以"蝴蝶效应"式的传播方式散发辐射。一是传播方式趋向"泛众化"流播。在媒介智能化场域中，历史叙事的话语门槛不断降低，数字技术、代码、算法实现了单点对多点的群际传播以及点对面的广播式大众传播，特别是在"人人皆为自媒体"的条件下，网民的数量更是不可小觑。这些人中，既有诱导煽动的"网红"，也有"喧嚣的乌合之众"，他们的活动更自由、更隐蔽、更具个性化。这一传播结构模糊化传播主体与受众客体的边界，人人均可在转发、编辑、点赞、互动中参与到历史虚无主义信息的传播中。历史虚无主义借助网络传播特点与网民猎奇心理和思维特征，在高流量、高转发、高评论中不断扩散恶意炮制的错误舆论话语，挑唆蛊惑受众，极大弱化民众政治信仰。二是推荐方式采取用户"靶向化"精准识别。不同于以往无序化和随意性的数据生产模式，智能技术的不断嵌入有效营造出历史虚无主义偏见数据同质化循环的致瘾机制。在万物互联的数字时代，智媒平台依托大数据、算法推荐等数字资源配置方式，实现了以用户为中心的"数字画像"的分众化和个性化的意识形态传播。历史虚无主义借助大数据和云推荐技术的智能辅助，对用户的思想轨迹和感性偏好进行精准捕捉和数据整理，再通过不断发送"私人定制化"内容来强化用户黏性，最终导致用户沉浸于历史虚无主义的"算法陷阱"。这种"靶向化"的算法推荐技术，使受众被束缚于"信息茧房"②，并通过"过滤气泡"使主流意识形态信息的宣传难以到达用户移动终端，极

---

① 董敏、张士海：《论历史虚无主义的数智化叙事转向及应对路向》，《思想教育研究》2023 年第 8 期。

② ［美］凯斯·R. 桑斯坦：《信息乌托邦：众人如何生产知识》，毕竞悦译，法律出版社2008 年版，第 8 页。

易弱化网络民众的理性思考能力，使其价值观固化、极化，在潜移默化中成为历史虚无主义观点的拥趸。①

第三，多维场景立体化呈现与智能叙事感性化融渗相结合。历史虚无主义借助智媒技术打破传统网络意识形态的二维呈现方式，在多维场景中更感性化、具象化地智能叙事，从而更隐匿地表达其虚无意图。一是实现叙事场景的多维化立体呈现。随着人工智能时代的到来，"以VR/AR/XR、人机交互和语音识别为代表的智能技术与穿戴式设备以其超强社交、深度沉浸与自由创造的功能打破了传统网络意识形态的二维呈现方式"②，听觉、视觉、触觉等多种感官体验的互动应运而生，智能化叙事呈现的"在场感"持续提升。虚拟实境（灵境技术）可以将现实场景与虚拟场景合二为一生成虚实并存的智能场景，从而实现全场域的具象化呈现，为用户带来身临其境的体验。在立体化的传播环境下，历史虚无主义能够更加敏捷地感知、获取场景要素，使大众在视听享受、图文阅览、网游冲浪等极度逼真的体验中自发形成虚无观点，从而进一步扩散恶意炮制的热门话题和敏感问题，使得历史虚无主义的隐性渗透更加肆无忌惮。二是智能叙事更加感性化、隐匿化。不同于传统意识形态所具有的系统化、整体性、抽象性、有逻辑性的思想观念和价值体系，依托于智能算法、知识图谱、人脸识别等智能技术的赋能，历史虚无主义裹挟声音、图像、影像、音乐、动画等感性叙事介质不断渗透和传播，在抖音、快手、腾讯等平台利用极具情绪感染力和视觉冲击力的短视频、影视剧、搞笑段子营造充盈自身价值旨趣的在场体验，从而以感性化的视听文化实现无痕迹渗透，使直观化、具象化、感性化的智能叙事成为可能，这就进一步契合受众感性化的情感需求和心理满足。特别是依托于智媒平台立体化塑造出意识形态的生活化状态，绞尽脑汁挖掘反面历史人物的"文化细胞"和情感因素，从"晓之以理"到诉诸"感情牌"，

---

① 董敏、张士海：《论历史虚无主义的数智化叙事转向及应对路向》，《思想教育研究》2023 年第 8 期。

② 洪晓楠、刘媛媛：《人工智能时代网络意识形态安全 建设的发展契机、潜在风险与调适进路》，《思想教育研究》2022 年第 10 期。

引发人们的情感共鸣和价值共振，在感性化、隐匿化的智能叙事中实现虚无意图。①

第四，"拟态环境"下的内容碎片化渗浸与方式新颖化吸引相结合。数字时代下，海量零散的消息如潮水般涌向社交网络，历史虚无主义在大众传播形成的信息环境即"拟态环境"中将其观点碎片化隐匿于新颖的包装中，使用户在"精神满足"中不自觉地接受其虚无观点。一是"拟态环境"下内容碎片化浸透。大数据和云计算等技术使传播渠道过剩、传播内容爆炸，碎片化与无序化的网络信息直击用户。历史虚无主义在"拟态环境"中极力拒绝宏大叙事和历史规律，打着假设历史、重释历史的幌子将短、平、快的碎片化内容深度嵌入智媒平台的图、文、声、像中，借助"语境暗示"话术和情感传播技巧，以边缘话题和琐碎细节这种"小叙事"的讨论来颠覆整体真相，在形而上学的方法论图景中解构人们对主流历史观点的认知。特别是主动聚焦于热点话题，制造噱头，趁机鼓噪舆论情绪，如借毛泽东诞辰周年之际，"虚化""神化""丑化"毛泽东形象，妄图以此达到否定党的领导和社会主义道路的意图。二是使用新颖化的形式包装。历史虚无主义在数字平台和智媒场域注重扩大智媒的覆盖面和影响力，采用多样化的形式进行粉饰和包装，通过小说在线、历史微课、短视频等形式进行传播，使用户在碎片化阅读和快餐式刷屏中潜移默化地接受"趣闻轶事"。特别是聚焦于青年一代这一网络"原住民"，趁机将改编裁剪后的历史事实隐藏在流行歌曲、表情包、幽默段子中进行兜售，以强烈的感官刺激使其获得"精神愉悦"，以达到迷惑、毒害青年的目的。②

历史虚无主义的话语叙事实现数字化、智能化转向以后，相较以往具有更强的隐蔽性和迷惑性，这无疑对网络意识形态工作提出了新的更高要求。一是增大甄识难度。历史虚无主义"智"成虚假的外衣面纱，

---

① 董敏、张士海：《论历史虚无主义的数智化叙事转向及应对路向》，《思想教育研究》2023 年第 8 期。

② 董敏、张士海：《论历史虚无主义的数智化叙事转向及应对路向》，《思想教育研究》2023 年第 8 期。

呈现出更具迷惑性的"症候"，即在话语形态上呈现出由冠冕堂皇的学术研究转向通俗易懂的网络大众文化研究，以段子、表情包、微视频等网络话语、娱乐话语等叙事方式弥散开来，也在话语形式上耦合"拟态环境"不再局限于完整文本表达转而通过感性化、具象化、碎片化、浅表化的信息融渗来毒害大众。客观地说，身披虚假外衣面纱且内蕴复杂言外之意的虚无主义话语流必然给网络话语主体的辨识能力带来新的挑战。二是增加揭批难度。其一，历史虚无主义借助复杂的语言系统、开放多元的语义库以及智能媒介传播所具有的不透明性和隐蔽性的"黑箱"特质，将意在表达的政治主旨、价值立场等隐身于字面表达的"留白"之中，不直言其意而是以含糊不清、闪烁其词的方式引导网民解读其背后的真正意义。如果不具备较高的理论素养和背景知识既不能有效甄别到虚无信息，也难以对其实现实践匡正。其二，历史虚无主义也会隐身于其他网络话语场域，与诸如新自由主义、文化虚无主义、泛娱乐主义等错误思潮彼此纠缠、彼此遮掩，多元合流化渗透的新态势在无形中使批判纠治的针对性弱化。历史虚无主义数智化话语转向在一定程度上既容易"智"造混乱的历史记忆，也会严重干扰正确历史观的形塑。首先是"智"造混乱的历史记忆。历史记忆不仅是维系一个国家或民族社会成员政治信仰和民族情感的精神纽带，而且作为铸牢民族认同的重要一环，能为民族、国家的赓续发展注入生生不息、绵延不绝的动力支撑。但是，历史记忆不是凭空存在的，而是与话语叙事紧密相关，可以说，叙事是历史记忆生成和建构的重要环节。数字时代，历史虚无主义固守偏执的唯心主义立场，借"整合数据"的方式在各媒体平台进行话语煽动和社交渗透，戏说党的领袖、丑化人民英雄，"移花接木"式篡改歪曲历史真相、历史情景、历史事实，否定中华民族史、抹杀中国革命史、歪曲社会主义发展史，甚至大肆鼓吹帝国主义"侵略有功论"，人们原有的历史记忆必然遭到不同程度的消解、稀释与湮没。其次是消解正确历史观的形塑。历史观对于任何一种文明的存续和发展都具有不可替代的推动作用，关系到党的执政基础、民族的兴旺发达、社会的稳定有序。习近平总书记指出："我们不是历史虚无主义者，也不是文化虚无主义者，不能数典忘祖、妄自菲薄。"① 只有正视历史而非否定历史、铭记历史而非遗忘历史、敬畏历史而非贬损历史，才能真正使民族自信之"树"根深叶茂，文化自信之"树"葱茏繁盛。然而，伴随着传播服务的快速迭代，历史虚无主义不仅利用数据驱动传播、算法推荐等技术在国内外社交软件实现虚无信息的即时扩散和立体辐射，而且借助网络表情包、段子、音视频等叙事手法随意贬低中华优秀传统文化、革命文化和社会主义先进文化，销蚀民族的文化根基，消损民族精神，撕裂大众的情感共鸣，沉浸式消弭历史自信和文化自信，进而梗阻正确历史观的塑造。②

　　虽然历史虚无主义依托于数字化技术和智能化技术实现重塑，但其否定和反对党的领导和社会主义制度的"祸心"并没有改变，反而更具隐蔽性和迷惑性。对此，必须从强化理论武装、提升技术素养、拓新宣教渠道、健全软硬机制等多层面加强对历史虚无主义数智化叙事转向的整体解蔽和实践匡正。首先，强化理论武装，提高辨识叙事性内容背后真实面目的能力。其次是要加快对人工智能核心技术的开发与掌握。在与历史虚无主义思潮的斗争中，对核心技术的突破与创新是决定胜负的关键。习近平总书记指出："努力在人工智能发展方向和理论、方法、工具、系统等方面取得变革性、颠覆性突破，确保我国在人工智能这个重要领域的理论研究走在前面、关键核心技术占领制高点。"③ 利用大数据以及网络舆情预警、应急处理等技术，构建技术预警防火墙，精准洞察历史虚无主义在智媒平台的迁移、渗透和衍化。同时加快电视广播、报刊等传统媒介的数字化建设工作，打造一批内容精良、风格多样的新型主流媒体和外宣旗舰媒体，不断增强主流意识形态话语的影响力，有效维护主流意识形态安全。再次是要提升意识形态话语主体的技术素养。培养一批政治立场坚定且有较高智媒素养的新媒体宣传队伍和"网络意

---

① 习近平：《论党的宣传思想工作》，中央文献出版社 2020 年版，第 90 页。
② 董敏、张士海：《论历史虚无主义的数智化叙事转向及应对路向》，《思想教育研究》2023 年第 8 期。
③ 《习近平在中共中央政治局第九次集体学习时强调　加强领导做好规划明确任务夯实基础　推动我国新一代人工智能健康发展》，《党建》2018 年第 11 期。

见领袖"，使其善用计算机视觉识别技术有效分析识别历史虚无主义的"虚假外衣"，及时破解西方敌对势力发布的寻衅性和破坏性讯息；善用更为透明的智能媒体新算法，破解算法"黑箱"，有效遏制历史虚无主义数智化传播的"信息茧房"效应；善用海量过滤和算法推荐等技术剔除和屏蔽虚无主义话语流，真正在智能化甄别、审查、分析、监管中有效引领舆论方向、净化历史虚无主义瘴气。最后是要强化技术监管。要着力提高各级网络监管部门的数智媒介技术水平，充分利用人工智能、5G 等技术加强对数据安全、数据垄断等现象的审查和监管，营造和谐健康的智媒传播生态，不断压缩历史虚无主义的"灰色空间"。①

第三节　用马克思主义思想武器剖析历史虚无主义的虚无式陷阱

"要保持对历史的清醒，还要重视认识和研究历史的正确方法。历史研究是材料和方法的统一，二者缺一不可。这个方法，就是一定的历史观的运用和表现。唯物主义历史观的创立，是马克思的一大历史贡献。唯物史观的一个精髓，是指明了社会存在决定社会意识，而不是相反，这样就把过去颠倒了的历史翻转过来，充分肯定了人民群众在历史创造中的地位。唯物史观的科学性，在于能够帮助人们探究历史的真实，获得对历史发展的规律性认识，从而使历史成为科学，成为人们认识和改造世界的一个锐利思想武器。"② 列宁指出："自从《资本论》问世以来，唯物主义历史观已经不是假设，而是科学地证明了的原理。在我们还没有看见另一种科学地解释某种社会形态（正是社会形态，而不是什么国家或民族甚至阶级等等的生活方式）的活动和发展的尝试以前，没有看见另一种像唯物主义那样能把'有关事实'整理得井然有序，能对某一

---

① 董敏、张士海：《论历史虚无主义的数智化叙事转向及应对路向》，《思想教育研究》2023 年第 8 期。

② 梁柱：《怎样才能做到真正的历史清醒》，《红旗文稿》2015 年第 7 期。

社会形态作出严格的科学解释并给以生动描绘的尝试以前，唯物主义历史观始终是社会科学的同义词。唯物主义并不像米海洛夫斯基先生所想的那样'多半是科学的历史观'，而是唯一科学的历史观。"① 以马克思主义为指导的历史认识体系，实现了历史认识的伟大革命，使人类可以最大程度地还原历史真相，科学地探究历史的规律。然而，在历史虚无主义思潮成为我们在意识形态领域斗争的重要对象之时，"有些人却接过反对历史虚无主义的口号，把马克思主义指责为'历史虚无主义'，企图把围绕历史虚无主义的斗争变成一场混战"②。马克思主义当然不是什么历史虚无主义，恰恰相反，如前所述，它是我们剖析历史虚无主义的思想武器。为了更好地坚持马克思主义科学的历史观，并使用这个思想武器与历史虚无主义作斗争，我们需要对以下一些理论问题进行澄清。

一　批判历史是否就等于历史虚无主义

"有人说马克思主义否定了资本主义和全部阶级社会的历史，并从这个论点出发，直接给马克思主义扣上了'历史虚无主义'的帽子。事实上，把马克思对资本主义的批判攻击为'历史虚无主义'是毫无根据的。"③ 马克思对资本主义的研究是以唯物主义历史观为基础的。马克思1859 年在《政治经济学批判》第一分册中首次发表自己研究政治经济学的成果时，就在序言中对唯物史观的要点做了经典性的表述。1867 年《资本论》第一卷出版时，马克思又在序言中声明："我的观点是把经济的社会形态的发展理解为一种自然史的过程。"④ 马克思根本抛弃了从空想出发用"人的本性"去评论资本主义社会的唯心史观。他"所用的方法，就是从社会生活的各种领域中划分出经济领域，从一切社会关系中划分出生产关系，即决定其余一切关系的基本的原始的关系"。他"把

---

① 《列宁专题文集　论辩证唯物主义和历史唯物主义》，人民出版社 2009 年版，第 163 页。

② 田心铭：《警惕历史虚无主义的新变种》，《红旗文稿》2014 年第 13 期。

③ 田心铭：《警惕历史虚无主义的新变种》，《红旗文稿》2014 年第 13 期。

④ 《马克思恩格斯文集》第 5 卷，人民出版社 2009 年版，第 10 页。

社会关系归结于生产关系，把生产关系归结于生产力的水平"，① 以严格的科学态度去分析社会现象，以 "生产的经济条件方面所发生的物质的、可以用自然科学的精确性指明的"② 事实为根据，揭示出资本主义社会的运动规律。正如列宁所指出的，马克思解释资本主义的发展规律时，他的分析 "仅限于社会成员之间的生产关系。马克思一次也没有利用这些生产关系以外的任何因素来说明问题"③。正因为如此，马克思全面地科学地评价了资本主义的历史地位。他把资产阶级本身看作是一个长期发展过程的产物，看作是生产方式和交换方式一系列变革的产物。马克思和恩格斯明确地指出，"资产阶级在历史上曾经起过非常革命的作用"，它对旧有的社会关系不断进行革命，炸毁了束缚生产力的旧的桎梏。"资产阶级在它的不到一百年的阶级统治中所创造的生产力，比过去一切世代创造的全部生产力还要多，还要大。"④ 另外，他们又指出，随着生产力的进一步发展，资产阶级锻造了置自身于死地的武器和将要运用这种武器的人，即无产者。如列宁所指出的，马克思 "以对资本主义制度的这种客观分析，证明了资本主义制度变为社会主义制度的必然性"⑤。这种用发展的眼光全面地评价资本主义历史地位的科学态度，同历史虚无主义究竟有何相干？

对于历史上的其他剥削制度，马克思主义同样给予科学的历史评价。马克思把人类从原始野蛮状态进入文明时代以及从古代的奴隶制到现在的资产阶级社会都看作是历史的进步。他把文明时代的历史看成是在对抗中进步的历史，揭示了文明发展的规律："没有对抗就没有进步。这是文明直到今天所遵循的规律。"⑥ 他在揭露和谴责文明进步过程中的矛盾、对抗和罪恶的同时，肯定并且赞扬文明在对抗中取得的进步和成就。

---

① 《列宁专题文集　论辩证唯物主义和历史唯物主义》，人民出版社 2009 年版，第 158、161 页。

② 《马克思恩格斯文集》第 2 卷，人民出版社 2009 年版，第 592 页。

③ 《列宁专题文集　论辩证唯物主义和历史唯物主义》，人民出版社 2009 年版，第 162 页。

④ 《马克思恩格斯文集》第 2 卷，人民出版社 2009 年版，第 33、36 页。

⑤ 《列宁专题文集　论辩证唯物主义和历史唯物主义》，人民出版社 2009 年版，第 178 页。

⑥ 《马克思恩格斯全集》第 4 卷，人民出版社 1958 年版，第 104 页。

在《反杜林论》中，针对杜林用泛泛的空话痛骂奴隶制的非历史的观点，恩格斯说："没有奴隶制，就没有希腊国家，就没有希腊的艺术和科学；没有奴隶制，就没有罗马帝国。没有希腊文化和罗马帝国所奠定的基础，也就没有现代的欧洲。……我们的全部经济、政治和智力的发展，是以奴隶制既成为必要、又得到公认这种状况为前提的。……没有古希腊罗马的奴隶制，就没有现代的社会主义。"他明确指出："在当时的情况下，采用奴隶制是一个巨大的进步。"① 恩格斯还批评了那种看不到中世纪的进步的非历史的观点，他说："反对中世纪残余的斗争限制了人们的视野。中世纪被看做是千年普遍野蛮状态造成的历史的简单中断；中世纪的巨大进步——欧洲文化领域的扩大，在那里一个挨着一个形成的富有生命力的大民族，以及 14 世纪和 15 世纪的巨大的技术进步，这一切都没有被人看到。"② 如果有人置马克思主义创始人这些明确的论述于不顾，硬要说马克思主义否定了从奴隶社会到资本主义社会的历史而"陷入历史虚无主义了"，对于这样的态度，人们就很难按照正常的学术研究所遵循的思维逻辑来理解了。③

持上述历史虚无主义新变种论者的一些说法为我们理解这种态度提供了启示。例如，"历史虚无主义在很多情况下是一种政治性行为"，"几乎所有把历史加以虚无化的行为都带有特殊的政治目的"。"人们不可能通过对历史的学术的、科学的仔细探讨来获得一致的、准确的认识，因为争论的性质是政治的而不是学术的。"应该承认，这些说法的确反映了历史虚无主义同现实政治的紧密关系，说出了宣扬历史虚无主义作为"政治性行为"的性质及其"政治目的"。马克思主义把历史看作永无止境的不断上升的过程，对以往一切发展阶段的历史地位都给予全面的评价，这本来已经成为人们普遍知晓的常识，并不需要特别地"仔细探讨"。因此，我们只有注意到其行为的政治性质和"特殊的政治目的"，才能理解某些论者为何完全不顾事实而做出诸如马克思的历史观

---

① 《马克思恩格斯文集》第 9 卷，人民出版社 2009 年版，第 188 页。
② 《马克思恩格斯文集》第 4 卷，人民出版社 2009 年版，第 283 页。
③ 田心铭：《警惕历史虚无主义的新变种》，《红旗文稿》2014 年第 13 期。

"把历史终结在未来","否定了奴隶社会、封建社会、资本主义社会这个漫长的人类历史"这类武断的结论。①

二 把历史按特定规律去解释是否等于用观念终结历史

在历史虚无主义的新变种中,"历史终结论"是作为理论前提出现的,是一个未经论证就拿来运用的假设。这种观点认为,世界上各种传统的历史观基本都是历史终结论。然而我们知道,任何一种历史观都不过是对客观历史过程的这样或那样的反映,它既不是历史本身,也不是历史的决定者,不能规定历史的方向和道路。马克思主义与其他历史观对历史的反映的不同在于,当把唯物主义和辩证法贯彻到包括人类社会在内的一切领域时,就能按照社会历史的本来面貌去反映它。在马克思主义看来,历史走着自己的路,而不管这种或那种历史观如何宣布它的"终结"。全部历史向我们显示的是:自从人类出现在地球上,社会就没有停止过在迂回曲折、高低不平的道路上或快或慢地前进的脚步。②

从世界观或宇宙观的层面看,"历史终结论"是一种形而上学的静止观点,它否认了一切事物都必然会灭亡,必然转化为其他事物。③ 而在唯物辩证法看来,"一切产生出来的东西,都注定要灭亡。""除了永恒变化着的、永恒运动着的物质及其运动和变化的规律以外,再没有什么永恒的东西了。"④ 这告诉我们,历史不光永恒运动,而且有运动规律。换言之,历史运动是不以人的意志为转移的,但也不是杂乱无章的。"历史现象虽然千姿百态、纷繁复杂,却不是虚无缥缈的。人们虽然不能像研究自然科学那样在实验室里重复制造历史过程,但在掌握了尽可能多的历史资料后,可以对以往的历史过程加以描述,并获得对以往历史较为近真的影像,并以此来认识历史的。我们可以看到人类历史显示了一种由低级到高级的发展过程,人们从茹毛饮血的石器时代到今天现

---

① 田心铭:《警惕历史虚无主义的新变种》,《红旗文稿》2014 年第 13 期。
② 田心铭:《警惕历史虚无主义的新变种》,《红旗文稿》2014 年第 13 期。
③ 田心铭:《警惕历史虚无主义的新变种》,《红旗文稿》2014 年第 13 期。
④ 《马克思恩格斯文集》第 9 卷,人民出版社 2009 年版,第 422、426 页。

代化的网络时代很自然地说明了这个过程。"① 恩格斯以透彻鲜明的文字表达了历史没有终结点的观点，他说："历史同认识一样，永远不会在人类的一种完美的理想状态中最终结束；完美的社会、完美的'国家'是只有在幻想中才能存在的东西；相反，一切依次更替的历史状态都只是人类社会由低级到高级的无穷发展进程中的暂时阶段。"他对历史进程中一切阶段的暂时性做了深入阐述："每一个阶段都是必然的，因此，对它发生的那个时代和那些条件说来，都有它存在的理由；但是对它自己内部逐渐发展起来的新的、更高的条件来说，它就变成过时的和没有存在的理由了；它不得不让位于更高的阶段，而这个更高的阶段也要走向衰落和灭亡。"② 这里讲得非常清楚：历史"永远"不会达到某种完美的理想状态而"最终结束"，一切社会都处在产生、发展和衰落、灭亡的过程中。这就是按历史本来面貌反映的历史发展规律。毛泽东说："新陈代谢是宇宙间普遍的永远不可抵抗的规律。""世界上总是这样以新的代替旧的，总是这样新陈代谢、除旧布新或推陈出新的。"③ 马克思对这一过程进行了一般性的描述：人类的经济生活是社会生存的基本方式，社会依生产力的发展而发展，生产力和生产关系的矛盾运动推动着社会的前进，决定着依赖其中的社会政治、经济、阶级关系和文化的基本面貌。物质生产和精神生产是社会运行的主要内容，物质生产的状况决定了精神生产的状况，劳动者是物质生产的主体，是决定历史前进方向的终极力量。人们创造了一定的历史环境，一定的历史环境反过来又决定了生活于其中的人们的面貌。这就是唯物史观告诉我们的基本东西。④

马克思主义认为，资本主义社会生产力发展到一定阶段，就不可避免地同狭隘的资本主义私有制发生冲突，达到与它们的资本主义外壳不能相容的地步，并要求炸毁这个外壳。虽然资产阶级可以在资本主义生

① 张海鹏、龚云：《马克思主义是历史虚无主义吗?》，《红旗文稿》2014 年第 16 期。

② 《马克思恩格斯文集》第 4 卷，人民出版社 2009 年版，第 270 页。

③ 《毛泽东选集》第 1 卷，人民出版社 1991 年版，第 323、324 页。

④ 张海鹏、龚云：《马克思主义是历史虚无主义吗?》，《红旗文稿》2014 年第 16 期。

产方式容许的范围内通过对生产关系作某些局部的调整来缓和矛盾，但终究不能从根本上克服这种矛盾和对抗。在资产阶级社会的胞胎里发展起来的强大的社会化的生产力，为全社会占有生产资料和共同组织社会化生产准备了物质条件；同时，资本主义越发展，无产阶级的力量就越壮大，资产阶级社会造就了置自身于死地的社会力量。因此，资本主义生产方式固有的矛盾决定了它的历史过渡性质，它必然为社会主义所代替。这种代替是资本主义经济规律发展的合乎逻辑的结果，是否定之否定，是历史规律性决定的否定。它与历史虚无主义所说的否定是毫无关联的。这正如资本主义社会代替了封建主义社会，封建主义社会代替了奴隶社会一样，既是过去历史发展的轨迹，也是未来历史发展的方向，是历史发展的基本规律。①

当然，唯物史观概括出的只是人类社会发展的一般规律及发展趋势，并没有指定各民族国家历史发展的具体方向。同时，历史辩证法也是用历史自身所具有的发展方式观察历史的方法，而不是研究主体强加于历史的。那种认为马克思主义把历史终结于共产主义的观点是对马克思主义的严重歪曲。随着历史的发展，马克思主义指导下的历史认识体系也要不断发展。"这种发展不是否定过去的基本认识，不是简单地'翻案'，而是在坚持基本认识基础上的发展。"②

三　呈现作为事实性存在的历史是否就可以避免历史虚无主义

历史是什么？从浩浩荡荡历史长河的一个个截面看，历史呈现的是纷繁复杂的各种形态。由此，一些学者排斥马克思主义指导下的历史宏观研究，甚至否认历史规律的存在。他们认为马克思主义舍弃历史中客观存在的细节，所谓历史规律就是在人为地设计历史走向。在他们看来，只有亲历的历史细节才是历史的真实，根本不存在什么历史的主流。

上述观点，看似尊重历史事实，但究其本质仍然是历史唯心主义。这种历史唯心主义有着深刻的历史背景和哲学根源，并对改革开放以来

---

① 张海鹏、龚云：《马克思主义是历史虚无主义吗？》，《红旗文稿》2014年第16期。
② 张海鹏、龚云：《马克思主义是历史虚无主义吗？》，《红旗文稿》2014年第16期。

我国文学艺术创作有很大影响。从历史背景上看，自 20 世纪 80 年代以来，随着世界社会主义运动走向低潮，否定马克思主义唯物史观的历史唯心主义思潮就开始泛滥。其中，波普尔鼓吹的历史不可知论和怀特主张的历史是写作者的主观意识的观点对我国影响最大。波普尔认为知识的增长极大地影响着人类历史的进程，而知识的增长具有不可预测性，因此人类历史的未来也无法预测。举凡历史的确定性、社会发展规律等等，都是子虚乌有的东西。怀特作为后现代史学的开创者则认为，历史是一个杂乱、无序、矛盾、混沌的领域，没有任何统一性或普遍联系。是写作者的主观意识（思维方式、政治立场、伦理观念、审美倾向等）和特定解释（情节化解释、论证式解释、意识形态蕴涵式解释），赋予历史以联系、生命和意义。写作者的这一切主观因素，可以归结为语言，而且历史的叙述也必须以语言的形式出现，所以在历史写作中，处于核心地位的不是历史，而是语言。[①] 很明显，这些思想为人们随意涂改、编造历史提供了"理论依据"。这种思想氛围在文艺创作上就很容易放纵写作者的主观意识。

那么，我们该如何认识历史？历史是凝聚一个民族的纽带，是寄托心灵的港湾，是承载一切精神文化、制度文化、行为文化的母体，是创造未来的智慧和勇气的不竭源泉。其中，真实的历史并不等于历史的真实，也不能代表历史的本质，因而无法揭示历史的规律性，更不能用个别的真实细节消解历史整体的方向性。由此出发看那些打着"反思历史"的旗号，从曲解、攻击的目的出发，把中国共产党和新中国的历史说成是"错误的堆积"，显然是十分错误的，更是对社会发展有害的。历史已经证明，马克思主义是认识人类社会的科学的世界观方法论，它揭示了人类社会发展的规律性，是无产阶级和劳动人民追求解放的思想武器。以马克思主义为指导，使历史研究发生了革命性的变革，不仅科学正确地认识人类历史成为可能，而且在调动人的主观能动性创造历史中发挥了重要的理论指导作用。[②] 对于马克思主义历史理论的贡献，英

---

① 刘润为：《文艺上的历史虚无主义思潮》，《红旗文稿》2016 年第 6 期。
② 张海鹏、龚云：《马克思主义是历史虚无主义吗?》，《红旗文稿》2014 年第 16 期。

国著名历史学家杰弗里·巴勒克拉夫进行了五方面的总结。"第一，它既反映又促进了历史学研究方向的转变，从描述孤立的——主要是政治的——事件转向对社会和经济的复杂而长期的过程的研究。第二，马克思主义使历史学家认识到需要研究人们生活的物质条件，把工业关系当作整体的而不是孤立的现象，并且在这个背景下研究技术和经济发展的历史。第三，马克思主义促进了对人民群众历史作用的研究。第四，马克思的社会阶级结构观念以及他对阶级斗争的研究不仅对历史研究产生了广泛影响，而且特别引起了对研究西方资产阶级社会中阶级形成过程的注意，也引起了对研究其他社会制度——尤其是奴隶制社会、农奴制社会和封建制社会——中出现类似过程的注意。最后，马克思主义的重要在于它唤起了对历史研究的理论前提的兴趣以及对整个历史理论的兴趣。"[①]

历史唯物主义是人类历史观的伟大变革。马克思主义是与时俱进的，历史在前进，马克思主义也不会停滞。马克思主义指导下的历史认识体系虽然在以往的实践过程中存在过于公式主义、教条主义、简单化的一些问题，但其主流随着人类实践的发展会不断丰富和发展。[②]

课后思考

1. 历史虚无主义思潮在当代中国泛起的根本原因是什么？

2. 历史虚无主义思潮的主要观点是什么？

3. 历史虚无主义思潮在持续传播和蔓延中表现出哪些新的特点？

4. 历史唯物主义和历史虚无主义对待历史的根本区别是什么？

推荐阅读

马克思：《哲学的贫困（节选）》，载《马克思恩格斯文集》第1卷，人民出版社2009年版。

---

① ［英］杰弗里·巴勒克拉夫：《当代史学主要趋势》，杨豫译，上海译文出版社1987年版，第27页。

② 张海鹏、龚云：《马克思主义是历史虚无主义吗?》，《红旗文稿》2014年第16期。

马克思：《〈资本论〉第一版序言》，载《马克思恩格斯文集》第 5 卷，人民出版社 2009 年版。

恩格斯：《路德维希·费尔巴哈和德国古典哲学的终结》，载《马克思恩格斯文集》第 4 卷，人民出版社 2009 年版。

恩格斯：《自然辩证法（节选）》，载《马克思恩格斯文集》第 9 卷，人民出版社 2009 年版。

列宁：《评经济浪漫主义》，载《列宁全集》第 2 卷，人民出版社 2013 年版。

《列宁专题文集　论辩证唯物主义和历史唯物主义》，人民出版社 2009 年版。

毛泽东：《矛盾论》，载《毛泽东选集》第 1 卷，人民出版社 1991 年版。

习近平：《论党的宣传思想工作》，中央文献出版社 2020 年版。

陈序经：《陈序经学术论著》，浙江人民出版社 1998 年版。

［美］凯斯·R. 桑斯坦：《信息乌托邦：众人如何生产知识》，毕竞悦译，法律出版社 2008 年版。

后　记

　　我对社会思潮的关注和研究缘起于在清华大学马克思主义学院攻读博士学位期间。清华大学在马克思主义理论研究和学生思想政治理论课的教学和实践过程中，对社会思潮的研究一直是学校开展政治思想教育相关理论、教学等方面的重要研究领域之一。当时，林泰教授和我的导师刘书林教授等人在社会思潮与青年教育研究方向已形成大量研究成果并开设相关课程，他们以自己扎实的理论功底积极引导学生关注社会思潮。博士毕业后，我有幸进入中国社会科学院马克思主义研究院的博士后流动站向马克思主义理论专家侯惠勤教授继续学习。在侯惠勤教授的带领下，我回归马克思主义经典文献和基本原理，立足马克思主义哲学世界观方法论，从文化安全和意识形态建设方向进一步研究社会思潮相关问题。这一阶段的学习奠定了我对社会思潮研究的理论基础。

　　博后出站之后，我进入北京科技大学马克思主义学院任教。在北京科技大学，我先后承担"毛泽东思想和中国特色社会主义理论体系概论""习近平新时代中国特色社会主义思想概论""新时代中国特色社会主义理论与实践""科学社会主义理论与实践"等多门本科生、研究生公共必修和专业拓展课。所谓教学相长，在课程教学中，我一方面拓展了自身的马克思主义理论知识，另一方面深刻体会到马克思主义理论体系是在与错误思潮的斗争中发展起来的。自 2020 年起，我以之前的学习和研究为基础，并充分总结过去几年课程教学经验，开设"当代社会思潮专题研究"研究生专业拓展课。从第一轮开设这门课程开始，每年我都对原有教案、讲稿和课件做出修改和调整。在这个过程中，我积累了大量社会思潮的研究资料并形成了自己的研究思路。我意识到，每一种社会思潮都不是突然出现、独立存在并单个发挥作用的，而是随着社会的发展变化处于一种起伏动荡并交互影响的状态之中。现实中，与很多重大理论与实践问题相关的社会思潮，在历史上都有相关表现，马克思主义经典作家也都曾做过研究和分析。由此，我从实践中的重大理论问题出发，结合经典著作，尝试综合运用历史研究、理论研究和实践研究，尽可能做到对社会思潮进行全面分析。

目前这本教材可以算作是我对"当代社会思潮专题研究"课程教学与研究工作的阶段性总结。在此，我要感谢北京科技大学在我转化教学改革成果上给予的资助。当然，这一教材的成形离不开参考和学习当今学界不断涌现出的诸多社会思潮学术成果以及教学参考资料。我们可以看到，随着社会思潮的不断泛起，越来越多的学者以高度的责任感和使命感，积极参与到研究、辨析各种社会思潮的学术工作中并形成了丰硕的研究成果。这些成果为我们全面认识各种社会思潮提供了依据。同时，我在主讲"当代社会思潮专题研究"这门研究生专业拓展课时也发现，面对社会思潮方面的大量论著和诸多观点，研究生受限于其知识储备和分析能力，难以把社会思潮和马克思主义理论进行有机结合，缺乏运用马克思主义基本原理对相关知识进行全面梳理和系统分析的能力，从而导致对社会思潮涉及的一些重大理论和现实问题缺乏认知。因此，该教材旨在坚持马克思主义立场观点方法，从历史、理论、实践维度出发，设计社会思潮的分析和研究框架，把学界关于社会思潮的诸多优秀研究成果进行有机整合，从而便于研究生进一步深入学习和研究相关思潮。读者可以教材为线索，了解众多学者的真知灼见。

社会思潮的变化发展没有止境，未来我会持续保持对社会思潮的关注和研究，把新的研究成果带到课程中，并进一步完善教材，也真诚地期待每一个阅读此书的人给出宝贵的意见和建议。

魏　佳

2024 年 9 月 16 日